Beiträge zur Rechtsstellung der Geschäftsführer einer G.m.b.H. nach deutschem und französischem Recht

Von

Dr. Hermann Klumpp

Berlin und Leipzig 1928

Walter de Gruyter & Co.

vormals G. J. Göschen'sche Verlagshandlung — J. Guttentag, Verlagsbuchhandlung
Georg Reimer — Karl J. Trübner — Veit & Comp.

Beiträge zur Rechtsstellung der Geschäftsführer einer G.m.b.H. nach deutschem und französischem Recht

Von

Dr. Hermann Klumpp

Berlin und Leipzig 1928

Walter de Gruyter & Co.

vormals G. J. Göschen'sche Verlagshandlung — J. Guttentag, Verlagsbuchhandlung
Georg Reimer — Karl J. Trübner — Veit & Comp.

Dr. jur. Horst Müller, Hamburg
zugeeignet

Inhaltsverzeichnis.

I. Teil. Zum deutschen Recht.

I. Abschnitt.

II. Abschnitt.

III. Abschnitt.

IV. Abschnitt.

Verzeichnis des Schrifttums.

Affolter, A.: Zur Normentheorie. Archiv für öffentliches Recht. Bd. 23, 370.

Allfeld, Philipp: Urheber- und Erfinderrecht. Berlin 1923.

Allfeld, Philipp: Gewerblicher Rechtsschutz. 1. Bd. Hamburg 1923.

Altmann, Paul: Handbuch des deutschen Vereinsrechtes. Zugleich ein Beitrag zu der Lehre von den juristischen Personen. Berlin 1905.

Amira, Karl von: Nordgermanisches Obligationenrecht. Leipzig 1882/92.

Annales de droit commercial et industriel français, étranger et international. Fondées par E. Thaller, publiées par J. Percerou. Paris.

Archiv für bürgerliches Recht von Kohler, Oertmann, Ring.

Auger (Bernard) et Michel (Raymond): Traité et formulaire des Sociétés à responsabilité limitée. 2. éd. Paris 1926.

Auger, Bernard: La société à responsabilité limitée. Commentaire de la loi du 7 mars 1925. Revue du notariat 1925. p. 209.

Auger, Bernard: La transformation des sociétés actuelles en société à responsabilité limitée. Revue des Sociétés 1925. p. 163.

„B. A.": Les sociétés à responsabilité limitée et les sociétés entre époux. Revue du notariat 1926. p. 361.

Bachmann, G.: Der Entlastungsbeschluß (Déchargeerteilung) der Generalversammlung der AG für die Geschäftsführung der Verwaltung und die Rechnungsprüfung der Kontrollstelle. Festschrift für Georg Cohn. Zürich 1915.

Bachmann, G.: Die Sonderrechte des Aktionärs. Diss. Zürich 1901.

Badische Notariatszeitung.

Badische Rechtspraxis.

Bähr, O.: Gesellschaften m. b. H. Diss. Leipzig 1892.

Bank-Archiv, Zeitschrift für Bank- und Börsenwesen.

Batardon, Léon: Traité pratique des sociétés commerciales. 3. éd. Paris 1925.

Baudouin - Bugnet, Pierre: Les sociétés à responsabilité limitée en France. Paris 1925.

Baudouin-Bugnet, Pierre: La transformation des Sociétés à Responsabilité limitée en Alsace et Lorraine. Loi du 10 fevrier 1926. Paris 1926.

Baudry-Lacantinerie et Houques-Fourcade: Des persones. (Traité théorique et pratique de droit civil, I.) 3. éd. Paris 1907.

Baudry-Lacantinerie et Wahl: Des contrats aléatoires, du mandat, du cautionnement, de la transaction. (Traité théorique et pratique de droit civil, XXIV.) 3. éd. Paris 1907.

Beling, Ernst: Die Lehre vom Verbrechen. Tübingen 1906.

Becker, Enno: Die Reichsabgabenordnung. Berlin 1924.

Benfey, Eduard: Die Geschäftsführer bei der G. m. b. H. Diss. Göttingen 1896.

Bernatzik: Kritische Studien über den Begriff der juristischen Person und über die juristische Persönlichkeit der Behörden insbesondere. Archiv für öffentliches Recht. Bd. V, S. 169.

Bie: Über die Kollektivprokura. Leipzig 1894.

Bierling, Ernst Rudolf: Juristische Prinzipienlehre. Freiburg 1894/1905.

Bierling, Ernst Rudolph: Zur Kritik der juristischen Grundbegriffe. Gotha 1877 und 1883.
Biermann, Johannes: Zur Lehre von der Vertretung und Vollmacht. Festgabe der Gießener Juristenfakultät für Heinrich Dernburg. Berlin 1900.
Billstein, Heinrich: Die Rechtsstellung der Geschäftsführer in der G.m.b.H. Diss. Leipzig 1908.
Binder, Julius: Das Problem der juristischen Persönlichkeit. Leipzig 1907.
Blätter für Rechtspflege im Bezirk des Kammergerichts. Herausgegeben von Ludwig Wreschner.
Böhlau, Hugo: Rechtssubjekt und Personenrolle. Rostock 1871.
Bolze: Die Praxis des Reichsgerichts in Zivilsachen.
Braunschweigische Zeitschrift für Rechtspflege.
Brodmann, Erich: Gesetz betr. die Gesellschaften mit beschränkter Haftung. Kommentar. Berlin 1924.
Brinz, Alois: Lehrbuch der Pandekten. 1. Aufl. Erlangen 1871.
Bruns, Viktor: Besitzerwerb durch Interessenvertreter. Diss. Tübingen 1910.
Buchholz, Heinrich: Die Nebenleistungspflichten bei der G. m. b. H. Jher. J. 74, 260.
Bulletin de la société d'Etudes législatives. Paris.
Chapsal, F.: Des sociétés à responsabilité limitée. Paris 1925.
Charron, A.: Les inconvenients de la double majorité exigée par la loi du 7 mars 1925 sur les sociétés à responsabilité limitée. Revue du notariat 1926, 553 ff.
Chéron, Albert: La société à responsabilité limitée en droit allemand et en droit français. Annales de droit commercial 1925, p. 209 et p. 299.
Cohn, Martin: Die Rechtsstellung des Geschäftsführers der G. m. b. H. Diss. Greifswald 1920.
Cosack, Konrad: Lehrbuch des Handelsrechts. 8. Aufl. Stuttgart 1920.
Cosack, Konrad: Lehrbuch des bürgerlichen Rechts. I. Bd. Jena 1922. II. Bd., bearbeitet von Mitteis, Jena 1924.
Crome, Carl: System des deutschen bürgerlichen Rechts. Tübingen 1905.
Crüger-Crecelius: Das Reichsgesetz betr. die Gesellschaften m. b. H. Systematische Darstellung und Kommentar. 6. Aufl. Berlin 1922.
Dalloz, Recueil périodique et critique, Paris.
Damköhler, Ernst: Wesen und Bedeutung der one-man-company. Dissert. Göttingen 1908.
Das Recht, Rundschau für den deutschen Juristenstand (Recht).
Das Recht, Juristisches Zentralblatt für Praktiker. Herausgeg. von Soergel, David, Kempf.
Dernburg, Heinrich: Das bürgerliche Recht des Deutschen Reichs und Preußens. II. Bd. 4. Aufl. Halle 1909. VI. Bd. 1. Aufl. Herausgeg. und zu Ende geführt von Josef Kohler, Halle 1910.
Deutsche Juristenzeitung (DJZ).
Die Rechtsprechung der Oberlandesgerichte, herausgeg. von Mugdan und Falkmann (OLGR).
Die Rechtsprechung. Beilage zur Zeitschrift „Juristische Rundschau". Herausgeg. v. Otto Lindemann u. Eugen Friedrichs. Berlin.
Dniestrzanski, Stanislaus: Zur Lehre von der Geschäftsführung. Jher. J. 77, 48.
Dniestrzanski, Stanislaus: Die Aufträge zugunsten Dritter. Leipzig 1904.

Doms, Julius: Die Stellung des Gesellschafters der G. m. b. H. bei Vereinigung aller Geschäftsanteile in einer Hand. Diss. Breslau 1913.

Döring, Georg Wilhelm: Rechte und Pflichten der Geschäftsführer der G. m. b. H. Diss. Leipzig 1911.

Drouets, G.: Traité théorique et pratique des sociétés à responsabilité limitée. Paris 1925.

Ebert, Erich: Die Nebenleistungs-Aktiengesellschaft. Diss. Leipzig 1904.

Elster, Alexander: Das deutsche Erfinderrecht. Berlin 1924.

Endemann, F.: Lehrbuch des Bürgerlichen Rechts. 8. u. 9. Aufl., Berlin 1903.

Engländer, Konrad: Zur Theorie des Patentrechts. Jena 1921.

Engländer, Konrad: Die Angestelltenerfindung nach geltendem Recht. Leipzig 1925.

Enneccerus, Ludwig: Lehrbuch des bürgerlichen Rechts. Einleitung. Allgemeiner Teil. 25.—29. Aufl. Marburg 1926.

Entscheidungen des Reichsgerichts in Zivilsachen. Leipzig (RG).

Entscheidungen des Reichsgerichts in Strafsachen. Leipzig (RGSt).

Entscheidungen in Angelegenheiten der freiwilligen Gerichtsbarkeit und des Grundbuchrechts. Zusammengestellt vom Reichsjustizamt. Berlin (RJA).

Entscheidungen des Reichsoberhandelsgerichts (ROHG).

Entscheidungen des Preußischen Oberverwaltungsgerichts. Berlin (OVG).

Entscheidungen des bayerischen obersten Landesgerichts in Zivilsachen. München (Bay. ObLG).

Enzyklopädie der Rechtswissenschaft in systematischer Bearbeitung. Begr. v. Franz von Holtzendorff. Herausgegeben v. Josef Kohler. 7. Aufl., Berlin 1914.

Erckens, Wilhelm: Die Rechtsstellung der Geschäftsführer in der G. m. b. H. Diss. Greifswald 1915.

Esser, Robert: Das Reichsgesetz betreffend die Gesellschaften mit beschränkter Haftung. 4. Aufl. Berlin 1908.

Fischer, Ludwig: Betriebserfindungen. Berlin 1921.

Flechtheim, J.: Die rechtliche Organisation der Kartelle. Mannheim 1923.

Förtsch, R.: Gesetz betreffend die Gesellschaften mit beschränkter Haftung. Leipzig 1899.

Frank, Paul: Die Pflichten der Mitglieder einer G. m. b. H. Diss. Leipzig 1906.

Frank, Reinhard, Das Strafgesetzbuch für das Deutsche Reich. 11.—14. Aufl. Tübingen 1919.

Freiesleben, Gerhard Julius: Die Rechtsstellung der Geschäftsführer einer G. m. b. H. Diss. Leipzig 1906.

Freymuth, A.: Die G. m. b. H. in der Rechtsprechung der deutschen Gerichte von 1911 bis 1916. Köln 1917.

Gadow: Die Sonderrechte der Körperschaftsmitglieder. Gruchots Beitr. 66. Jahrg. S. 514. Berlin 1923.

Gain, René: Les sociétés à responsabilité limitée. Paris 1925.

Gaupp-Stein-Jonas: Die Zivilprozeßordnung für das Deutsche Reich. 12. Aufl. Tübingen 1925.

Geyer, Willy: Johannes Die rechtliche Stellung der Geschäftsführer der G. m. b. H. Diss. Leipzig 1906.

Gierke, Otto: Deutsches Privatrecht. Leipzig 1895.

Gierke, Otto: Das Wesen der menschlichen Verbände. Leipzig 1902.

Gierke, O. v.: „Über die Geschichte des Majoritätsprinzips". Rede, gehalten auf dem Londoner Internationalen Historiker-Kongreß. 1913. Schmollers Jahrb. Bd. 39, 565.

Gierke, Julius von: Sachenrecht. Berlin 1925.

Gierke, Julius von: Handels- und Schiffahrtsrecht. Berlin 1921.
Goldschmidts Zeitschrift für das gesamte Handelsrecht.
Goldschmit, Friedrich: Das Recht des Aufsichtsrats. Berlin 1922.
Grosch, G.: Organschaft und Stellvertretung. Schmollers Jahrb. 39, 143.
Gruchot, J. A.: Beiträge zur Erläuterung des deutschen Rechts.
Güthe-Triebel: Die Grundbuchordnung. Berlin, I. Band 1923, II. Band 1925.
Hachenburg, Max: Kommentar zum Gesetz betr. die G. m. b. H., 5. Aufl., I. Bd., Berlin 1926.
Haff, Karl: Grundlagen einer Körperschaftslehre. I. Teil, Leipzig 1915.
Haff, Karl: Institutionen der Persönlichkeitslehre und des Körperschaftsrechts. Zürich 1918.
Hammerbacher, Hans Leonhard: Die Ein-Mann-Gesellschaft m. b. H. Diss. Würzburg 1918.
Handwörterbuch der Rechtswissenschaft. Herausgegeben von Stier-Somlo (Fritz) u. Elster (Alexander). I. Bd., Berlin 1926.
Handwörterbuch der Staatswissenschaften, Bd. 4, Art. G. m. b. H. Herausgegeben von Conrad. Jena 1909.
Hanseatische Rechtszeitschrift.
Heberlein, Erich: Die G. m. b. H. vor der Eintragung in das Handelsregister. Diss. Breslau 1913.
Hedemann, Justus Wilhelm: Das Sachenrecht des BGB. Berlin 1924.
Heinsheimer, Karl: Handels- und Wechselrecht. Berlin 1924.
Henkel, Otto: Die rechtliche Stellung des Geschäftsführers in der G. m. b. H. Diss. Leipzig 1910.
Herz, Ernst: Der Rechtsgrund für den Eigentumserwerb am Arbeitsprodukt im Arbeitsvertrag. Jher. J. 74, 1.
Hiehold, Paul: Die G. m. b. H. nach Vereinigung aller Anteile in einer Hand. Diss. Göttingen 1910.
Hoeniger-Wehrle: Arbeitsrecht. Mannheim 1926.
Hölder, Eduard: Natürliche und juristische Personen. Leipzig 1905.
Hölder, E.: Das positive Recht als Staatswille. Arch. f. öffentl. Recht., Bd. 23, 321.
Holdheims Wochenschrift, später Monatsschrift für Handelsrecht und Bankwesen. (Holdh.)
Hold von Ferneck, Alexander: Die Rechtswidrigkeit. I. Bd., Jena 1903.
Houpin (C.) — Bosvieux (H.): Traité général théorique et pratique des sociétés civiles et commerciales. 5. éd. Paris 1925.
Huber, Eugen: Erläuterungen zum Vorentwurf eines schweizerischen Zivilgesetzbuches. Bern 1901/1902.
Hubert, Ernst: Die rechtliche Natur einer im Entstehen begriffenen G. m. b. H. und die Wirkung der von ihr abgeschlossenen Verträge. Diss. Erlangen 1915.
Hupka, Josef: Die Vollmacht. Leipzig 1900.
Innocent (Léon) et Desvaulx (Urbin): Des sociétés à responsabilité limitée. Paris 1863.
Isay, Hermann: Die Geschäftsführung nach dem BGB. Jena 1900.
Jaeger, Ernst: Kommentar zur Konkursordnung. 5. Aufl., Berlin, I. Bd., 1916. II. Bd., 1914.
Jahrbuch der Entscheidungen des Kammergerichts in Sachen der freiwilligen Gerichtsbarkeit... von Reinhold Johow und Viktor Ring. Berlin (KGJ).
Jahrbuch für Entscheidungen in Angelegenheiten der freiwilligen Gerichtsbarkeit und des Grundbuchrechts. Herausgegeben von Viktor Ring. Berlin (Ring Jahrb.).

Jellinek, Georg: Allgemeine Staatslehre. 3. Aufl., Berlin 1921.
Jellinek, Georg: System der subjektiven öffentl. Rechte. 2. Aufl., Tübingen 1905.
Jherings Jahrbücher für die Dogmatik des bürgerlichen Rechts. Herausgegeben jetzt von A. Schultze und H. Siber. (Iher. J.)
Journal des sociétés civiles et commerciales. Revue pratique de Jurisprudence, de Législation et de Doctrine. publiée par M. M. C. Houpin et H. Bosvieux. Paris. (J. soc.)
Juristische Blätter. Herausgeber Ernst Bum und Heinrich Klang.
Juristische Wochenschrift (JW).
Kaskel, Walter: Arbeitsrecht. Berlin 1925.
Katz, Bruno Alexander: Das Patent- und Markenrecht aller Kulturländer. Berlin-Grunewald 1924.
Kaufmann: Verkaufssyndikate in der Form der G. m. b. H. Kündigung der Lieferungspflicht. Sächs. Archiv für Rechtspflege 1912, 411.
Kelsen, Hans: Hauptprobleme der Staatsrechtslehre. Leipzig 1911.
Kipp, Theodor: Lehrbuch des Bürgerlichen Rechts. Das Erbrecht. 5. Bearb., Marburg 1923.
Kisch, Wilhelm: Handbuch des deutschen Patentrechts. Mannheim 1923.
Kohler, Josef: Lehrbuch des bürgerlichen Rechts. Berlin 1906.
Kohler, Josef: Bürgerliches Recht, in der Enzyklopädie der Rechtswissenschaft. Herausgegeben v. Holtzendorff-Kohler. 7. Aufl., 1914.
Kohler, Josef: Autorrecht. Jena 1880.
Köhler, Ehrhard: Die Bestellung eines Geschäftsführers einer G. m. b. H. Diss. Erlangen 1922.
Kommentar der Reichsgerichtsräte zum BGB. 5. Aufl., Berlin 1923.
Kretschmann, Fritz: Der Geschäftsführer der G. m. b. H. Diss. Leipzig 1910.
Krückmann: Pflichterfüllung und Rechtsausübung. Jher. J. 65, 209.
Krüger, Karl: Die Pflichten der Mitglieder einer G. m. b. H. Diss. Leipzig 1913.
Kuntze, Johannes Emil: Der Gesamtakt. I. d. Festgabe der Leipziger Juristenfakultät für O. Müller 1892. S. 29.
Laband, Paul: Der Begriff der Sonderrechte nach deutschem Reichsrecht. Hirths Annalen des Deutschen Reichs 1874, S. 1499.
Laband, Paul: Die Stellvertretung bei dem Abschluß von Rechtsgeschäften nach dem allg. deutschen Handelsgesetzbuch. Goldschmidts Zeitschrift 10. S. 183.
Laband, Paul: Beiträge zur Dogmatik der Handelsgesellschaften. Goldschmidts Zeitschr. 30, N. F. 15. S. 469.
Lattermann, Hans: Die Geschäftsführer der G. m. b. H. Diss. Leipzig 1909.
Lehmann, Karl: Einzelrecht und Mehrheitswille. Arch. f. bürgerl. Recht. Bd. IX, S. 297.
Lehmann-Hoeniger: Lehrbuch des Handelsrechts. 3. Aufl., Berlin 1921.
Lehmann-Hoeniger: Deutsches Handelsrecht. Berlin 1924.
Leipziger Zeitschrift für deutsches Recht (LZ).
Lenz, Fritz: Der Geschäftsführer der G. m. b. H. Diss. Leipzig 1908.
Lepargneur, Jean: La loi nouvelle sur les Sociétés à responsabilité limitée. Paris 1925. (Auszug aus dem J. soc. 1925, p. 257—296 et p. 321—409.)
Licht, C., Friedrich: Die rechtliche Stellung der Geschäftsführer einer G. m. b. H. Diss. Leipzig 1904.
Liebmann: Kommentar zum Gesetz betr. die Gesellschaften m. b. H., 6. Aufl., Berlin 1921.

Lippmann: Über die rechtliche Natur der statutarischen Rübenlieferungspflicht der Aktionäre von Aktienzuckergesellschaften. Goldschmidts Zeitschr. 39, N. F. 24, 126.

v. Liszt: Lehrbuch des deutschen Strafrechts. Besorgt von Eberhardt Schmidt. Berlin 1921.

Löwenfeld, Philipp: Der Erfinderschutz der Privatangestellten. München 1914.

Lyon-Caen (Ch.) et Renault (L.): Manuel de droit commercial. 14. Aufl., Paris 1924.

Mardersteig, Hans: Die Gehaltsansprüche des Geschäftsführers einer G. m. b. H. beim Konkurse. Diss. Jena 1919.

Markenschutz und Wettbewerb (M. u. W.). Berlin.

Materialien zum Gesetz betreffend die G. m. b. H.

Merzbacher: Gesellschaften m. b. H. München 1922.

Meyer-Anschütz: Lehrbuch des deutschen Staatsrechts. München 1919.

Michoud, Léon: La théorie de la personalité morale et son application en droit français. 2. éd. mise au courant par Louis Trotabos. Paris 1924.

Milétitch, Strachimir: Les droits sociaux et individuels dans la société anonyme en droit serbe. Thèse Fribourg (Suisse) 1921.

Möhring, Helmut: Die Geschäftsführung der G. m. b. H. Leipzig 1925.

Molitor, Erich: Die Bestellung zum Vorstandsmitglied einer A.-G. (In der Festschrift der Leipziger Juristen-Fakultät für Ehrenberg, Leipziger rechtswissenschaftliche Studien, Heft 21.) Leipzig 1927.

Motive zu dem Entwurfe eines BGB für das Deutsche Reich. Amtl. Ausgabe 1888.

Müller-Erzbach, Rudolf: Deutsches Handelsrecht. Tübingen 1921.

Neukamp-Becker: Erläuterte Ausgabe des G. m. b. H. G. 5.—7. Aufl., Berlin 1922.

Neumann, Hugo: Jahrbuch des deutschen Rechts. Herausgegeben v. Schlegelsberger, Boschan und Sternberg, Berlin.

Nord, Walther: Die Rechte des Aktionärs und die Folgen ihrer Verletzung. Berlin 1925.

Oertmann, Paul: Bürgerliches Gesetzbuch, Allgemeiner Teil. 2. Aufl., Berlin 1908.

Oertmann, Paul: Recht der Schuldverhältnisse. 4. Aufl., Berlin 1910.

Osterrieth, Albert: Patentrecht. Breslau 1924.

Parisius-Crüger: Das Reichsgesetz betr. die G. m. b. H. Textausgabe mit Anmerkungen. 16. Aufl., Berlin 1923.

Percerou, J.: La société à responsabilité limitée. Annales de droit commercial 1925. p. 91.

Perregaux, Gabriel de: La direction dans la société anonyme. Construction juridique et responsabilité du directeur. Paris 1925.

Pic (P.) et Baratin (F.): Des sociétés à responsabilité limitée. Rev. Soc. 1925, p. 137—162.

Pic, Paul: Définition et caractères spécifiques de la société à responsabilité limitée. Rev. Soc. 1925. p. 393—404.

Pinzger: Das Reichsgesetz betreffend die G. m. b. H. Berlin 1914.

Plancks Kommentar zum Bürgerlichen Gesetzbuch. I. Bd., 4. Aufl., Berlin 1913. III. Bd., 4. Aufl., Berlin 1920.

Poetsch, Walter: Die Gesamtprokura und die kombinierte Vertretungsform der §§ 125, 3 u. 232, 2 HGB. Diss. Leipzig 1911.

Prahler, Ernst: Die Sonderrechte des Gesellschafters in einer G. m. b. H. Diss. Rostock 1909.

Preuß, Hugo: Über Organpersönlichkeit. Schmollers J. 1902, 557.
Preuß, Hugo: Stellvertretung oder Organschaft? Jher. J. 44, 429.
Przibilla: Erwerb des mittelbaren Besitzes durch Stellvertreter. Jher. J. 50, 323.

Recueil général des lois et des arrêts, fondé par J.-B. Sirey, Journal du palais.
Regelsberger: Über Besitzerwerb durch Mittelspersonen. Jher. J. 44, 393.
Regelsberger: Entziehbare und unentziehbare Rechte der Mitglieder einer Korporation. „Blätter für Rechtsanwendung in Bayern." Bd. 60, 1.
Rehme, Paul: Die Lübecker Handelsgesellschaften in der ersten Hälfte des 14. Jahrhunderts. Goldschmidts Zeitschr. 42, N. F. 27, 367.
Reidnitz, Georg: Die G. m. b. H. in der Rechtsprechung der deutschen Gerichte seit 1892. Köln 1912.
Revue des sociétés, fondée par A. Vavasseur, continuée par J. Vavasseur et F. Baratin. Paris. (Rev. soc.)
Revue du notariat et de l'enregistrement et controleur de l'enregistrement. Rédacteurs en chef: M. Alphonse Besnard et M. Bernard Auger. Paris.
Rießer, J.: Zur Revision des Handelsgesetzbuchs in Goldschmidt's Zeitschr. f. Handelsrecht. Beilagehefte zu 33, N. F. 18 (1887) und zu 35, N. F. 20 (1888).
Ring, Viktor: Deutsche Kolonialgesellschaften. Berlin 1887.
Risch: Vertretung des Vereins bei mehrgliedrigem Vorstande. Gruch. 64, N. F. 1, 3.
Rosenberg, Leo: Sachenrecht. München 1919.
Rosenthal, Max: Reichsgesetz betreffend die Gesellschaften m. b. H., 3. Aufl., bearb. von Gentzsch (Ernst). Leipzig 1921.
Royer, Copper: Traité théorique et pratique des sociétés anonymes. 3. Aufl., Paris 1925.
Rundschau für G. m. b. H., herausgegeben v. Otto Schmidt.

Sächsisches Archiv für deutsches bürgerliches Recht.
Sammlung der Entscheidungen und Gutachten des Reichsfinanzhofs. München (RFH).
Schiefner, Gaston: Die Verantwortlichkeit der Geschäftsführer der G. m. b. H. für die Buchführung. Diss. Greifswald 1913.
Schifferer, Fritz-Anton: Die Entlastung der Organe einer Aktiengesellschaft. Jena 1924.
Schloßmann, Siegmund: Organ und Stellvertreter. Jher. J. 44, 289.
Schloßmann, Siegmund: Die Lehre von der Stellvertretung, insbes. bei obligat. Verträgen. Leipzig 1900/1902.
Schmidt, Richard: Allgemeine Staatslehre. Leipzig 1901—03.
Schmidt, Richard: Lehrbuch der Deutschen Zivilprozeßrechts. 2. Aufl. Leipzig 1910.
Schmollers Jahrbuch für Gesetzgebung, Verwaltung und Volkswirtschaft im Deutschen Reiche. München.
Schönfeld, Walther: Zur Konstruktion der OHG. Versuch einer juristischen Theorie der Rechtsperson. Jher. J. 75. 333.
Schultze, Alfred: Organschaftsrechte als Sonderrechte. Jher. J. 75, 455.
Schultze, Alfred: Otto von Gierke als Dogmatiker des bürgerlichen Rechts. Jher. J. 73.
Schultze, Alfred: Treuhänder im geltenden bürgerlichen Recht. Jher. J. 43, 1.

Schumann, Willy: Die Rechtsnatur der G. m. b. H. und die aus ihr folgenden Haftungsgrundsätze für die Handlungen der Geschäftsführer nach Zivilrecht. Diss. Leipzig 1910.
Sehling, Emil: Deutsches Handelsrecht. Hamburger Kaufmannsbücher. Bd. 14. Hamburg 1924.
Seufferts Archiv für Entscheidungen der obersten Gerichte in den deutschen Staaten.
Siber, Heinrich: Die Prozeßführung des Vermögensverwalters nach dem deutschen Bürgerlichen Gesetzbuch. Leipzig 1916.
Siber, Heinrich: Die Frage der Verfügungsgeschäfte zu fremdem Recht. Leipzig 1915.
Siber, Heinrich: Verwaltungsrecht an fremdem Vermögen. Jher. J. 67, 81.
Simon, Hermann Veit: Deutsche Kolonialgesellschaften. Goldschmidts Zeitschr. 34. N. F. 19. 85 ff. 1888.
Sohm, Rudolph: Die subjektiven Rechte im deutschen bürgerlichen Gesetzbuch. Jher. J. 73, 268.
Somló, Felix: Juristische Grundlehre. Leipzig 1917.
Soergel, Hs. Th.: Bürgerliches Gesetzbuch. Berlin 1926.
Staubs Kommentar zum Gesetz betr. die G. m. b. H. 4. Aufl. Bearb v. Max Hachenburg. Berlin 1913.
Staubs Kommentar zum Handelsgesetzbuch, 12. u. 13. Aufl. Bearb. v. Koenige, Pinner, Bondi. Berlin 1926.
Staubs Kommentar zur Wechselordnung, fortges. v. J. u. M. Stranz. 11. Aufl. Berlin 1926.
Staudingers Kommentar zum Bürgerlichen Gesetzbuch. 1. Band. Allgemeiner Teil. Erl. v. Löwenfeld und Riezler. 9. Aufl. München 1925. III. Bd. Sachenrecht. Erl. von Kober. 9. Aufl. München 1926.
Steinbach, Emil: Rechtsgeschäfte der wirtschaftl. Organisationen. Wien 1897.
Tasche, Friedrich: Fremdwirkende Spezifikation, ihr Umfang und Wesen. Diss. Göttingen 1920.
Thon, August: Der Normadressat. Jher. J. 50, 1.
Thon, August: Rechtsnorm und subjektives Recht. Weimar 1878.
Tripier, L.: Commentaire de la loi du 23 mai 1863 sur les sociétés à responsabilité limitée. 1863.
Tuchmann, Paul: Die Mitglieder und Organe der Gesellschaften m. b. H. Diss. Erlangen 1896.
Tuhr, Andreas von: Der allgemeine Teil des bürgerlichen Gesetzbuches. Leipzig 1910.
Tuhr, Andreas von: Die unwiderrufliche Vollmacht. In der Festschrift für Paul Laband. Tübingen 1908.
Tuhr, Andreas von: Actio de in rem verso, zugleich ein Beitrag zur Lehre von der Geschäftsführung. Freiburg 1895.
Uhle, Wolfram Siegfried: Die Rechtsstellung des Geschäftsführers einer G. m. b. H. Diss. Leipzig 1910.
Valery, Jules: Des mesures de précaution à prendre dans les rapports avec les sociétés à responsabilité limitée. Rev. Soc. 1926. p. 213.
Wangerin, Karl: Die Pflichten der Mitglieder einer G. m. b. H. Diss. Heidelberg 1908.
Warneyer (Otto) und Koppe (Fritz): Das Reichsgesetz betr. die Gesellschaften m. b. H. Berlin 1924.

Warneyers Jahrbuch der Entscheidungen auf dem Gebiete des Zivil-, Handels- und Prozeßrechts. Berlin.
Wedler, Kurt: Die Rechtsstellung des Geschäftsführers bei der G. m. b. H. Diss. Leipzig 1910.
Wenzel, Max: Juristische Grundprobleme. I. Berlin 1920.
Weschke, Karl Johannes: Die rechtliche Stellung des Geschäftsführers einer G. m. b. H. Diss. Leipzig 1907.
Wieland, Karl: Handelsrecht. München 1921.
Windscheid-Kipp: Lehrbuch des Pandektenrechts. 9. Aufl. Frankfurt 1906.
Wirth, Karl: Die Schadenersatzpflicht der Geschäftsführer einer G. m. b. H. Diss. Erlangen 1916.
Zeitschrift des Deutschen Notarvereins.
Zeitschrift für Aktiengesellschaften und für G. m. b. H. Herausgeg. von Bauer.
Zeitschrift für Gesellschaftswesen (Gesellschafts-Archiv). Zeitschrift für Aktienwesen, G. m. b. H.-Zeitschr. Berlin.
Zentralblatt für freiwillige Gerichtsbarkeit und Notariat.
Zentralblatt für Handelsrecht. Vereinigt mit Zeitschr. für Gesellschaftswesen (36. Jahrg.). Jahrg. 1 (36). 1926. Herausgeber: Dr. Fr. Goldschmit und Dr. Fritz Koppe (ZBH).
Zitelmann, Ernst: Begriff und Wesen der sogen. juristischen Personen. Leipzig 1873.
Zitelmann, Ernst: Internationales Privatrecht. München 1914.
Zitelmann, Ernst: Das Recht des BGB. Allgemeiner Teil. Leipzig 1900.

I. Gesetzesstellen aus dem GmbH-Gesetz sind nur als „§ ..." bezeichnet. Ebenso die Artikel des französischen Gesetzes vom 7. März 1925 nur als „Art..." Bei allen übrigen Gesetzen ist das Gesetz selbst genannt.

II. Schriftsteller, deren Name sich nur einmal im Verzeichnis findet, sind nur mit dem Nachnamen angegeben. „Schultze" ist also immer „Alfred Schultze". Findet sich ein Nachname im Verzeichnis mehrfach, so ist der dort zuerst Genannte nur mit dem Nachnamen, die anderen auch mit dem Vornamen angegeben. „Gierke" ist „Otto von Gierke", „J. v. Gierke" ist „Julius von Gierke".

III. Ist von einem Schriftsteller nur eine Schrift im Verzeichnis genannt, so wird ihr Titel nicht angegeben. Sind mehrere Schriften genannt, so wird der Titel bei der im Verzeichnis an erster Stelle genannten Schrift nicht, bei den anderen mit einem Merkwort angegeben. „Schultze" schlechthin ist: Alfred Schultze, „Organschaftsrechte als Sonderrechte". Jher. J. 75, S. 455 ff. Sonst heißt es: „Schultze, Treuh." oder „Schultze, O. v. G.".

IV. 1. Für das Schrifttum außerhalb der Rechtsprechung: eine Zahl unmittelbar nach dem Namen oder der Schrift ist Seitenangabe. „Schultze 459" heißt also „Schultze.... Seite 459". Eine Zahl nach der Paragraphenbezeichnung gibt die Anmerkungsnummer an. „Staub § 37, 3" heißt also Staub...§ 37 Anmerkung 3". Die Seitenangabe nach der Paragraphenbezeichnung erhält den Zusatz „S.", z. B. „Brodmann § 36, 5 S. 143".

2. Für die Rechtsprechung: Zahlen nach der Entscheidungssammlung kennzeichnen den Band, die dann folgenden Zahlen kennzeichnen die Seite. „RG 68, 177" heißt also „RG Band 68 Seite 177".

V. Verweisungen innerhalb der Arbeit erhalten den Zusatz „oben..." oder „unten".

Einleitung.

Zur Erfassung der Rechtsstellung des Geschäftsführers einer G. m. b. H. ist notwendig, einige Grundfragen

1. zum „rechtlichen Leben" der sogen. juristischen Person,

2. zur Stellung ihrer „Organe",

3. zu den Organen der G. m. b. H. und

4. zur Einreihung der G. m. b. H. in die „Handelsgesellschaften" zu erörtern. (I. Teil §§ 1—4, II. Teil §§ 48—51.) Die Erheblichkeit dieser Fragen zeigt sich — in der Hauptsache — erst in den übrigen Erörterungen.

I. Teil: Zum deutschen Recht.

I. Abschnitt.

§ 1. Das rechtliche Leben einer Körperschaft.

I. 1. Die G. m. b. H. als solche hat selbständig Rechte und Pflichten. Für ihre Verbindlichkeiten haftet nur das Gesellschaftsvermögen. § 13 Abs. 1 und 2. Die Fähigkeit, Rechte und Pflichten zu haben, heißt Rechtspersönlichkeit. Sie ist der G. m. b. H. mit diesen Bestimmungen gegeben. Die G. m. b. H. ist juristische Person [1]) („unkörperliches" [2]) Rechtswesen) [3]), und zwar rechtsfähiger Verein im Sinne des BGB. Das bleibt sie auch, wenn nur noch ein Gesellschafter („Mitglied") vorhanden ist [4]). Der Geschäftsführer ist der „Vorstand". Die §§ 21 ff. BGB finden Anwendung, soweit nicht durch das GmbHG oder HGB etwas anderes bestimmt ist [5]).

2. Der rechtsfähige Verein gehört zu denjenigen Rechtswesen, die man als „Körperschaften" zu bezeichnen pflegt und in Gegensatz setzt zu den Einzelpersonen einerseits, den Anstalten andererseits [6]). Eine Körperschaft führt ein selbständiges rechtliches Dasein („rechtliches Leben") [7]), auch gegenüber den ihr eingeordneten Rechtswesen.

---

[1]) u. a. Brodmann § 35, 1; Liebmann § 13, 1; Parisius-Crüger § 13, 1; Staub § 13, 1; RG 57, 93; 68, 309; Holdh. 1899, 264; JW 04, 167; DJZ 02, 546, 95; KGJ 23, 107; 29, 96; 30, 130; OVG 30, 5 (zweifelnd); 32, 78.

[2]) Dieser bezeichnendere Ausdruck findet sich bei Zitelmann 113. Er will mit ihm alle Personen bezeichnen, die nicht „körperlich" (Menschen) sind.

[3]) Der Ausdruck „Rechtswesen" ist Gierkes („Das Wesen..." 16) „Lebewesen" nachgebildet.

[4]) u. a. Lehmann-Hoeniger, Lehrb. 390, A. 1; Heinrich Friedländer, die Einmanngesellschaft, ZBH 1926, 22; Mardersteig 40 ff.; RG 68, 173; 92, 85; Seuff., A. 60, 410.

[5]) Dies wird von Staub-Pinner § 178, 6 bestritten. Doch werden wesentliche Ausnahmen gemacht. So bezüglich der §§ 29 und 31 BGB.

[6]) Die Stiftung ist dabei der Anstalt eingeordnet. — Ebenso u. a. Huber I, 44. Anders etwa: Bierling, Prinz. L. I, 223; Enneccerus I, 1, 236; Hölder 226.

[7]) Die vom objektiven Recht geregelten Lebenserscheinungen nenne ich „Rechtsleben" (im objektiven Sinne). Der Ausschnitt aus diesem Rechtsleben, der an ein bestimmtes Rechtssubjekt geknüpft ist, ist dessen „rechtliches Leben" (im subjektiven Sinne).

II. Rechtsleben setzt das Vorhandensein mehrerer Rechtswesen voraus. Je nach der besonderen Art der Einstellung einer Körperschaft zu anderen Rechtswesen kann man das rechtliche Leben der Körperschaft einteilen in:

1. Das „nach außen". Das ist rechtliches Leben, das sich zwischen der Körperschaft und solchen Rechtswesen abspielt, die ihr von außen gleichgeordnet gegenüberstehen. Sei es, daß sie in die körperschaftliche Einordnung nicht einbezogen sind, sei es, daß sie zwar eingegliedert sind, aber ihre Zugehörigkeit hier außer acht lassen. Die gleichgeordneten Rechtswesen können körperlich oder unkörperlich sein (A u ß e n - L e b e n).

2. Das rechtliche Leben „nach innen". Es ist das Leben, das sich nur zwischen der Körperschaft und solchen Rechtswesen abspielt, die in die Körperschaft eingeordnet sind. Das Verhältnis der Einordnung wird hier nicht außer acht gelassen, sondern vorausgesetzt. Die eingeordneten Rechtswesen können körperlich oder unkörperlich sein (I n n e n - L e b e n).

3. Die Sonderung zu 1 und 2 ist eine Einteilung des rechtlichen Lebens der Körperschaft, keine Teilung. Dieses ist ein unteilbares Ganzes, das sich nur unter den beiden Gesichtspunkten gesondert betrachten läßt. Das Außenleben wirkt notwendig auf das Innenleben. Das Innenleben aber ist notwendige Voraussetzung für das Außenleben.

III. Das rechtliche Leben einer Körperschaft läßt sich ferner durch einen Vergleich mit dem rechtlichen Leben einer Einzelperson einteilen in:

1. das, das einer Körperschaft eigen ist. Es kann in einer Einzelperson nicht gedacht werden[8]) (k ö r p e r s c h a f t s r e c h t l i c h e s L e b e n). Dahin gehören z. B. die Bestellung zum Vorstand der Körperschaft, die Begründung und Aufhebung der Mitgliedschaft.

2. das rechtliche Leben, das sowohl im Rechtskreis einer Körperschaft, wie in dem einer Einzelperson möglich ist. Dieses kann zwischen der Körperschaft und einem Dritten, wie zwischen dritten Einzelpersonen gedacht werden (d r i t t r e c h t l i c h e s L e b e n)[9]).

[8]) Auch bei der Einzelperson gibt es rechtliches Leben, das ihr eigen ist. So kommen die eigentlichen Familienrechte nicht im rechtlichen Leben einer Körperschaft vor. Gierke I, § 67 Anm. 43; Staudinger Allgem. Tl., 2. Tit., Vorbem. IV, B 2.

[9]) 1. Die Ausdrücke: „individualrechtlich" und „sozialrechtlich" vermeide ich, weil sie mit „außen-" und „innenrechtlich" (im oben zu II 1 erörterten Sinne) gleichgesetzt werden. Die Begriffe „drittrechtlich" und „außen-

Die Körperschaft kann z. B. Vermögensrechte haben; oder das Persönlichkeitsrecht der Firma[10]).

IV. Die Einteilungen zu II und III greifen teilweise ineinander über.

1. Das Außenleben kann drittrechtlich und körperschaftsrechtlich sein.

a) Eine drittrechtliche Außenhandlung ist z. B. die Übereignung eines Grundstücks an einen beliebigen Außenstehenden.

b) Eine körperschaftsrechtliche Außenbeziehung ist z. B. eine Schadensersatzforderung der Körperschaft, die ihr gegenüber einem abberufenen Vorstand zusteht, insoweit sie noch nicht zum sog. Gläubigerrecht, das ist drittrechtlich geworden ist.

2. Das Innenleben ist immer körperschaftsrechtlich. Denn es setzt das Bestehen eines Einordnungsverhältnisses, also eines körperschaftsrechtlichen Zustandes, voraus. Insoweit decken sich die Einteilungen zu II und III.

---

rechtlich" sind aber ebenso wie die Begriffe „körperschaftsrechtlich" und „innenrechtlich" auseinanderzuhalten. Ihr Verhältnis zueinander wird unten zu IV erörtert.

II. Von den Schriftstellern, die keine Scheidung dieser Begriffe vornehmen, seien nur dem Namen nach genannt: Ebert 9, 11; Gierke u. a. „Das Wesen..", 26/31; Hold v. Ferneck I, 262 ff.; Jellinek, System 91 ff.

III. Im einzelnen spricht etwa Gierke (I, § 66, S. 512, § 67, S. 525) von „gemeinheitlichen" Beziehungen und Handlungen. Er sagt: „Sie gehören dem inneren Leben der Gesamtperson an." Genauer ist es, zu sagen: Sie stehen mit dem inneren Leben in Zusammenhang. Denn sie können auch durchaus dem äußeren Leben angehören. So etwa die Erteilung der Mitgliedschaft. Diese zählt auch Gierke zu den „gemeinheitlichen" Handlungen. Anm. 37 zu § 67. — Staub § 35, 3; § 37, 6 spricht von „gesellschaftsrechtlichem Gebiet", ohne näher anzugeben, was er damit meint. Er kennt auch „Rechtsgeschäfte mit Dritten, deren Inhalt ein solcher gesellschaftsrechtlicher Vorgang ist". — Staudinger Allgem. Tl., 2. Tit., Vorbem. IV B nennt Rechte, welche nur einer Verbandsperson zustehen können, „Rechte des Sozialrechts." — In Gegensatz zu ihnen stellen Gierke, Staub und Staudinger die „Individualrechte". — Neukamp, § 37, S. 37 unterscheidet „rechtsgeschäftliches Handeln" und „gesellschaftsrechtliche Akte"; KGJ 40, 76: „Rechtsgeschäfte mit einem Dritten" und „Akte gesellschaftlichen Lebens." Das hat insofern eine Berechtigung, als das Gesetz nur drittrechtliche Geschäfte meint, wenn es von „Rechtsgeschäften" schlechthin oder von „Rechtsgeschäften mit einem Dritten" spricht. Dazu unten § 14 Anm. 9; § 25 III 1 und 2; § 30 Anm. 17; § 45 Anm. 53. Gleichwohl ist die Gegenüberstellung nicht glücklich. Denn „gesellschaftsrechtliche Akte" können „Rechtsgeschäfte mit einem Dritten" sein. Ganz abgesehen davon, daß der Ausdruck „gesellschaftlich" zunächst an eine Gesellschaft bürgerlichen Rechts denken läßt, die hier nicht gemeint ist.

[10]) Gierke I, § 66, S. 515.

V. Aus dem Innenleben einer Körperschaft kann man denjenigen Teil aussondern, der sich zwischen einem bestimmten eingegliederten Rechtswesen und der Körperschaft abspielt. Zu diesem Innenleben im engeren Sinn gesellt sich dann ein Außenleben im weiteren Sinn, und in ihm der Begriff Dritter im weiteren Sinn. Dies ist jedes Rechtswesen, das weder das am Innenleben im engeren Sinn gerade beteiligte Gliedwesen, noch die Körperschaft selbst ist. Dritter im engeren Sinn ist jedes Rechtswesen, das nicht in die Körperschaft eingegliedert ist [11]) [12]).

§ 2. „Organe“ und ihre „Stellung“.

I. Die rechtliche Persönlichkeit ist eine Erscheinung der Wirklichkeit. Freilich, wie jede rechtliche, gedankliche [1]) Wirklichkeit. Während nun die Persönlichkeit der Einzelperson, um in der Welt der äußeren Erscheinungen Gestalt anzunehmen, sich in der eigenen leiblichen Person offenbaren kann, muß sich die der juristischen Person in fremden leiblichen Personen offenbaren. Diese üben für sie rechtlich erhebliches Verhalten. Insbesondere bilden sie den Willen, handeln sie. Die Einzelpersonen nennt man „Organe“ [2]).

II. Die dem Organ gegebene Möglichkeit, mit Wirkung für die juristische Person rechtlich erhebliches Verhalten zu üben, nennt man oft „Organschaftsrecht“. Neben dem Organschaftsrecht bestehen immer rechtliche Beziehungen zwischen dem Organ und der juristischen Person, die die Ausübung des Organschaftsrechts und seinen rechtlichen Zweck [3]) regeln (Nebenbeziehungen zum Organschaftsrecht). Das Organschaftsrecht und seine Nebenbeziehungen machen die „Stellung“ des Organs aus.

III. 1. Das Organschaftsrecht enthält die Möglichkeit, im Rechtskreis der juristischen Person

---

[11]) Beide Begriffe finden sich im Gesetz und Schrifttum unter der gleichen Bezeichnung. Vgl. dazu unten § 34 Anm. 55. Die oben zu V gekennzeichnete Rechtslage bezeichne ich mit „Innen“-Leben „im engeren Sinn“ und „Außen“-Leben „im weiteren Sinn“.

[12]) Für den Staat betrachtet ist der Staatsangehörige zwar Dritter im weiteren, nicht aber Dritter im engeren Sinn. Dritter im engeren Sinn sind nur der Ausländer und die nicht eingegliederten Staaten.

[1]) Anschütz Enzykl. 4, 25; Kohler Enzykl. 2, 15; Schönfeld 372 u. a.

[2]) Gierke I, § 65, S. 497; Jellinek 16, Kap., S. 540; v. Tuhr I, § 32, S. 460.

[3]) v. Tuhr I, § 7, S. 167.

a) Rechtsbeziehungen [4]) zu begründen, aufzuheben, abzuändern (Einwirkung auf den Rechtsbestand) [5]) und
b) die durch den Rechtsbestand gegebene Willensmacht und Willensgebundenheit auszuüben („Rechtsausübung")[4]).

Zu 1. In der Begründung und Veränderung eines Rechtsbestandes und in der Rechtsausübung tritt das rechtliche Leben eines Rechtswesens in Erscheinung.

2. Die Möglichkeiten einer Einzelperson, im eigenen Rechtskreis auf den Rechtsbestand einzuwirken und Rechtsausübung vorzunehmen, erfaßt man mit dem Begriff der „Fähigkeit". Man redet von „Handlungs"-, von „Deliktsfähigkeit". Diese Möglichkeiten unterscheiden sich aber von der des Organschaftsrechts. Die „Fähigkeit" ist an allgemeine Voraussetzungen geknüpft und beruht allein auf dem Gesetz. Die Möglichkeiten, die das Organschaftsrecht gibt, sind an besondere Voraussetzungen geknüpft und können auch auf einem Rechtsgeschäft beruhen. Deshalb ist es nicht angängig, das Organschaftsrecht als eine „Fähigkeit" [6]) besonderer Art zu bezeichnen.

3. Das „Organschaftsrecht" ist aber auch kein subjektives Recht. Denn die in diesem gewährleistete Willensmacht ist immer nur eine vom objektiven Recht gebilligte. Ein Recht zu rechtswidrigem Verhalten gibt es nicht [7]). Das Organschaftsrecht aber enthält auch die Möglichkeit, durch rechtswidriges Verhalten, insbesondere durch unerlaubte Handlungen, Rechtswirkungen im Rechtskreis der juristischen Person hervorzurufen[8]). Diese Möglichkeit erfaßt der Begriff des subjektiven Rechts nicht [9]). Er

---

[4]) Das Wort: Recht ist hier in einem umfassenderen Sinne gebraucht, als in dem Begriff des „subjektiven Rechts." Es erfaßt jede Erscheinungsform des rechtlichen Lebens (oben § 1 Anm. 7), d. i. jede Rechtslage (anders gebraucht Kohler das Wort: Rechtslage. Unten Anm. 11). Insbesondere auch Anwartschaften.

[5]) Rechtsbestand ist die Gesamtheit der Rechtsbeziehungen einer Person, die aus dem Zustand der Möglichkeit, in dem man sie mit dem Begriff der „Rechtsfähigkeit" erfaßt, in den Zustand des „Bestehens" getreten sind.

[6]) So Molitor 6/8 u. 12, für die Vollmacht v. Amira I, 353/354 und Hupka 88/89.

[7]) Kohler, Enzykl. 2, 42. [8]) Unten § 34 IV.

[9]) Sagt man mit v. Tuhr I, § 6, S. 133: Ein subjektives Recht liegt vor, wenn der Wille eines Menschen für eine rechtliche Wirkung maßgebend ist, so muß man die Macht des Organs, durch Unrecht die juristische Person zu verpflichten, als sein subjektives Recht jedenfalls dann bezeichnen, wenn das Organ gerade diese Wirkung gewollt hat. Doch ist diese Begriffsbestimmung zu weit gefaßt. Sie steht auch nicht in Einklang mit der im § 7, S. 159 gege-

ist also zu eng, der Ausdruck Organschafts„recht" nicht zutreffend [10]).

Eben diese Gründe machen es auch unmöglich, das Organschafts„recht" als „Rechtsmacht" zu bezeichnen, oder die einzelnen Möglichkeiten des Organschafts„rechts" restlos in „Befugnisse" aufzulösen. Denn auch eine „Rechtsmacht" und eine „Befugnis" ist nur rechtlich gebilligte Macht.

4. Eine Bezeichnung, die die rechtlichen Möglichkeiten des Organschaftsrechts restlos erfaßt und sie zugleich abgrenzt, haben wir nicht [11]). Für diese Arbeit mag es genügen, sie alle mit dem Begriff des: organrechtlichen Könnens zusammenzufassen, in Anlehnung an den von Zitelmann eingeführten Begriff der „Rechte des rechtlichen Könnens" [12]).

a) Der Ausdruck: rechtlich ist dabei nicht gleichbedeutend mit rechtlich gebilligt oder rechtmäßig, sondern mit: rechtlich vorhanden oder erheblich. So ist er wohl auch von Zitelmann gemeint. Sonst wäre die Wiederholung des „Rechts des rechtlichen . . ." überflüssig. Rechtlich in diesem Sinne ist auch die Möglichkeit, durch rechtswidriges Verhalten Rechtsfolgen hervorzurufen.

b) Der Ausdruck: Können kennzeichnet in dem von Zitelmann angewandten Sinne die Einwirkungsmöglichkeit auf einen Rechtsbestand. Das Können tritt damit in Gegensatz zu der

---

benen, wo v. Tuhr „vom Gesetz anerkannte Willensmacht" verlangt. Darin liegt eine gewisse Billigung des Willens durch das objektive Recht.

[10]) Man kann also nicht die Rechtsstellung des Organs in lauter Rechte und Pflichten zergliedern, wie es Dniestrzanski, Aufträge 107, Kelsen 450 und Schloßmann 317 ff. tun wollen.

[11]) Kohler, Enzykl. 2, 38, Lehrbuch I § 50 I gebraucht den Ausdruck: Rechtslage und betont die Möglichkeit des Mißbrauches der Rechtslage. (Vgl. dazu Enneccerus I 1, 181 Anm. 3.) Diese Bedeutung des Wortes hat sich nicht durchgesetzt. Man gebraucht es in einem anderen, allgemeineren Sinne. So etwa Zitelmann, Intern. Pr. R. I 37 u. 45; oben § 1 Anm. 11. Manche reden von Kompetenz oder Zuständigkeit. Dazu unten Anm. 31 II u. § 40 Anm. 3.

[12]) Zitelmann, Intern. Pr. R. I 45, II 32; Allg. Tl. 23.

I. Die vorgeschlagene Verwendung des Wortes: Können steht nicht im Widerspruch zum Sprachgebrauch des BGB. Vgl. dazu Enneccerus I 1, 110.

II. Sie ist am stärksten angelehnt an die Verwendung bei: Brinz 1618; Biermann 108/109; Hupka 2 Anm 1, 21, 23. Diese kennzeichnen damit die Eigenart der Vertretungsmacht und damit einen Teil der hier betrachteten Rechtslage. Vgl. dazu unten § 34.

III. Sie kommt nahe dem durch Zitelmann eingeführten und üblich gewordenen Sprachgebrauch. Das Verhältnis zu ihm wird oben dargetan.

IV. Sie steht im Verhältnis des Teils zum Ganzen, wenn man sie vergleicht mit der Verwendung bei: Affolter 378; Bierling, Prinz L. I 160, 165, 168;

Art der Willensmacht die eine unmittelbare Einwirkungsmöglichkeit („Herrschaft") über ein Objekt der Außenwelt gibt, wie es der Machtinhalt der „Herrschaftsrechte"[13]) ist. So etwa die Macht, die ein Sachenrecht oder ein Forderungsrecht gewährt. Während nun die Rechte des rechtlichen Könnens die Möglichkeit geben, auf einen Bestand an Herrschaftsrechten einzuwirken[14]), gibt das rechtliche Können des Organschaftsrechts darüber hinaus die Möglichkeit, auf einen Rechtsbestand einzuwirken, insbesondere auch an Herrschaftsrechten.

c) Der Ausdruck: Können kennzeichnet ferner die Unverletzbarkeit der Möglichkeit, auf den Rechtsbestand einzuwirken. Auch hierin besteht ein Unterschied zu der Macht der Herrschaftsrechte. Diese ist verletzbar. So ist etwa das Sachenrecht grundsätzlich durch jedermann, das Forderungsrecht durch den Schuldner verletzbar.

d) Der Ausdruck „Können" in dem von Zitelmann angewandten Sinn erfaßt nicht die Möglichkeit der Rechtsausübung. Insoweit soll hier der Begriff erweitert werden. Die Möglichkeit der Ausübung des fremden Rechtsbestandes ist, wie die Einwirkungsmöglichkeit auf diesen Rechtsbestand, weder mit dem Begriff der „Fähigkeit", noch mit dem des „subjektiven Rechts[15])[16]) zu erfassen.

5. Das organrechtliche Können des Organs ist streng zu sondern von den ihm als Einzelperson gegebenen rechtlichen Fähigkeiten[17]). Die Ausübung seiner Fähigkeiten wirkt nur im eigenen Rechtskreis, die Ausübung seines organrechtlichen Könnens wirkt grundsätzlich nur im Rechtskreis der juristischen Person[18]). Ausnahmsweise tritt auch im eigenen Rechtskreis eine Wirkung ein. Und zwar dann, wenn die Ausübung absolutes Unrecht ist[19]).

---

vgl. ferner seine Kritik II 308 ff., wo er zu verschiedenen Begriffen des „Könnens" Stellung nimmt; Jaeger § 6, 24; Kelsen 669; Thon, Rechtsnorm 128 Anm. 40, 228, 294, 338, 342 und 345.

V. Einen ganz anderen Sinn geben dem Wort: Jellinek, System 46 ff. (dazu die Kritik Kelsens 632—655, der ich freilich in manchem die Folgschaft versage); Schönfeld 341.

[13]) v. Tuhr § 6, S. 133. [14]) v. Tuhr § 7 I.

[15]) Die oben zu III 2 und 3 genannten Gründe treffen auch hier zu.

[16]) Es gibt auch mißbräuchliche Rechtsausübung.

[17]) Vgl. Jellinek, S. 559, 3; 562/563; Brodmann § 38, 2 S. 147.

[18]) Gierke I § 67 III, S. 524/525; Jsay 173.

[19]) Gierke I § 67, S. 530/531; unten § 39 III.

6. Das organrechtliche Können des Organs ist zu sondern von den Fähigkeiten der juristischen Person. Diese sind logische Bedingung für jenes. Sie sind aufgeteilt; ihre Teile ruhen in dem organrechtlichen Können der einzelnen Organe. Der Umfang des organrechtlichen Könnens aller Organe ist auch der Umfang der Fähigkeiten der juristischen Person.

IV. Das organrechtliche Können wirkt gegenüber jedermann. Es ist „absolute"[20]) Willensmacht. Jeder Willensmacht entspricht Willensgebundenheit. Die Art der Willensgebundenheit, die dem organrechtlichen Können entspricht, unterscheidet sich zu einem Teil von der, die den „Herrschaftsrechten" entspricht.

1. Diese geben dem Berechtigten ein Recht, von einem anderen ein Tun oder Unterlassen zu fordern („Anspruch" BGB § 194 Abs. 1). Die Willensmacht beruht auf der Verpflichtung des anderen.

2. Das organrechtliche Können ist im Verhältnis zum Gebundenen „anspruchlos"[21]). Die juristische Person braucht nichts zu tun oder zu unterlassen. Der Wille des Organs herrscht ohne ihre Mitwirkung in ihrem Rechtskreis. Sie ist gehalten, diesen Willen gelten zu lassen. Übt das Organ nach eigener Willkür ein rechtserhebliches Verhalten, so kann sie nicht hindern, daß die Wirkung in ihrer Person eintritt. Übt es dies Verhalten nicht, so kann sie nichts dazu tun, daß die Wirkung eintritt. Diese Macht der Organe beruht auf einer eigenartigen Willensgebundenheit der juristischen Person, die man (im Gegensatz zu der „Verpflichtung") „Bindung"[22]) nennen kann.

3. Im Verhältnis zu den Begünstigten, allen anderen Rechtswesen[23]), ist das organrechtliche Können nur insoweit anspruchlos, als es die Möglichkeit der Einwirkung auf den Rechtsbestand der juristischen Person enthält[24]). Die Rechtsausübung ist anspruchsgeschützt.

---

[20]) Das Wort: absolut hat hier, wie sich zu 2 und 3 zeigen wird, eine umfassendere Bedeutung als die, die ihm etwa Sohm 291 gibt. Er bezeichnet damit nur einen „Anspruchsschutz" gegenüber jedermann.

[21]) „nicht anspruchsartig". — U. a. Cosack, Lehrbuch BGB § 17 I 2; Sohm 281.

[22]) v. Thur § 7, S. 170; § 87, S. 437.

[23]) Das organrechtliche Können ist „dreiseitig", wie die Vollmacht. Für diese vgl. v. Amira I 358. Das Wort „Außenverhältnis" (Molitor 7/8) kennzeichnet nur die (zu 3 betrachtete) eine Seite des organrechtlichen Könnens, und das auch nur, wenn man dabei an des Wortes weitere Bedeutung (oben § 1 V) denkt.

[24]) als es „bloß eine Rechtsstellung" im Sinne Sohm's (282) gibt.

Zu III. und IV. Das organrechtliche Können gibt dem Organ eine beschränkte unmittelbare Herrschaft über ein anderes rechtliches Leben. Die Herrschaft ist absolut in dem Sinne, daß sie gegenüber jedermann wirkt. Sie ist immer uneigennützig. Sie ist grundsätzlich uneigenschädlich. Zu eigenem Schaden gereicht sie nur, wenn ihre Betätigung eine unerlaubte Handlung darstellt [25]).

Das organrechtliche Können enthält häufig eine beschränkte, unmittelbare und uneigennützige Herrschaft über eine Sache der juristischen Person, eine fremde (nicht-eigene) Sache [26]). Diese rechtliche Herrschaft kennzeichnet im Teil, was vom organrechtlichen Können im Ganzen gilt [27]).

V. Nebenbeziehungen zum organrechtlichen Können bestehen immer zwischen dem Organ und der juristischen Person. Bisweilen auch zwischen dem Organ und dem Staat oder jedermann. Es sind subjektive Rechte des einen Beteiligten, denen entsprechende Pflichten des anderen Beteiligten gegenüberstehen; also anspruchsgeschützte Rechte.

1. Betrachtet man den Zusammenhang der Nebenbeziehungen mit dem organrechtlichen Können, so sind sie

a) entweder „unselbständig" [28]). Diese bestehen nur in Anlehnung an das organrechtliche Können, sind ohne dieses nicht denkbar. Sie regeln allein Fragen seiner Ausübung.

b) oder „selbständig" [29]). Diese sind nicht unmittelbar dem organrechtlichen Können angelehnt, sind ohne dieses denk-

---

[25]) Oben zu III 5 u. Anm. 19. Unten § 34 IV 7.

[26]) Es mag hier dahingestellt bleiben, ob es sich empfiehlt, das organrechtliche Können, soweit es sich in einer solchen Herrschaft über eine fremde Sache äußert, als ein „dingliches" Recht zu bezeichnen. Vgl. dazu Enneccerus I 1, 571; Jaeger § 6, 8; Kipp 378; Motive III 2; Schultze, Treuh. 25 ff., 73 ff; Siber, Prozf. 11/12. Jedenfalls unterscheidet es sich von den beschränkten dinglichen Rechten des BGB (vgl. Siber, Verwaltungsrecht 81) durch seine Uneigennützigkeit. Gemessen an der Beschränktheit der Herrschaft, würde es an die Spitze dieser beschränkten dinglichen Rechte zu stellen sein. Es enthält nächst dem Eigentum die meisten Befugnisse.

[27]) Der Beschränktheit der Herrschaft des organrechtlichen Könnens steht gegenüber die Unbeschränktheit der Fähigkeiten der juristischen Person, — vergleichbar etwa der Beschränktheit eines Nießbrauchs im Gegensatz zur Unbeschränktheit des Eigentums (Vollrechts). Die Beschränktheit des organrechtlichen Könnens eines Allein-Gliedes der juristischen Person (z. B. des Gesellschafter-Geschäftsführers der Einmann-G. m. b. H.) kommt der Unbeschränktheit der Fähigkeiten der juristischen Person nur tatsächlich gleich. Begrifflich sind sie zu scheiden.

[28]) Zur „Unselbständigkeit" unten zu 2 u. VI in Verbindung mit § 45 III.

[29]) Zur „Selbständigkeit" unten § 43 in Verbindung mit § 45 III u. VI.

bar. Sie regeln Fragen, die die Organstellung überhaupt betreffen. Insbesondere regeln sie den wirtschaftlichen Ausgleich zwischen der juristischen Person und dem Organ.

2. Die unselbständigen Nebenbeziehungen sind zweifacher Art.

a) Es sind einmal Rechte des Organs, das organrechtliche Können in bestimmtem Umfang auszuüben. Der andere Beteiligte ist verpflichtet, die Ausübung zu dulden (Organrechtliches[30]) Dürfen)[31])[32]).

b) Zum anderen sind es Verpflichtungen des Organs, das organrechtliche Können in bestimmtem Umfang auszuüben. Der Begünstigte kann die Ausübung verlangen; oder aber, er verlangt sie (Organrechtliches[33]) Sollen)[34]).

---

[30]) „Rechtlich" ist hier gleichbedeutend mit rechtlich erheblich. Nicht mit: rechtmäßig. Der Begriff faßt also auch die Erlaubnis der juristischen Person, ein vom objektiven Recht nicht gebilligtes Verhalten, etwa eine Forderungsverletzung, vorzunehmen.

[31]) I. 1. Diese Verwendung des Wortes: Dürfen steht nicht im Widerspruch zum Sprachgebrauch des BGB. Dazu Enneccerus I 1, 110. Vgl. auch HGB § 238.

2. In einem engeren Sinn verwendet das Wort: v. Tuhr § 85, S. 385.

3. In einem weiteren Sinn verwenden es: Affolter 378, 380; Jaeger § 6, 14; Hupka 21; Kelsen 666/667.

4. In einem anderen Sinn verwenden es: Bierling, Prinz. L. I 160, 168, Kritik II 56 und 307; Brinz 1618; Hold von Ferneck I 301; Jellinek, System 46 ff; Schönfeld 341; Thon, Rechtsnorm 294; Zitelmann. Zu ihm unten Anm. 33 II. Vgl. auch Somló 453 ff., namentlich 460: „Zur Literatur des Dürfens".

II. Mit dem Wort: Zuständigkeit (Kompetenz) das organrechtliche Dürfen oder das Können zu bezeichnen, empfiehlt sich nicht. Die Verwendung des Wortes ist verschieden. Manche bezeichnen damit Fähigkeiten. Etwa Hölder 125. Manche bezeichnen damit organrechtliches Können. Etwa Bernatzik 305. Manche bezeichnen damit auch organrechtliches Dürfen. Etwa Jellinek, Syst. 227. Vgl. ferner etwa Preuß, Schmoller's J. 02, 590/591, Jher. J. 44, 458/460 und Siber, Verwaltungsrecht 114 ff. — Ich halte es für richtig, mit Zuständigkeit sowohl das organrechtliche Dürfen, wie das Sollen zu bezeichnen; nicht aber das bloße Können, dessen Inhalt sie nicht deckt. Unten § 34 IV und § 40 Anm. 3. Das gleiche läßt sich von dem Wort: Amt (so Hölder 351) sagen.

[32]) Die juristische Person ist für beide Beziehungen (a u. b) dieselbe „normierende Autorität" im Sinne Kelsens 666. Über seine „einzige Ordnung" vgl. unten § 42 III.

[33]) I. Das Wort: Sollen verwendet in einem engeren Sinn Hupka 23; in einem weiteren Sinn Kelsen 666 ff. und Schönfeld 341. Vgl. auch Bierling, Kritik II 308 ff.

II. In einem anderen Sinn verwendet es Zitelmann. Int. Priv. R. I 45, II 32; Allg. Tl. 22/23.

3. Selbständige Nebenbeziehungen sind:

a) Rechte des Organs auf Vermögensgüter aus dem Vermögen der juristischen Person („Wertrechte“ [35])). Etwa das Recht auf Aufwandsentschädigung, auf Gehalt, auf Tantieme u. a. m.

b) Rechte der juristischen Person auf bestimmtes Verhalten des Organs in seinem eigenen rechtlichen Leben (besondere Verhaltenspflichten). Etwa die Pflicht, keine berufliche Tätigkeit neben der Organtätigkeit auszuüben. Oder, keine Geschenke anzunehmen, die mit Rücksicht auf seine Organstellung angeboten werden.

VI. Der begriffliche Zusammenhang zwischen dem organrechtlichen Können, Dürfen und Sollen ist der, daß die beiden zuletzt bezeichneten Rechtslagen immer das Dasein der zuerst genannten voraussetzen, während das Dürfen und Sollen einander ausschließen[36]). Ein Dürfen oder Sollen setzt zugleich das Können dazu voraus. Ein Dürfen schließt das Sollen, und umgekehrt dieses jenes aus.

VII. 1. Überschreitet ein Organ die Grenzen seines Könnens, so tritt in dem Rechtskreis der juristischen Person keine Wirkung ein. In seinem eigenen Rechtskreis kann eine Wirkung eintreten [37]).

2. Überschreitet ein Organ sein Dürfen, aber nicht sein Können,

---

1. Die Einteilung der subjektiven Rechte in die drei Klassen der Kann-, Darf- und Sollrechte findet keinen Anhaltspunkt im Gesetz. Das betont u. a. Endemann, Lehrb. § 14, Anm. 10 und Sohm 281, Anm. 1.

2. Sie ist aber auch unlogisch. So mit Recht Wilhelm Kisch (Vorlesung: BGB. Allg. Tl.). Es „kann“, es „darf“ der Berechtigte, es „soll“ — der Verpflichtete.

3. Der Sprachgebrauch des Lebens rechtfertigt die Anwendung der Worte „Dürfen“ und „Sollen“ für die hier betrachtete Rechtslage durchaus. Insbesondere rechtfertigt er die Scheidung des „Dürfens“ vom „Sollen“, wo Zitelmann beidemale ein „Sollen“ annehmen würde.

[34]) Die Pflichten des Organs, die gegenüber dem Staat oder jedermann bestehen, kann man als „Amtspflichten“, diejenigen aber, die gegenüber der juristischen Person bestehen, als „Dienstpflichten“ bezeichnen. Zu diesen letzten sind aber auch die „selbständigen“ Nebenpflichten (unten zu 3 b) zu zählen, so daß sich die Einteilung in „Amts“- und „Dienstpflichten“ teilweise mit der in organrechtliches Sollen und selbständige Nebenpflichten schneidet.

[35]) Kohler, Lehrb. I § 142.

[36]) Legt man den — von Kelsen 667/668 mit Recht als weniger wertvoll bezeichneten, von Somló 452 abgelehnten — weiteren Begriff des Dürfens, — das ist der Begriff, der alles Verhalten als gedurft bezeichnet, das nicht verboten ist, — der Betrachtung zugrunde, so setzt ein Sollen auch immer das Dürfen dazu voraus.

[37]) Unten § 40.

a) so tritt im Rechtskreis der juristischen Person kraft der Macht des Könnens eine Wirkung ein [38]).

b) Es tritt zugleich im eigenen Rechtskreis des Organs kraft der Macht des Dürfens eine Wirkung ein, und zwar immer die regelmäßig nicht gewollte Wirkung der „Forderungsverletzung" (= des „relativen Unrechts") [39]), manchmal auch die des „absoluten Unrechts".

3. Übt ein Organ sein Sollen nicht aus, so tritt

a) im Rechtskreis der juristischen Person

aa) keine Wirkung ein, soweit das Sollen nur an das Organ gerichtet ist.

bb) Soweit es auch an die juristische Person gerichtet ist [40]), wirkt die Nichtausübung auch in ihrem Rechtskreis.

b) Im eigenen Rechtskreis des Organs tritt immer eine Wirkung ein. Sei es die Wirkung „relativen Unrechts", sei es die Wirkung „absoluten Unrechts", seien es beide Wirkungen.

VIII. Neben den Beziehungen, die die Stellung eines Organs ausmachen [41]) (Beziehungen der Stellung), können vor der Begründung der Stellung noch andere Beziehungen bestehen. Es ist möglich ein Forderungsrecht auf Übertragung der Stellung, und es ist möglich eine Verpflichtung auf Übernahme der Stellung (Nebenbeziehungen zur Stellung).

§ 3. Die Organe der G. m. b. H.

I. Die G. m. b. H. muß nach dem Gesetz zwei Organe haben: Die Gesellschafterversammlung (§ 2) und einen Geschäftsführer (§ 6). Sie kann noch andere Organe haben. Das Gesetz sieht die Möglichkeit der Bestellung eines Aufsichtsrates vor und regelt nachgiebig seine Stellung (§ 52).

II. Wo nur die beiden notwendigen Organe vorhanden sind, offenbart sich alles, wo mehr vorhanden sind, der größte Teil des rechtlichen Lebens der G. m. b. H. in dem Verhalten dieser beiden Organe. In weitem, aber beschränktem Umfang können auch Bevollmächtigte handeln [1]).

---

[38]) Unten § 39. BGB § 26 Abs. 2 Satz 2 stellt dazu keine Ausnahme dar; denn er betrifft die Grenzen des Könnens. Oben zu 1.

[39]) Unten § 34 IV 1—2.

[40]) Unten § 42 IV—VI.

[41]) Oben zu I.

[1]) Unten § 32.

§ 4. Die G. m. b. H. als Handelsgesellschaft.

I. Die G. m. b. H. gilt als Handelsgesellschaft im Sinne des HGB (§ 13 Abs. 3). Nächst dem GmbHG ist also das HGB, insbesondere in seinen Vorschriften über Handelsgesellschaften (II. Buch) anzuwenden. Eine Folge davon ist, daß die G. m. b. H. „Kaufmann" ist. Auch, wenn das Unternehmen nicht kaufmännisch ist oder nicht einmal einen wirtschaftlichen Geschäftsbetrieb bezweckt. § 6 HGB [2]).

II. Das 2. Buch des HGB kennt eine Reihe von Arten der Handelsgesellschaften. Die Einreihung der G. m. b. H. unter diese ist entscheidend dafür, welche Bestimmungen zunächst dem GmbHG anzuwenden sind.

III. Die Handelsgesellschaften zerfallen jenachdem, ob die Mitgliedschaft und Organschaft in engerem Sinne [3]) rechtlich [4]) in denselben Personen vereinigt ist („Selbstorganschaft") [5]) oder nicht („Drittorganschaft") [5]), in „individualistische" und „kollektivistische".

IV. Der kollektivistische Grundsatz ist am stärksten durchgeführt bei der A.G. HGB §§ 178 ff. und 231 ff. Die Mitgliedschaft ist rechtlich völlig getrennt von der Organschaft im engeren Sinne.

V. Der individualistische Grundsatz ist am stärksten durchgeführt bei der O.H.G. §§ 114 und 125 HGB.

VI. Bei der G. m. b. H. besteht grundsätzlich eine rechtliche Trennung der Mitgliedschaft und Organschaft. Insoweit ist sie kollektivistisch. Es ist aber die Möglichkeit vorgesehen, beide rechtlich zu verbinden. Es können Rechte und Pflichten der Organstellungen mit der Mitgliedschaft verbunden werden. Insbesondere Rechte [6]) und Pflichten [7]) der Geschäftsführerstellung. Soweit davon Gebrauch gemacht wird, ist sie individualistisch.

Je stärker Mitgliedschaft und Organschaft aneinander gebunden sind, um so eher ist eine entsprechende Anwendung der Bestim-

---

[2]) Unten § 34 III 1 c.

[3]) Die Mitgliedschaft selbst ist Organschaft. So namentlich R. Schmidt I 135/136. Organe im engeren Sinne sind alle Organe, die neben der Mitgliederversammlung bestehen. Dieser engere Begriff findet sich z. B. bei Hold von Ferneck, Rechtswidrigkeit I 262. — Vgl. BGB § 32 u. § 45. Dazu Hölder 62.

[4]) Eine tatsächliche Verbindung ist unerheblich. Das ist eine Verbindung, die gelöst werden kann, ohne daß sich das Wesen der Mitgliedschaft oder Organschaft, und sei es auch nur in einer Beziehung, ändert. Vgl. unten § 45 Anm. 37.

[5]) So Wieland § 38 I S. 473/474.

[6]) Unten § 23.

[7]) Unten § 24.

mungen über die O.H.G statthaft [8]). Je weniger beide verbunden sind, um so mehr ist eine Anwendung der Bestimmungen über die A. G. geboten.

II. Abschnitt.

§ 5. Wechselwirkung zwischen dem Dasein der G. m. b. H. und dem Dasein des Geschäftsführers.

I. Die G. m. b. H. „als solche" besteht erst vom Augenblick der Eintragung im Handelsregister. § 11. Die Anmeldung zur Eintragung hat, wie alle Anmeldungen zum Handelsregister [1]), durch die „Geschäftsführer" zu erfolgen. § 78. Ein Geschäftsführer muß also schon da sein, ehe die G. m. b. H. als solche besteht.

II. Ist nach der Eintragung der G. m. b. H. im Handelsregister kein Geschäftsführer da, sei es, daß er stirbt, oder abberufen wird, so besteht die G. m. b. H. dessen ungeachtet fort [2]). Für dasjenige Verhalten, das ausschließlich der Geschäftsführer vornehmen „kann" [3]), muß notfalls ein Geschäftsführer vom Gericht bestellt werden [4]). § 29 BGB.

III. Die G. m. b. H. „als solche" besteht noch während ihrer „Auflösung". Es ändert sich nur ihr Aufgabenkreis. Die Geschäftsführer verlieren durch die Auflösung ihre Stellung noch nicht [5]). Aber ihre Stellung ändert sich; auch das organrechtliche Können [6]). §§ 60 ff., insbesondere 69, 70.

IV. Mit dem Ende der „Auflösung" endet die Stellung des Geschäftsführers [7]).

§ 6. Die Bezeichnung „Geschäftsführer" [1]).

I. Wieweit die Beteiligten sich der gesetzlichen Bezeichnung „Geschäftsführer" bedienen müssen, ist streitig.

II. Unbestritten ist, daß man sich — abgesehen von der Bezeichnung bei der Bestellung und für ihre Eintragung ins Handelsregister

---

[8]) z. B. des § 117 HGB. Unten § 45 Anm. 44.

[1]) Unten § 42 VII 8.

[2]) Cohn 3; Dö'rng 11; Erckens 19; Staub § 35, 34.

[3]) Unten § 41.

[4]) Unten § 26.

[5]) Unten § 45 I 2.

[6]) Unten § 45 I 2.

[7]) Unten § 45 I 2.

[1]) Meist wird die Meinung vertreten, sie sei nicht bezeichnend für die Aufgaben dieses Organs. Ob dies wirklich so ist, muß sich unten zeigen, wobei aus dieser Bezeichnung keine Schlüsse auf die Aufgaben gezogen werden sollen. Das Ergebnis unten: Nachsatz zu Abschnitt VI—VII.

— anderer Bezeichnung bedienen kann [2]). Manchmal mag dies im Interesse des Ansehens der G. m. b. H. oder des Geschäftsführers unerläßlich sein [3]).

III. Unbestritten ist ferner, daß für die Eintragung ins Handelsregister und ihre Bekanntmachung der Ausdruck „Geschäftsführer" stets zu gebrauchen ist. § 10 [4]).

IV. Bestritten ist, ob bei der Bestellung die Bezeichnung Geschäftsführer gebraucht werden muß. Eine Meinung geht dahin, daß hier die Bezeichnung wesentlich sei, denn es solle kein Zweifel obwalten, wer das ordentliche Vertretungsorgan der Gesellschaft ist [5]). Eine andere Meinung geht dahin, es komme nur darauf an, daß der Wille klar zum Ausdruck gebracht sei, der anders als „Geschäftsführer" bezeichneten Person die Vertretung und Geschäftsführung zu übertragen [6]).

Man kann sich der letzten Meinung ohne Bedenken anschließen, denn wenn klar zum Ausdruck gebracht ist, daß Vertretung und Geschäftsführung dem „Bestellten" übertragen sein sollen, so ist das Wesentliche [7]) jedenfalls nicht schlechter zum Ausdruck gebracht, als im Wort „Geschäftsführer".

§ 7. Die Zahl der Geschäftsführer.

I. „Einen oder mehrere" Geschäftsführer muß die G. m. b. H. haben. § 6.

II. Wieviel da sein sollen, kann der Gesellschaftsvertrag festsetzen. Die Festsetzung ist kein wesentlicher Bestandteil des Vertrages [1]).

1. Enthält der Gesellschaftsvertrag eine Bestimmung über die Zahl, so ist eine andere Bestimmung nur durch Satzungsänderung (§ 53) möglich.

2. Enthält er keine Bestimmung über die Zahl und bestellt er auch keine Geschäftsführer, so entscheidet von Fall zu Fall ein Mehrheitsbeschluß der Gesellschafter (einfacher Gesellschafterwille) [2]). Diese Beschlüsse werden nicht zur Eintragung ins Handels-

---

[2]) Brodmann § 6, 1.

[3]) Cohn 5.

[4]) Staub § 35, 44; OLG Colmar, LZ 08, 871.

[5]) Staub § 35, 44.

[6]) Cohn 4; Henkel 16.

[7]) Unten §§ 30 u. 31, insbes. I 3 c u. II 3.

[1]) Bei der A.G. muß der Gesellschaftsvertrag eine Bestimmung treffen. LZ 08, 601.

[2]) Brodmann § 6, 1; Staub § 35, 35; RG. i. oben Anm. 1 angegebenen Urteil.

register angemeldet. Man kann also dort nicht erkennen, wieviel Geschäftsführer die Gesellschaft haben soll, sondern nur, wieviel zur Zeit der letzten Eintragung bestellt wurden.

3. Bestellt der Gesellschaftsvertrag mehrere Geschäftsführer, ohne zu bestimmen, wieviel da sein sollen, so ist damit noch keine Festsetzung einer Zahl gegeben [3]). Der Nachweis, daß die Gründer eine solche Festsetzung haben treffen wollen, ändert nichts. Dieser Wille ist nicht erklärt, und deshalb unerheblich. Eine andere Bestimmung kann hier durch Mehrheitsbeschluß, wie zu 2, getroffen werden.

4. Bestellt der Gesellschaftsvertrag nur einen Geschäftsführer und ergibt sich auch aus den Begleitumständen keine Stellungnahme zur Frage der Zahl, dann ist eine andere Bestimmung durch Mehrheitsbeschluß möglich, wie zu 2 und 3. Ergibt sich aber, daß nur ein Geschäftsführer dasein soll, etwa aus dem ganzen Zusammenhang des Gesellschaftsvertrages, dann ist eine andere Bestimmung nur durch Satzungsänderung (§ 53) möglich.

III. Bestimmt der Gesellschaftsvertrag eine Zahl und werden, ohne daß er geändert wird, „mehr" Geschäftsführer bestellt, so ist die Bestellung

1. anfechtbar, wenn sie durch Gesellschafterbeschluß erfolgte. Bleibt sie unangefochten, wird sie vollwirksam;

2. schwebend unwirksam, wenn sie durch ein anderes Organ erfolgte. Etwa durch den Aufsichtsrat. Sie wird wirksam, wenn sie durch einen satzungsändernden Gesellschafterbeschluß genehmigt wird. § 177 BGB [4]).

IV. Ist ein Geschäftsführer „zuviel" bestellt, so ist seine Bestellung anfechtbar oder schwebend unwirksam. Sind gleichzeitig mehrere Geschäftsführer bestellt, ohne daß erkennbar ist, welcher von ihnen für den Fall bestellt ist, daß die Bestellung Zustimmung findet, so ist die Bestellung der mehreren anfechtbar oder schwebend unwirksam.

---

[3]) Brodmann § 53, 1 S. 201; LZ 08, 601.

[4]) I. Die verschiedene rechtliche Wirkung der Bestellung zu 1 und der zu 2 folgt aus dem verschiedenen Maß organrechtlichen Könnens und Dürfens, das beiden Organen eigen ist. Insbesondere aus folgenden Grundsätzen, deren Gültigkeit hier unterstellt wird. Sie ist an den angeführten Stellen jeweils dargetan.

II. Die Bestellung gehört zu den „Angelegenheiten der Gesellschaft". (§ 43, § 45; unten § 31 III 2 a.) Insonderheit ist sie eine körperschaftsrechtliche Angelegenheit der G. m. b. H. (Oben § 1 III 1.)

§ 8. Fähigkeit zur und durch die Geschäftsführerstellung.

I. Die Bestellung zum Geschäftsführer setzt gewisse Fähigkeiten voraus (zur Stellung) und zieht gewisse Fähigkeiten nach sich (durch die Stellung).

II. Das GmbHG trifft keine besonderen Bestimmungen. Es sagt nur: Zu Geschäftsführern können Gesellschafter oder andere Personen bestellt werden. § 6 Abs. 2 Satz 1.

III. Aus allgemeineren Rechtsgrundsätzen ergeben sich zwei Voraussetzungen.

Das organrechtliche Können in körperschaftsrechtlichen Angelegenheiten der G. m. b. H. und das organrechtliche Dürfen dazu ist an die einzelnen Organe in folgender Staffel vergeben:

1. Der besonders bestimmte Gesellschafterwillen (der im Gesellschaftsvertrage in Erscheinung tritt) kann alles körperschaftsrechtliche Verhalten üben, dessen die G. m. b. H. fähig ist. (Unten § 31 III 2 a—b.) Manches, besonders bestimmtes Verhalten kann nur er üben (z. B. § 26), manches nur ein anderes Organ (z. B. § 78). Das Dürfen des besonders bestimmten Gesellschafterwillens bestimmt nur das Gesetz. Mindestens immer mittelbar (unten § 42 IV).

2. Nächst dem besonders bestimmten Gesellschafterwillen (zu 1), insbesondere nächst seinem ausschließlichen organrechtlichen Können (unten § 41 IV 2 b), kann auch der einfache Gesellschafterwille (der im Mehrheitsbeschluß in Erscheinung tritt) grundsätzlich alles körperschaftsrechtliche Verhalten üben. Einiges kann er nicht üben. (z. B. § 78.) — Sein Dürfen bestimmt das Gesetz. Demnächst der Gesellschaftsvertrag. (§§ 45 ff., insbesondere § 46. Unten § 31 III 2 c—e.)

3. Andere Organe, als die zu 1 u. 2, z. B. der Aufsichtsrat oder der Geschäftsführer, können und dürfen in den körperschaftsrechtlichen Angelegenheiten nur das Verhalten üben, das ihnen besonders zugewiesen wird. Und zwar zuerst das durch Gesetz, ihm zunächst das durch den Gesellschaftsvertrag, danach das durch einfachen Gesellschafterwillen Zugewiesene. (Unten § 31 II 5, III 2 b, VI, § 41 V u. § 42 Anm. 22.)

III. 1. In körperschaftsrechtlichen Angelegenheiten weicht der Umfang des organrechtlichen Könnens und der des Dürfens nicht grundsätzlich voneinander ab. (Unten § 30 III u. IV. Es fehlt hier an einer Bestimmung, die dem § 37 Abs. 2 entspricht.) Das Dürfen ist für die Wirkung der Ausübung des Könnens im allgemeinen nicht unerheblich.

2. Insonderheit ist ein Verhalten der Gesellschafter, das sie üben können, aber nicht dürfen, für die G. m. b. H. grundsätzlich nicht voll wirksam. (In grundsätzlichem Gegensatz dazu steht das drittrechtliche Verhalten des Geschäftsführers, das er nicht vornehmen darf. § 37 Abs. 2, unten § 30 IV.) Ein solches Verhalten der Gesellschafter ist anfechtbar. Bleibt es unangefochten, so wird es voll wirksam. HGB § 271. Dieser Fall liegt oben zu III 1 vor.

IV. Ein Verhalten, das ein Organ nicht üben kann, ist für die G.m.b.H. grundsätzlich unwirksam. (Unten § 40.) So hier die Bestellung im Falle zu III 2.

Verträge — die Bestellung ist ein Vertrag (unten § 16 II 1 in Verbindung mit § 11 I u. II) — werden wirksam, wenn sie „genehmigt" werden. § 177 BGB.

1. Nur Einzelpersonen können Geschäftsführer sein.

a) Denkbar wäre es, daß auch juristische Personen fähig wären[1]). Denn auch sie können einen Willen bilden und äußern. Formalistisch betrachtet, bestätigt das GmbHG diese Möglichkeit. Das Gesetz sagt: Es können Gesellschafter und andere Personen bestellt werden. § 6. Gesellschafter können auch juristische Personen sein[2]). Also können auch juristische Personen Geschäftsführer sein.

b) Indessen: Will man nicht schon aus dem Begriff des Organs[3]) die Unfähigkeit der juristischen Person folgern, so muß man sie aus anderen Bestimmungen des GmbHG folgern. Der Geschäftsführer ist für seine Tätigkeit persönlich verantwortlich, namentlich durch die Strafvorschriften der §§ 82—84. Diese Verantwortung kann nur von einer Einzelperson getragen werden.[4]) — Das ist auch herrschende Meinung[5]).

2. Die zweite Voraussetzung ist die Geschäftsfähigkeit.

a) Unzweifelhaft ist, daß ein Geschäftsunfähiger nicht Geschäftsführer sein kann.

b) Bestritten aber ist, ob ein beschränkt Geschäftsfähiger dazu fähig ist[6]).

aa) Der Hinweis, daß ein beschränkt Geschäftsfähiger mit Zustimmung seines gesetzlichen Vertreters rechtswirksam ein Vertreterverhältnis zur G. m. b. H. begründen kann[7]), genügt nicht. Damit ist zwar nachgewiesen, daß der Bestellungsakt gegenüber und mit einem beschränkt Geschäftsfähigen gültig zustande kommen kann, nicht aber,

---

Die Genehmigung ist nur möglich für das zuständige Organ. Das ist grundsätzlich dasjenige Organ, das den Vertrag abschließen kann und darf. (Unten § 40 Anm. 3.) Für eine Bestellung, die im Widerspruch mit einer Bestimmung des Gesellschaftsvertrages erfolgt, ist zuständig der besonders bestimmte Gesellschafterwille. Nur er kann „genehmigen".

[1]) So Möhring 29. Ohne Begründung.

[2]) Manchmal sind alle Gesellschafter juristische Personen. Vgl. § 9 Abs. 2 Gen. G.

[3]) Oben § 2 I.

[4]) U. a. Kohler Lehrb. I § 133, S. 330. RG 16, 123. — Unten § 34 I V1.

[5]) Brodmann § 6, 1; Crüger-Crecelius § 6, 2; Merzbacher § 6, 3; Staub § 35, 38; Staub-Pinner § 231, 10; anders dagegen: Ring, Entsch. 3, 210; Molitor 15.

[6]) Bejahend: Crüger-Creceluis § 6, 2; Henkel 19/20; Lattermann 8/9; Möhring 30; Staub § 35. 38; Staub-Pinner § 231, 10; verneinend: Cohn 6; Döring 5; Erckens 23; Lenz 4/6; — Brodmann § 6, 1 hält die Frage für eine „reine Doktorfrage". — Ich kenne zwei Fälle, in denen sie praktisch wurde.

[7]) So Lenz 5.

daß dieser fähig ist, alles für den Geschäftsführer notwendige Verhalten zu üben.

bb) Bejaht wird die Frage unter Berufung auf § 165 BGB. Dieser Paragraph scheint eine solche Entscheidung zu fordern. Unbeschränkte Geschäftsfähigkeit in der Person des Vertreters ist nicht erforderlich.

cc) Mit der allgemeinen Erwägung: Träger der Willens- und Handlungsfähigkeit der G. m. b. H. kann nur sein, wer selbst Willens- und Handlungsfähigkeit besitzt[8]), ist die Ansicht nicht entkräftet. Denn in § 165 stellt das Gesetz gerade für die beschränkt Geschäftsfähigen den gegenteiligen Grundsatz auf.

dd) Eine Meinung geht dahin[9]), daß „das Gesetz ohne Rücksicht auf ihren Willen" der G. m. b. H. einen Vertreter „bestimme". § 165 BGB regele aber nur den Fall, daß sich „eine selbst willens- und handlungsfähige Person kraft eigenen Willens einen Vertreter setzt". Der erste Satz geht davon aus, daß die G. m. b. H. einen Willen hat. Dieser Wille werde nicht berücksichtigt bei der Bestimmung des „Vertreters". Das ist irrig. Denn gerade darüber, wer der „Vertreter" sein soll, bestimmt das Gesetz nichts. Sondern hier entscheidet „der" Wille der G. m. b. H.[10]). Das Gesetz bestimmt nur „seine Stellung", teils zwingend, teils nachgiebig. Ferner ist es nicht angängig, die Anwendung des § 165 auf die Fälle der sogen. gewillkürten Vertretung zu beschränken[11]).

ee) Dagegen ist die Anwendbarkeit des § 165 aus folgenden Gründen zu verneinen:

α) § 165 betrifft nur die Vertretung in Willenserklärungen. Der Geschäftsführer aber übt noch anderes Verhalten für die G. m. b. H.[12]) U. a. hat er auch alles übrige bei der Vertretung im Prozeß notwendige Verhalten vorzunehmen. § 35 Abs. 1. Dazu muß er fähig sein, sich „selbständig" durch Verträge zu verpflichten (prozeßfähig). § 52 ZPO. Das kann ein beschränkt Geschäftsfähiger nicht. BGB. §§ 107 mit 106 und 114.

---

[8]) So Lenz 4; Erckens 23.

[9]) So Cohn 5/6.

[10]) Unten § 10.

[11]) Staudinger § 165, 3.

[12]) Unten § 34 III 2 u. 3, IV—VI.

β) Soweit der Geschäftsführer aber die Vertretung in Willenserklärungen hat, bürdet ihm (die lex specialis) das GmbHG eine Verantwortlichkeit auf, die nur von voll Geschäftsfähigen getragen werden kann[13]).

IV. Besonderes gilt für die Aufsichtsratmitglieder.

1. Sie können nicht zugleich Geschäftsführer sein[14]). Für einzelne Mitglieder ist die Zugehörigkeit zu beiden Organen gestattet, wenn es sich um die Stellung eines vorübergehend tätigen, stellvertretenden Geschäftsführers handelt. Aber auch hier ist die gleichzeitige Ausübung beider Ämter nicht gestattet[15]). § 52 in Verbindung mit § 248 HGB.

2. Die Bestellung eines Aufsichtsratmitgliedes zum Geschäftsführer ist also gültig, wenn der Berufene mit der Annahme der Geschäftsführerstellung auf die Zugehörigkeit zum Aufsichtsrat verzichtet. Der Verzicht liegt im Zweifel in der Annahme der Geschäftsführerstellung[16]). Macht er dagegen erkennbar, daß er auf die Zugehörigkeit zum Aufsichtsrat nicht verzichten will, so darf er nicht bestellt werden[17]). Eine trotzdem erfolgte Bestellung ist anfechtbar, wenn sie durch die Gesellschafterversammlung erfolgte[18]). Sie ist schwebend unwirksam, wenn sie durch ein anderes Organ erfolgte[19]). Dort wird sie wirksam, wenn sie unangefochten bleibt[20]). Hier, wenn sie der besonders bestimmte Gesellschafterwille[21]) genehmigt.

3. Die Bestimmungen zu 1 sind für die G. m. b. H. nachgiebiges Recht[22]). Der Gesellschaftsvertrag kann sie abändern. § 52. Er

---

[13]) Cohn 5/6. — § 43. Dazu unten § 42 VIII. — Die zu α und β vorgebrachten Gründe dürften auch die abweichende Meinung Molitors (13/14) widerlegen.

[14]) Ring, Entscheidungen 1, 238.

[15]) KGJ 20, 49; OLGR 42, 224; Staub § 35, 38.

[16]) Vgl. Rundschau G. m. b. H. 1917, Nr. 2, S. 114.

[17]) Es sei denn, daß § 248 HGB kraft einer Bestimmung des Gesellschaftsvertrages nicht anzuwenden ist. Unten zu 3.

[18]) Wie oben § 7 III 1.

[19]) Wie oben § 7 III 2.

[20]) Oben § 7 Anm. 4.

[21]) Denn er kann hier das gesetzlich bestimmte Dürfen abändern (unten zu 3), wie er oben § 7 III 2 das im Gesellschaftsvertrage bestimmte Dürfen abändern kann (§ 7 Anm. 4).

[22]) Anders bei der A.G. Dies erklärt sich aus dem anderen Charakter des Aufsichtsrats hier und dort. Bei der A.G. muß ein Aufsichtsrat bestellt werden, und er ist ein „reines" Kontrollorgan. Die G. m. b. H. braucht keinen Aufsichtsrat zu haben, und wenn einer bestellt wird, so können auch seine Funktionen anders begrenzt werden. Freilich ist der einzige Geschäftsführer als einziges Aufsichtsratmitglied kein „Aufsichtsrat" im Sinne des Gesetzes mehr. So mit Recht OLGR 42, 224.

kann auch gestatten, daß ein Aufsichtsratmitglied zugleich hauptamtlicher Geschäftsführer ist.

V. Sonstige gesetzliche Voraussetzungen gibt es nicht. So können Geschäftsführer sein: Frauen; Ausländer; Personen, die in Konkurs geraten sind, oder die die bürgerlichen Ehrenrechte verloren haben [23]); Verwandte der Geschäftsführer, Gesellschafter, Aufsichtsratmitglieder usw. [24]). Insonderheit können es auch Reichs- oder Landesbeamte sein, denen besondere Vorschriften die Übernahme des Geschäftsführeramtes verbieten oder von der Genehmigung einer vorgesetzten Behörde abhängig machen. Die Bestellung ist gültig und ins Handelsregister einzutragen. Der Registerrichter hat kein Recht der Beanstandung [25]). Disziplinarrechtliche Folgen beeinträchtigen die Fähigkeit nicht.

VI. Der Gesellschaftsvertrag kann die Fähigkeit abgrenzen. Er kann sie Personen bestimmter Art absprechen, z. B. solchen, die in Konkurs gefallen sind oder die bürgerlichen Ehrenrechte verloren haben. Er kann bestimmen, daß nur Personen bestimmter Art Geschäftsführer sein können, z. B. solche mit besonderer Vorbildung, oder solche, die jeweils Vorstand einer anderen juristischen Person sind [26]). Doch ist im einzelnen Fall stets zu untersuchen, ob wirklich eine Voraussetzung gewollt ist, oder aber, ob es sich um eine Verpflichtung handelt, die mit der Stellung übernommen wird [27]). So kann z. B. ebensogut eine solche Verpflichtung gewollt sein, wenn ein bestimmter Wohnort vorgeschrieben ist.

VII. Die Geschäftsführerstellung macht fähig, Handelsrichter zu werden. GVG § 113 Abs. 1 [28]). Sie macht unfähig, Vorsitzender des Kaufmannsgerichts zu werden. KGG § 11 [29]). Kaufmannseigenschaft bringt sie nicht mit sich [30]).

---

[23]) Cohn 7; Neumann 12 (1914) S. 1009 § 35, 2.

[24]) Das Verbüßen einer Freiheitsstrafe ist kein Hinderungsgrund. OLGR 33, 388.

[25]) Cohn 7; Döring 7; Staub § 35, 38.

[26]) Köhler 38; LG Wiesbaden, Holdheim 1900, 177.

[27]) Staub § 35, 38.

[28]) Ehrenberg, 1 462; Neukamp § 35, S. 194.

[29]) Ehrenberg 1, 492.

[30]) U. a. Esser § 6, S. 29; Rosenthal-Gentzsch § 35, I 1; RG. i. Urt. v. 24. 5. 01. III 97/01 (bei Reidnitz § 35, 1). OLGR 27, 375. Ferner unten § 34 Anm. 10. — Der Geschäftsführer schließt nicht im eigenen Namen Handelsgeschäfte ab.

§ 9. Die Bestellung „Unfähiger".

I. Die Bestellung unfähiger Personen hat verschiedene rechtliche Folgen, je nach dem, ob die Unfähigkeit von einer zwingenden gesetzlichen Vorschrift, ob sie von einer nachgiebigen gesetzlichen Vorschrift, oder ob sie von einer Vorschrift des Gesellschaftsvertrages festgesetzt ist.

II. Die Bestellung einer Person, die kraft zwingender gesetzlicher Vorschrift unfähig ist, ist nichtig. BGB § 134. So ist z. B. die Bestellung eines Geschäftsunfähigen nichtig.

Tritt nach der Bestellung ein solcher Unfähigkeitsgrund ein, so erlischt die Stellung von selbst [1]. Tritt z. B. nach der Bestellung Geschäftsunfähigkeit ein, so kann nicht der Vormund das organrechtliche Können ausüben [2].

III. Die Bestellung einer Person, die kraft nachgiebiger gesetzlicher Vorschrift unfähig ist, ist gültig, wenn sie in der Form vorgenommen wird, die diese Vorschrift ausschließen kann. Ist diese Form der Gesellschaftsvertrag, so kann nur er eine abweichende Bestellung gültig vornehmen. Ist die vorgeschriebene Form nicht gewahrt, oder ist

IV. eine Person bestellt, die kraft einer Bestimmung des Gesellschaftsvertrages unfähig ist, so ist die Bestellung

1. anfechtbar, wenn sie durch die Gesellschafter vorgenommen ist. Bleibt sie unangefochten, so wird sie wirksam [3].

2. schwebend unwirksam, wenn sie durch ein anderes Organ vorgenommen ist. Wird sie vom besonders bestimmten Gesellschafterwillen genehmigt, so wird sie wirksam [3].

V. Zu III und IV. Tritt nach der Bestellung ein Unfähigkeitsgrund der zu III und IV bezeichneten Art ein, so wird eine wirksame (auch die wirksam gewordene) Bestellung nicht unwirksam oder anfechtbar [4]. Es ist vielmehr zu ihrer Beseitigung ein Widerruf erforderlich [5]. Der Eintritt des Unfähigkeitsgrundes gibt immer einen wichtigen Grund für die Zulässigkeit des Widerrufs ab [6].

---

[1] Möhring 32; Staub § 35, 40; Staub-Pinner § 231, 11.

[2] Neukamp § 35, S. 194; anders Henkel 72/73.

[3] Oben § 7 Anm. 4.

[4] Die Bestellung konnte und durfte vorgenommen werden.

[5] Staub § 35, 40; Staub-Pinner § 231, 12. Unten § 45 III.

[6] Unten § 45 III 2 c.

III. Abschnitt.

§ 10. Die Stellung und die Bestellung des Geschäftsführers.

I. 1. Die Stellung des Geschäftsführers ist teilweise vom Gesetz geregelt.

a) Manche Bestandteile sind immer gegeben, wenn anders man von einem Geschäftsführer reden kann („wesentliche“ Beziehungen).

b) Andere sind nur ergänzend gegeben. Sie können jederzeit von den Beteiligten wegbedungen werden („gewöhnliche“ Beziehungen).

2. Darüber hinaus ist in weitem Maße den Beteiligten freie Hand gegeben, Bestimmungen zu treffen („willkürliche“ [1]) Beziehungen).

3. In den gewöhnlichen und willkürlichen Beziehungen kann auch bei einer einzelnen G. m. b. H. die Stellung des einen Geschäftsführers von der eines anderen abweichen.

4. Nur die wesentlichen und gewöhnlichen Beziehungen können hier betrachtet werden.

II. Die wesentlichen Beziehungen — für sich betrachtet — sind teils körperschaftsrechtlich, teils drittrechtlich.

III. Wem die Stellung zukommen soll, ist im Gesetz nicht bestimmt. Insbesondere kommt sie nicht kraft Gesetzes einer bestimmten Personenklasse zu [2]). Vielmehr haben die Gesellschafter zu bestimmen [3]).

1. Sie können unmittelbar bestimmte Einzelpersonen zum Geschäftsführer machen (Bestellung).

2. Oder sie können eine andere Person mit der Bestellung betrauen und dadurch mittelbar eine Bestimmung bezüglich der Stellung treffen.

IV. Die Bestellung ist ein Rechtsgeschäft zwischen der G. m. b. H. und derjenigen Einzelperson, die Geschäftsführer werden soll. Sie ist ein rechtsbegründendes Rechtsgeschäft [4]). Die Beziehungen werden in den beiden Personen neu geschaffen. Sie ist keine rechtsübertragende Verfügung. Denn keinem der Beteiligten steht die Stellung zu, die der Geschäftsführer erhält. Niemand aber kann

---

[1]) Cosack, BGB I, § 90 II.

[2]) Wie bei der O.H.G. den Gesellschaftern. HGB §§ 114, 125.

[3]) Die Geschäftsführer sind also vergleichbar den „mittelbaren“ Staatsorganen (in Sinne Jellineks, System 223), während die Gesellschafterversammlung den „unmittelbaren“ Staatsorganen zu vergleichen ist.

[4]) Sie enthält eine „Vollmachtserteilung“, läßt sich aber nicht nur als solche erfassen, wie es Biermann 105 will.

mehr „Rechte" übertragen, als er selber hat. Übertragen könnte die Stellung begrifflich nur, wer selbst Geschäftsführer ist. Dieser „kann" aber nicht [5]) einmal das organrechtliche Können insgesamt übertragen, geschweige denn sein Dürfen oder Sollen und die anderen Nebenbeziehungen.

1. Durch die Bestellung werden alle wesentlichen Beziehungen kraft Gesetzes begründet. Eine besondere Erwähnung ist nicht nötig. Gegenteilige Vereinbarungen sind nichtig, wenn nicht gar die ganze Bestellung durch sie nichtig ist. § 139 BGB.

2. Die gewöhnlichen Beziehungen werden begründet, wenn nichts Gegenteiliges vereinbart wird.

3. Die willkürlichen entstehen nur, wenn sie besonders vereinbart werden.

V. Die Bestellung ist regelmäßig ein Außenrechtsgeschäft.

1. Dies ist sie immer, wenn ein Dritter bestellt wird.

2. Dies ist sie im Zweifel, wenn ein Gesellschafter bestellt wird. Doch kann sie hier auch ein Innenrechtsgeschäft sein [6]).

VI. Die Bestellung ist aber immer ein körperschaftsrechtliches Geschäft. Denn in einer Einzelperson kann sie nicht gedacht werden.

VII. Die Bestellung ist immer einseitiges Handelsgeschäft [7]).

§ 11. Der Tatbestand der Bestellung.

I. Die „Stellung" des Geschäftsführers ist eine rechtliche Folge eines Tatbestands, der aus Willenserklärungen besteht. Unter den erforderlichen Willenserklärungen kann man nach ihrem Inhalt, nach den beteiligten Personen und der Art der Beteiligung zwei Gruppen unterscheiden:

1. Die einen sind Willenserklärungen, die nebeneinander hergehen, gleichen Inhalts. Sie bilden eine Willenseinigung, die man als „Gesamtakt" [1]) bezeichnet. Diese Erklärungen werden regelmäßig abgegeben von den Gesellschaftern. Für den zukünftigen Geschäftsführer kommt eine Mitwirkung nur in Frage, soweit er auch Gesellschafter ist [2]). Als zukünftigem Geschäftsführer wird ihm gegenüber die Einigung nur erklärt.

An die Stelle des Gesamtaktes kann eine einzige Willenserklärung treten. Dies dann, wenn die Befugnis dazu einer einzelnen Person

[5]) Unten § 33.

[6]) Unten § 22, § 23.

[7]) RG. Urt. v. 24. 5. 01. III 97/01. Oben § 8 VII und unten § 34 III 1 c.

[1]) Etwa Bierling, Prinz L. II 144; Gierke, Das Wesen. 31; Kuntze 31 ff. u. a. Jellinek (System 204 ff.) dagegen redet von „Vereinbarung".

[2]) Unten § 25.

übertragen ist, sei es einem Gesellschafter, einem Aufsichtsratmitglied oder einem Dritten. Auch an dieser Erklärung wirkt der zukünftige Geschäftsführer nicht mit. Er empfängt sie nur.

2. Die anderen sind Willenserklärungen, die gegeneinander gerichtet sind, verschiedenen, einander ergänzenden Inhalts. Sie bilden die Willenseinigung eines gegenseitigen Vertrages. Diese Willenserklärungen werden auf der einen Seite: für die Gesellschaft von einem schon vorhandenen Geschäftsführer, dem Aufsichtsrat, einem Bevollmächtigten, oder auch von den Gesellschaftern abgegeben. Auf der anderen Seite: von dem zukünftigen Geschäftsführer im eigenen Namen. Soweit er Gesellschafter ist, kommt für ihn hier bei den Erklärungen zu 2 regelmäßig [3]) eine Mitwirkung als Dritter in Frage.

II. Diese Unterschiede gebieten eine gesonderte Betrachtung. Die Willenserklärungen der ersten Art (zu I 1) kann man als „Berufung" bezeichnen, die der zweiten Art (zu I 2) als „Anstellung", Berufung und Anstellung zusammen als „Bestellung".

1. Die Worte: Bestellung und Anstellung werden in sehr verschiedener Bedeutung gebraucht. Nicht ganz so ist es mit dem Wort: Berufung. Das Gesetz selbst gibt keine Festlegung der Begriffe. Es läßt zu, unter „Bestellung" den ganzen Tatbestand zusammenzufassen. Etwa, wenn man an den Gebrauch des Wortes im § 6 Abs. 2 und 3 denkt. Andererseits läßt es eine Beschränkung auf den Tatbestand der „Berufung" zu. So, wenn es im § 38 Abs. 1 neben der Bestellung von bestehenden „Verträgen" spricht.

2. Im Schrifttum findet sich häufig bei einem Schriftsteller ein Gebrauch der Worte bald im einen, bald im anderen Sinn. Man gebraucht z. B. das Wort „Bestellung" bald zur Bezeichnung der Berufung [4]), bald zur Bezeichnung der Anstellung [5]), oder auch das Wort „Anstellung" zur Bezeichnung der Bestellung [6]) [7]). Das gebräuchlichste ist die oben festgelegte Abgrenzung. Sie soll im Folgenden festgehalten werden.

---

[3]) Wenn es sich um ein Innengeschäft handelt, wirkt er als Gesellschafter mit; aber — im Gegensatz zu den übrigen Gesellschaftern — im eigenen Namen und als Vertragsgegner der G. m. b. H. Unten § 22 I—II.

[4]) So u. a. Brodmann § 46, 6 S. 173: „Die Entschließung über das vorzunehmende Rechtsgeschäft". — Neukamp § 38 S. 214 setzt Bestellung gleich Wahl. (Im § 38, S. 207 spricht er von Berufung im oben festgelegten Sinn.)

[5]) Brodmann § 38, 2 S. 147: „Auswahl und Bestellung".

[6]) Brodmann § 46, 6 S. 173: „Anstellung und Abberufung".

[7]) Ganz anders Molitor. Er heißt den Tatbestand der Berufung und die nach seiner Meinung daran geknüpfte Rechtsfolge, die unten (§ 30) organrechtliches Können genannt ist, „Bestellung" (S. 12).

§ 12. Der Tatbestand der Berufung.

I. Die Berufung ist, wie jede Willenserklärung, zunächst ein Willensbildungsvorgang.

1. Entweder als Einigung in Form eines Gesamtaktes. Das ist der Fall, wenn mehrere Personen den Willen zu bilden haben; etwa die Gesellschafter oder die Aufsichtsratmitglieder.

2. Oder als Entschließung einer Einzelperson. So, wenn dieser die Berufung zukommt.

3. Die Willensbildung wird für die G. m. b. H. vorgenommen.

II. Der Wille geht dahin, mit einer bestimmten Einzelperson das Rechtsgeschäft der Bestellung abzuschließen [1]).

1. Dabei muß die Person genau bestimmt sein [2]). Die Kennzeichnung: „Die jeweiligen Gesellschafter" genügt nicht [3]). Die Kennzeichnung: „Sämtliche Gesellschafter" bestimmt nur diejenigen Gesellschafter, die zurzeit der Bestimmung da sind. § 6 Abs. 3.

2. Der Wille kann sein

a) eine Aufforderung zum Abschluß eines Vertrages. Vom Berufenen wird ein Angebot erwartet.

b) ein Vertragsangebot selbst. Vom Berufenen wird nur seine Einwilligungserklärung erwartet.

III. Der Wille muß erklärt werden.

1. a) Er kann erklärt werden durch den, der den Willen bildet. Also etwa die Gesellschafterversammlung. Hier kann die Feststellung des Wahlergebnisses in Gegenwart des Gewählten als Erklärung anzusehen sein [4]).

b) Der Wille kann auch durch andere Personen erklärt werden, insonderheit durch einen Geschäftsführer. Für ihn ist dabei unerheblich, ob sonst der Grundsatz der „Gesamtvertretung" gilt [5]).

---

[1]) Ähnlich Brodmann § 38, 2 S. 146; § 46, 6 S. 173.

[2]) Das folgt aus § 10 Abs. 1 und § 39.

[3]) Abwegig Erckens 30, der dies zuläßt, weil sich aus der Unterschrift des Gesellschaftsvertrages ergebe, wer Gesellschafter sei. — § 39 verlangt aber, daß es sich aus dem Handelsregister ergebe. Die Eintragung dort setzt eine Bestellung und Anmeldung voraus.

[4]) Brodmann § 46, 6 S. 173.

[5]) Unten § 36 III. Es handelt sich um eine körperschaftsrechtliche Handlung, die ein Geschäftsführer nur kraft besonderer Ermächtigung vornehmen „kann". Unten § 31 II—V. Erhält er diese, so liegt im Zweifel darin die Ermächtigung zur alleinigen Vornahme.

2. a) Der Wille wird für die G. m. b. H. erklärt. Nur in ihr ist eine Bindung gewollt, soweit überhaupt eine Bindung gewollt ist [6]).

b) Die Erklärung erfolgt auch dann für die G. m. b. H., wenn die Gesellschafter selbst die Erklärung abgeben. Wobei nicht schon die Wahl und die Feststellung ihres Ergebnisses die „Erklärung" ist, sondern erst die Übermittlung des Ergebnisses.

3. Die Berufung muß dem Berufenen gegenüber erklärt werden [7]). Als Berufener nimmt er sie nur entgegen. Auch, wenn er vielleicht zuvor als Gesellschafter an der Willensbildung mitwirkte.

IV. Die Berufung ist also eine empfangsbedürftige Willenserklärung, die für die G. m. b. H. erfolgt und den Willen kundgibt, eine bestimmte Einzelperson zum Geschäftsführer zu bestellen. Sie kann ein Vertragsangebot sein, oder nur die Aufforderung zur Abgabe eines Angebots. Sie ist wegen ihres Inhalts eine körperschaftsrechtliche Willenserklärung, mag der Berufende oder mag der Berufene eine Außenstehender sein oder nicht [8]).

§ 13. Die Rechtsfolge der Berufung.

I. Die Berufung ist ein Teil des Gesamttatbestandes, der als Folge die Begründung der Geschäftsführerstellung nach sich zieht. Als Teiltatbestand kann sie niemals die Gesamtrechtsfolge nach sich ziehen. Sie begründet die Stellung nicht. Aber sie ist keineswegs rechtlich unerheblich.

II. Sie ist ein wesentlicher Teil des Gesamttatbestandes und ist als solcher erheblich. Die Stellung kann nicht geschaffen werden, wenn nicht die Berufung gegeben ist, mögen auch die übrigen Teile des Gesamttatbestandes vorliegen. Wenn also eine gültige Anstellung zwischen der G. m. b. H. und dem „Geschäftsführer" abgeschlossen wird, die Berufung aber nicht erfolgt, oder ungültig ist, so ist der „Angestellte" niemals Geschäftsführer.

III. Denkbar ist aber auch, daß die Berufung als ein selbständiger Tatbestand eine selbständige Folge nach sich zieht. Sei es im Ver-

---

[6]) Deswegen sind Streitigkeiten über die Wirksamkeit der Berufung immer Streitigkeiten der G.m.b.H. OLGR 24, 154 ff.; Brodmann § 46, 6 S. 174.

[7]) Brodmann § 46, 6 S. 173.

[8]) Brodmann § 46, 6 S. 174 bezeichnet es als ein „Rechtsgeschäft der Gesellschaft mit einem Dritten... doch ein solches eigener Art". — Köhler 35: „eine Rechtshandlung ausschließlich sozialrechtlicher Natur."

hältnis der G. m. b. H. zum Berufenen, sei es im Verhältnis der G. m. b. H. zu ihren Organen oder des Berufenden zu einem Organ.

IV. Im Verhältnis zum Berufenen:

1. Man könnte meinen, die Berufung schaffe die körperschaftsrechtlichen, die Anstellung die drittrechtlichen Beziehungen der Stellung.

a) Allein die körperschaftsrechtlichen Beziehungen enthalten nicht bloß subjektive Rechte, sondern auch Pflichten. So z. B. die Pflicht, für eine besondere körperschaftliche Buchführung Sorge zu tragen. (§ 41 in Verbindung mit § 42 Ziff. 4.) Die Pflichten können niemandem gegen seinen Willen aufgebürdet werden. Dies geht auch dann nicht, wenn der Berufene Gesellschafter ist. § 53 Abs. 3. Besteht daneben eine mitgliedschaftliche Pflicht zur Geschäftsführung [1]), und tritt zu dieser Pflicht eine Berufung, so liegt tatbestandlich mehr als eine Berufung vor, und die ausgelöste Rechtsfolge ist für die Berufung nicht eigentümlich.

b) Zudem ist eine selbständige Begründung der körperschaftlichen Beziehungen der Stellung nicht möglich. Das würde bedeuten, daß der Geschäftsführer nur in die Körperschaft eingeordnet wäre, nicht aber zugleich als ein ihr ebenbürtiges Rechtswesen ihr zugeordnet. Der Geschäftsführer müßte mindestens der Gesellschaft gegenüber seine eigene Rechtspersönlichkeit aufgeben und in der Rechtspersönlichkeit der G. m. b. H. aufgehen können. Eine derartige Rechtserscheinung kennt unser Recht nicht. Es ist zwar in gewissen Grenzen so, daß eine rechtlich erhebliche Handlung des Geschäftsführers, soweit sie als Handlung der Gesellschaft zu werten ist, nicht als seine eigene gewertet wird [2]). Soweit dies so ist, zeigt sich aber die Erheblichkeit für die Person des Geschäftsführers dann, wenn eine der Voraussetzungen wegfällt, die für die Zurechnung zur Vereinshandlung gelten. Etwa bei einer Vertretung ohne Vertretungsmacht [3]).

Zu a) und b). Die Berufung begründet also nicht „die“ körperschaftsrechtlichen Beziehungen der Stellung.

2. Unzweifelhaft ist ferner, daß Pflichten der Stellung durch die Berufung allein nicht auferlegt werden können, gleichgültig, ob es sich um körperschaftsrechtliche oder drittrechtliche handelt. Das ergeben die zu 1 a angeführten Gründe.

---

[1]) Unten § 24.

[2]) Oben § 2 III 5; unten § 39 II. [3]) Unten § 40.

3. Es ist denkbar, daß die Berufung rechtliche Vorteile für den Berufenen mit sich bringt.

a) Die Berufung kann die Gebundenheit eines Vertragsangebotes schaffen [4]). Dies ist im Zweifel anzunehmen, wenn der wesentliche Inhalt des abzuschließenden Vertrages für den Berufenen erkennbar ist. Der wesentliche Inhalt kann sich aus den Umständen ergeben. Z. B. aus der Tatsache, daß er im Gesellschaftsvertrag geregelt ist und dieser dem Berufenen bekannt ist. Der wesentliche Inhalt kann auch dahin bestimmt sein, daß das Übliche maßgebend sein soll, oder daß der Umfang der Leistungen von einem der Vertragschließenden nachträglich bestimmt werden soll (§ 315 BGB).

aa) Die Gebundenheit kann verschiedenen Inhalts sein. Sie kann das Angebot der Bestellung sein. Sie kann auch das Angebot der Verpflichtung zur Bestellung sein. Ob das eine oder das andere vorliegt, kann nur aus den Erklärungen und Umständen des einzelnen Falles entschieden werden.

bb) Der Berufene erhält die Möglichkeit, durch die Erklärung der Einwilligung den Rechtszustand zu gestalten. In dem einen Fall dahin, daß er sich zum Geschäftsführer macht. In dem anderen dahin, daß er für sich ein Forderungsrecht, für die G. m. b. H. die Verpflichtung begründet, ihm die Stellung zu übertragen. Er erhält ein Gestaltungsrecht, und zwar ein Begründungsrecht [5]). Oder auch ein Anwartschaftsrecht, insonderheit eines, das den Gegner bindet [6]).

b) Die Berufung kann auch unverbindlich sein [7]). Sie ist dann nur die Erklärung der Bereitwilligkeit, mit dem Berufenen in Verhandlungen bezüglich der Bestellung einzutreten. — Sie gibt dem Berufenen eine Anwartschaft, die aber durch die G. m. b. H. vereitelt werden kann [6]). Dies ist anzunehmen, wenn nichts weiter als die „Berufung" erklärt ist und über den wesentlichen Inhalt der gegenseitigen Rechte und Pflichten auch aus den Umständen nichts entnommen werden kann.

---

[4]) § 145 BGB.

[5]) v. Tuhr I § 7 S. 162.

[6]) v. Tuhr I § 9 S. 182.

[7]) Es ist nicht notwendig, daß der Berufene durch die Wahl „Anspruch auf die Stellung" erhält, wie Brodmann § 38, 2 S. 147 annimmt, oder daß er die „Fähigkeit zur Organtätigkeit", die nur die zu a angeführte Rechtslage sein könnte, erhält, wie Molitor 6/8 annimmt.

c) Zu a) und b). Die freie Bestimmung des Berufenden über die Verbindlichkeit der Berufung findet ihre Grenze an dem Inhalt seiner Befugnis. Es ist möglich, daß er nur eine unverbindliche Berufung vornehmen kann. Oder, daß er nur eine Verpflichtung anbieten kann. Trägt er hier die Bestellung selbst an, so wird seine Erklärung regelmäßig nach § 140 BGB als Antrag einer Verpflichtung zu werten sein. Ebenso ist es möglich, daß er die Bestellung selbst anbieten kann.

V. Die Berufung kann — unabhängig davon, ob sie Wirkungen gegenüber dem Berufenen hat — im Verhältnis des Berufenden zur G. m. b. H. oder zu einem ihrer Organe Wirkungen haben. Sie kann insbesondere die Verpflichtung begründen, den Berufenen auch anzustellen. Dies ist regelmäßig so, wenn der Berufende dem Anstellenden Anweisungen erteilen darf [8]).

VI. Gleichgültig, welche Rechtslage die Berufung schafft, immer bezieht sie sich auf die ganze Stellung. Wenn insbesondere dem Berufenen die Bestellung angeboten ist, so kann er sich nicht durch Ausübung seines Gestaltungsrechts die Vorteile der Stellung verschaffen, ohne zugleich die Nachteile mit zu übernehmen. Er kann sich also nicht bloß das rechtliche Können, etwa die Vertretungsmacht, verschaffen.

Es ist abwegig, als Rechtsfolge der „durch Wahl erfolgten Berufung" „das Recht, als Geschäftsführer zu fungieren" anzunehmen, während „die Pflicht zur Übernahme" auf dem Vertrag beruht [9]). Das Recht, als Geschäftsführer zu fungieren, kann Rechtsfolge der Berufung sein. Dies ist der Fall, wenn ein verbindliches Angebot vorliegt. Aber durch Ausüben des Rechts willigt der Berufene in die Bestellung ein. Die Einwilligung ist Voraussetzung der Ausübung. Sie schafft zugleich, untrennbar miteinander verknüpft, Rechte und Pflichten der Stellung. Das Recht, als Geschäftsführer zu fungieren, ist also erst eine zweite Folge der Berufung, und zwar eine Folge der Berufung plus (schlüssige) Annahmeerklärung, keine der Berufung eigene Folge.

§ 14. Der Tatbestand der Anstellung.

I. 1. Die Anstellung kann ein neben der Berufung einhergehender Vertrag sein, an dem beide Teile gleichermaßen mitwirken. Dies ist

---

[8]) Vgl. z. B. das Verhältnis der Gesellschafterversammlung zum Geschäftsführer. Unten § 42 VII 2.

[9]) So Neukamp § 38, S. 208, 210.

nötig, wenn die Berufung keine Gebundenheit für die G. m. b. H. begründet [1]).

2. Eine Einigung kann auch dadurch herbeigeführt werden, daß der Berufene nur sein Einverständnis erklärt. Dies ist dann der Fall, wenn in der Berufung die Bestellung angeboten wurde [2]). Das Einverständnis kann auch durch schlüssige Handlung, also insbesondere durch Ausübung der Geschäftsführerbefugnisse erklärt werden.

3. Die Anstellung kann sich auch so vollziehen, daß erst die Verpflichtung zur Bestellung durch Annahme eines dahingehenden Angebots geschaffen wird [2]) und dann, früher oder später, die Einigung über die Begründung der Stellung selbst hinzutritt.

II. Die Anstellung ist regelmäßig ein Außengeschäft. Sie kann auch Innengeschäft sein [3]). Es gilt, was für die Bestellung gesagt wurde [4]).

III. Die Anstellung ist immer ein körperschaftsrechtliches Geschäft [4]). Denn wesentliche Rechte und Pflichten [5]), die sie regelt, können nur in Beziehung zu einer Körperschaft gedacht werden.

IV. Das organrechtliche Können in körperschaftsrechtlichen Willenserklärungen hat grundsätzlich die Gesellschafterversammlung. Gleichgültig, ob sie außenstehenden oder eingegliederten Personen gegenüber abzugeben sind [6]).

Die Anstellung insbesondere darf im Zweifel einfacher Gesellschafterwille vornehmen. § 46 Ziff. 5. Er darf auch das organrechtliche Können und Dürfen zur Anstellung übertragen, sofern er selbst das organrechtliche Können zur Berufung behält [7]).

1. Die unbeschränkbare Vertretungsmacht des Geschäftsführers (§ 37 Abs. 2) gibt ihm nicht das organrechtliche Können zu körperschaftsrechtlichen Willenserklärungen [8]). Ebenso steht es mit der Vertretungsmacht des Aufsichtsrats nach § 52 in Verbindung mit

---

[1]) Oben § 13 IV 3 b.

[2]) Oben § 13 IV 3 a.

[3]) Unten §§ 22 u. 23.

[4]) Oben § 10 V.

[5]) Namentlich alles organrechtliche Dürfen und Sollen, vgl. z. B. die Pflicht des § 40. Unten § 42 IV—VIII.

[6]) Unten § 31 III 2 h.

[7]) Denn er selbst behält damit immer noch die Kernbefugnis des „Rechts der Bestellung" nach § 46 Ziff. 5. Diese kann nach § 45 Abs. 2 nur der Gesellschaftsvertrag einer anderen Person übertragen. Unten § 19 I.

[8]) Unten § 30 III.

§ 247 HGB [9]). Der Geschäftsführer, der Aufsichtsrat und andere Personen müssen erst besonders dazu ermächtigt werden [10]). In der Ermächtigung zur Berufung liegt im Zweifel auch die zur Anstellung [11]).

2. Durch die Ermächtigung zu einer bestimmten Anstellung wird regelmäßig nicht nur das organrechtliche Können, sondern auch das Dürfen oder Sollen übertragen.

3. Ist der Anstellende eine andere Person, als der Berufende, so wird er regelmäßig nur den schon Berufenen anstellen können, dürfen und sollen. Es ist auch möglich, daß er einen noch nicht Berufenen anstellen kann, vielleicht auch darf, oder gar soll.

Der Umfang seines Könnens, Dürfens und Sollens wird jeweils dem Umfang der Stellung des Berufenden angepaßt sein [12]).

V. Der anzustellende „Geschäftsführer" ist Vertragsgegner. Er ist, wie die G. m. b. H., mitbestimmend an der Anstellung beteiligt. Anders bei der Berufung, bei der er nur die Erklärung empfängt.

VI. Man kann die Anstellung als die kausale Einigung bezeichnen, die zu der abstrakten Berufung hinzutritt. Die Anstellung enthält regelmäßig eine kausale Einigung, indem sie bestimmt, ob für die Geschäftsführung ein Entgelt gezahlt wird u. ä. m. Möglich ist freilich auch, daß die Beteiligten zwar die Stellung begründen wollen, sich aber den Abschluß eines Dienstvertrages vorbehalten. Einigen sie sich dahin, so ist eine solche vorläufige „abstrakte" Bestellung durchaus rechtsgültig.

VII. Die Anstellung kann zeitlich der Berufung vorangehen, oder gleichzeitig mit ihr erfolgen, oder ihr nachfolgen. Meist wird sie ihr nachfolgen.

§ 15. Die Rechtsfolge der Anstellung.

I. Die Anstellung ist ein Teil der Bestellung. Sie kann also nicht die Folge der Bestellung nach sich ziehen. Die Anstellung reicht zur Begründung der Geschäftsführerstellung niemals aus. Besteht sie zu Recht, während die Berufung mit Erfolg angefochten wird, so fällt die Stellung als Ganzes.

---

[9]) „Rechtsgeschäfte" schlechthin sind nur drittrechtliche Geschäfte. Vgl. dazu unten § 25 III 1 u. 2 und die Auslegung des § 35 GmbHG: unten § 30 I—III.

[10]) Unten § 41 V.

[11]) Staub-Pinner § 231, 32 a.

[12]) Entspr. oben § 13 IV 3 c.

II. Die Anstellung begründet auch nicht bedingt die Stellung, bedingt durch die Berufung. Die Berufung ist ein Tatumstand, der eintreten muß, wenn die Stellung begründet werden soll. Sie ist eine gesetzliche Voraussetzung und kann deshalb nicht Bedingung für dieses Rechtsgeschäft sein [1]).

III. Die Anstellung ist zunächst rechtlich erheblich als unselbständiger Teil des Gesamttatbestandes. Sie ist ein wesentlicher Teil. Die Stellung kann nicht begründet werden, wenn nicht auch der Tatbestand der Anstellung gegeben ist. Die Stellung als Ganzes kann nicht bestehen bleiben, wenn die Anstellung wegfällt. Ein bloß berufener Geschäftsführer ist kein Geschäftsführer.

IV. Fraglich ist, ob die Anstellung als Tatbestand für sich eine selbständige Rechtsfolge nach sich ziehen kann.

1. Man könnte meinen, die Anstellung schaffe die drittrechtlichen Beziehungen der Stellung, während vielleicht die körperschaftsrechtlichen Beziehungen auf der Anstellung und Berufung beruhen. Denn daß diese nicht aus der Berufung allein erwachsen, ist oben gezeigt [2]).

a) Der eine Grund, der für die entsprechende Frage bei der Berufung die Entscheidung im verneinenden Sinn ausfallen ließ [3]), ist hier nicht schlüssig. Die Einwilligung des Betroffenen in die Übernahme der Pflichten ist hier gegeben. Insofern wäre es möglich, daß der „Angestellte" rechtlich beschwert würde.

b) Aber aus dem zweiten Grunde [4]) ist auch hier die Frage zu verneinen. Die körperschaftsrechtlichen und die drittrechtlichen Beziehungen sind untrennbar miteinander verknüpft, so daß die Begründung der drittrechtlichen Rechte und Pflichten gegenstandslos ist ohne die Begründung des entsprechenden körperschaftsrechtlichen Könnens [5]). Und umgekehrt. Es kann z. B. niemandem zur Pflicht gemacht werden, für die Erhaltung des Stammkapitals zu sorgen [6]), wenn ihm nicht zugleich die Macht gegeben wird, die dazu erforderliche Verwaltung vorzunehmen. Es kann niemandem die Macht gegeben werden, über das Vermögen der Gesellschaft zu ver-

---

[1]) Cosack BGB I, § 91, I, 3 b.

[2]) Oben § 13 IV 1.

[3]) Oben § 13 III 1 a.

[4]) Oben § 13 III 1 b.

[5]) Oben § 2 VI.

[6]) Unten § 42 VII 6.

fügen, ohne daß ihm zugleich die persönliche Verantwortung[7]) dafür auferlegt wird.

2. Aus demselben Grunde kann die Anstellung auch nicht die körperschaftsrechtlichen Beziehungen der Stellung begründen.

3. Denkbar ist, daß die Anstellung Beziehungen schafft, die die Stellung als Ganzes betreffen.

Hier sind nach den an der Anstellung beteiligten Personen verschiedene Beziehungen denkbar.

a) Die Beziehungen zwischen dem Anstellenden und der G. m. b. H. sind hier nicht zu betrachten. Soweit ein Geschäftsführer anstellt, sind sie unten zu erörtern[8]). Vorausgesetzt ist hier, daß der Anstellende die Anstellung rechtsverbindlich für die G. m. b. H. vornehmen kann.

b) Beziehungen zwischen dem Anstellenden und „Angestellten" entstehen grundsätzlich nicht, denn der Anstellende vertritt die G. m. b. H.[9]).

c) Beziehungen zwischen der G. m. b. H. und dem „Angestellten" sind von den Handelnden gewollt.

aa) Es ist denkbar, daß die Anstellung für die G. m. b. H. ein Recht auf Übernahme der Stellung schafft. Oder für den „Angestellten" ein Recht auf Übertragung der Stellung[10]). Oder, daß sie beides schafft. Sei es als mitgliedschaftliche Beziehungen[11]), sei es als Außenbeziehungen.

bb) Ein Vertrag, der solche Beziehungen (zu aa) schafft, ist aber keine Anstellung, sondern ein Vorvertrag zur Bestellung. Er verpflichtet zu Handlungen, die in der Vornahme der Anstellung teilweise erbracht werden.

α) Der „Angestellte" wird verpflichtet, in die Begründung der Stellung einzuwilligen. Die Einwilligungserklärung aber gibt er in der Anstellung ab.

β) Die G. m. b. H. wird verpflichtet, die Bestellung vorzunehmen. Dies tut sie teilweise in der Anstellung.

γ) Eine Verpflichtung der G. m. b. H., den „Angestellten" zu berufen, kann die Nur-Anstellung nicht begründen. Dazu fehlt dem Nur-Anstellenden die Vertretungsmacht.

---

7) Unten § 42 VIII, § 44.

8) Vgl. z. B. unten § 31 II 5; § 42 VII 2 u. § 44.

9) Oben § 10 IV und unten § 39 u. § 40.

10) So Köhler 21.

11) Unten § 23 u. § 24.

V. Der durch die Anstellung geschaffene Zustand ist noch unselbständig, aber nicht unerheblich. Beide, die G. m. b. H. und der „Angestellte" sind an ihre Erklärungen gebunden. Die G. m. b. H. ist gebunden, den „Angestellten" als Geschäftsführer wirken zu lassen, wenn die Berufung erfolgt (eine gesetzliche Voraussetzung, keine Bedingung). Der „Angestellte" ist gebunden, sich zum Geschäftsführer berufen zu lassen. Der Gebundenheit des einen entspricht eine Anwartschaft des anderen, die freilich nicht viel Sicherheit bietet. Für die Gesellschaft ist es das „im Werden begriffene Recht"[12]), die Ausübung der Stellung zu verlangen. Für den „Angestellten" das, die Stellung auszuüben. Für beide die im Werden begriffene entsprechende Verpflichtung: für die Gesellschaft, die Ausübung zu dulden; für den „Angestellten", sie vorzunehmen. Für den Berufenden schafft sie ein Gestaltungsrecht, durch die Berufung die Stellung zu begründen. Dagegen wird für ihn durch die Anstellung allein keine Verpflichtung begründet, die Berufung vorzunehmen.

§ 16. Die Rechtsfolge der Bestellung.

I. Die gesonderte Betrachtung der Bestellung empfahl sich aus mancherlei Gründen. Sie erfolgte nach der verschiedenen Art der beiden Teile. Beide Teile können auch gesondert vorgenommen werden. Auch die Stellung, die Rechtsfolge der Bestellung enthält verschiedenartige Bestandteile[1]). Sie lassen sich gesondert betrachten. Aber sie lassen sich nicht gesondert erschaffen[2]). Deshalb sind die Rechtsfolgen der gesondert vorgenommenen Berufung und Anstellung nicht eine teilweise Begründung der Stellung. Sie schaffen jede für sich nur vorläufige Rechtsbeziehungen bezüglich der ganzen Stellung.

II. 1. Liegt eine Berufung und eine Anstellung vor — gleichgültig, ob diese vor jener, oder jene vor dieser erfolgte —, so ist die Stellung begründet. Erst dann, aber auch schon dann. Denn die nachträglich vorzunehmende Anmeldung zum und Eintragung im Handelsregister ist für die Begründung nicht wesentlich[3]).

2. Gleichzeitig aber erlöschen die gesonderten Rechtsfolgen der Berufung und Anstellung. Sie gehen unter durch Erfüllung.

III. Die rechtlichen Beziehungen der Stellung treffen auf der einen Seite den Berufenen und Angestellten. Er ist jetzt Geschäfts-

---

[12]) v. Tuhr I, § 9, S. 180.
[1]) Oben § 2 II und § 10.
[2]) Oben § 13 IV 1 u. § 15 IV 1—2.
[3]) Unten § 28.

führer. Auf der anderen Seite immer nur die G. m. b. H. Der Berufende und der Anstellende vertreten die G. m b. H. Deshalb sind Streitigkeiten über die Rechtsgültigkeit immer Streitigkeiten der G. m. b. H. gegenüber dem Geschäftsführer, niemals Streitigkeiten des Berufenden oder Anstellenden.

IV. Ist die Bestellung nichtig oder wird sie mit Erfolg angefochten, so ist die Stellung nicht geschaffen, der „Bestellte" nicht Geschäftsführer geworden.

V. Es ist möglich, daß nur die Berufung nichtig ist oder mit Erfolg angefochten wird, daß aber die Anstellung zu Recht besteht. Und umgekehrt.

1. Hier ist die Stellung nicht geschaffen.

2. Die Erheblichkeit des anderen Tatbestandteiles ist aber grundsätzlich nicht berührt. Insbesondere sind die etwa durch ihn begründeten Beziehungen[4]) zur Stellung nicht durch Erfüllung erloschen[5]). Es ist also möglich, daß ein Gestaltungsrecht oder eine Anwartschaft bestehen bleibt.

3. Ausnahmsweise ist auch der andere Teil nichtig. Dies ist der Fall, wenn anzunehmen ist, daß dieser Teil nicht ohne den nichtigen Teil vorgenommen wäre. § 139 BGB.

VI. Bei der Nichtigkeit und Anfechtbarkeit ist auf Seiten der G. m. b. H. maßgebend:

1. Der erhebliche Willensmangel muß vorliegen in der Person des Vertreters. § 166 BGB. Ist dies die Gesellschafterversammlung, so genügt es, daß der Mangel nur bei einem Gesellschafter vorliegt[6]).

2. Anfechtungsberechtigt ist die G. m. b. H.

a) Die Anfechtung ist eine körperschaftsrechtliche Willenserklärung. Auch, wenn nur die Berufung oder nur die Anstellung angefochten wird. Denn die Vernichtung eines wesentlichen Teiles der Bestellung und damit der Stellung ist eine körperschaftsrechtliche Handlung wie die Bestellung selbst.

b) Deswegen wird die G. m. b. H. grundsätzlich durch die Gesellschafterversammlung vertreten[7]). Eine Anfechtung ist also nur möglich, wenn die Mehrheit sie will[8]).

c) Dies gilt auch dann, wenn die Vertretungsmacht zum Abschluß des anfechtbaren Tatbestandsteiles einem anderen Organ zu-

[4]) Oben § 13 IV 3 u. § 15 V.

[5]) Oben II 2.

[6]) Brodmann § 46, 6 S. 173/174 (für den Irrtum).

[7]) Unten § 31 III 2 h.

[8]) Brodmann § 46, 6, S. 173/174.

stand. Denn, wenn ihm die Macht übertragen wurde, einen Tatbestandsteil eines Rechtsgeschäftes vorzunehmen, so liegt darin nicht die Macht, das ganze Rechtsgeschäft dadurch unwirksam zu machen, daß es diesen Teil anficht; vielmehr muß ihm dazu erst wiederum die Macht erteilt werden.

Zu VI. Ein anderes ist es, wenn die Wahl von einem Gesellschafter „angefochten" wird. Dies ist eine Anfechtung des Willensbildungsvorganges, die, auch wenn sie erfolgreich ist, nicht eine Anfechtung der Berufung ist. Denn die Berufung ist die Erklärung des Beschlusses gegenüber dem Berufenen. Überdies könnte der anfechtende Gesellschafter die Gesellschaft nicht in dieser Anfechtungserklärung vertreten. Das Ergebnis ist billig. Wenn sich nicht die Mehrheit findet zur Anfechtung der Berufung, so genügt die Tatsache der Überstimmung, um zu bekunden, daß es auf den Willensmangel des anfechtenden Gesellschafters nicht ankommt.

IV. Abschnitt.

§ 17. Bestellungsarten. Allgemeines.

I. Die Bestellung kann auf mancherlei Art vorgenommen werden. Sei es, daß der Gesamttatbestand in einheitlicher Art vorgenommen wird. Sei es, daß die Berufung in dieser, die Anstellung in anderer Art geschieht.

II. § 6 Abs. 2 unterscheidet zwischen der Bestellung im Gesellschaftsvertrage und der nach Maßgabe der Bestimmungen des III. Abschnittes. Daneben steht als dritte Möglichkeit nach § 29 BGB die sogen. „Zwangsbestellung". In jeder dieser Formen kann die ganze Bestellung erfolgen. Es kann ein Teil von ihr in der einen, ein anderer in der anderen erfolgen. Auch so, daß die Anstellung teilweise in der gleichen Form vollzogen wird wie die Berufung, teilweise in einer anderen.

III. Die Form des Gesellschaftsvertrages ist manchmal wesentlich.

§ 18. Die Berufung im Gesellschaftsvertrage, insbesondere die unmittelbare Berufung.

I. Die Berufung im Gesellschaftsvertrage kann dort ein wesentlicher Bestandteil sein, so daß sie der erschwerten Abänderung nach § 53 unterliegt. Dies ist anzunehmen, wenn deutlich ist, daß die Gesellschafter sich untereinander binden wollten[1]).

---

[1]) Brodmann § 53, 1, S. 200.

II. Im Zweifel ist sie kein wesentlicher Bestandteil des Gesellschaftsvertrages. Man nimmt an, sie sei nur bei Gelegenheit dort aufgenommen[2]).

III. Eine Berufung im Gesellschaftsvertrage kann in zweifacher Art geschehen.

1. Es kann ein bestimmter Geschäftsführer berufen werden (unmittelbare Berufung).

2. Es kann die Befugnis, einen Geschäftsführer zu berufen, einer anderen Instanz übertragen werden (mittelbare Berufung).

IV. Die unmittelbare Berufung hat deswegen, weil sie im Gesellschaftsvertrage erfolgte, ohne weiteres keine besondere Bedeutung.

1. Sie läßt keine Schlüsse auf die Dauer der Stellung zu. Sie bedeutet nicht, daß die Berufenen auf Lebenszeit[3]), oder auf die Dauer der Gesellschaft[4]) Geschäftsführer sein sollen. Auch können keine Schlüsse auf die Dauer des Anstellungsverhältnisses gezogen werden[3]). Die Aufhebung der berufenden Vorschrift des Gesellschaftsvertrages ist nicht schon eine Änderung der Berufung[5]).

2. Sie läßt keine Schlüsse zu auf die Berufung anderer Geschäftsführer. Insbesondere darauf, daß keine anderen berufen werden sollen[6]), daß eine neue Berufung immer in Form der Satzungsänderung[7]) oder in Form der gerichtlichen oder notariellen Beurkundung[8]) zu geschehen hat.

3. Ist der Berufene ein Gesellschafter, so bedeutet die Berufung im Gesellschaftsvertrage noch nicht, daß er solange Geschäftsführer sein soll, wie er Gesellschafter ist[9]). Sind sämtliche Gesellschafter berufen, so ist damit nicht gesagt, daß die jeweiligen Gesellschafter Geschäftsführer sein sollen, sondern nur, daß die bei der Bestellung vorhandenen Gesellschafter Geschäftsführer sein sollen[10]).

---

[2]) Brodmann § 6, 2; § 38, 1, S. 145; § 53, 1, S. 200; Cohn 10; Henkel 24; Uhle 16; Wieland § 38, S. 483; RG 44, 95; LZ 1919, 596, 10; OLGR 42, 223.

[3]) Staub § 35, 41.

[4]) Henkel 23.

[5]) Brodmann § 6, 2; Staub § 35, 41; OLGR 1, 187.

[6]) KGJ 21, 261, insbes. 264.

[7]) RG, DJZ 1922, 697.

[8]) Brodmann § 6, 2; Güthe-Triebel 771, 25; Staub § 35, 41; KGJ 21, 265.

[9]) Cohn 9; Staub § 35, 41.

[10]) § 6 Abs. 3. — Staub § 35, 37.

§ 19. Die mittelbare Berufung im Gesellschaftsvertrage.

I. Die Möglichkeit, im Gesellschaftsvertrage das Berufungsrecht[1]) zu übertragen, ergibt sich aus § 45 Abs. 2 in Verbindung mit § 46 Ziff. 5. Die Form ist wesentlich. Denn: § 45 Ziff. 5 gibt „den Gesellschaftern" das Recht zur Berufung. § 46 kann nur durch den Gesellschaftsvertrag abgeändert werden. § 45 Abs. 2[2]).

II. In dem Berufungsrecht ist enthalten:

1. das Recht, sich selbst zum Geschäftsführer zu berufen[3]);

2. das Recht, eine andere Person zu berufen, sei es von Anfang an, sei es dann, wenn er selbst sein Amt niederlegt[4]).

III. 1. Das Berufungsrecht kann Gesellschaftern zugesprochen werden. Sei es einem, einigen oder jedem. Es kann als mitgliedschaftliches Recht ausbedungen werden[5]).

2. Das Berufungsrecht kann anderen Personen gegeben werden. Es kann dem Aufsichtsrat[6]), einem oder den übrigen Geschäftsführern (sog. „Kooptationsbefugnis"), es kann einem „Dritten" gegeben werden[7]) oder an die Mitwirkung eines „Dritten" gebunden werden. Die Berufungsbefugnis ist ein organrechtliches Können, der Berufende ist insoweit immer Organ, mag ihn auch nur diese eine körperschaftsrechtliche Beziehung mit der G. m. b. H. verbinden[8]).

IV. Die Übertragung des Berufungsrechts ist ein Verzicht der Gesellschafter auf eigene Beschlußfassung. Deshalb ist eine Satzungsänderung erforderlich, wenn die Gesellschafter das Recht wieder-

---

[1]) Das Recht, darüber zu bestimmen, ob Willenserklärungen der G. m. b. H. durch einen oder nur durch mehrere Geschäftsführer abgegeben werden können, kann der Gesellschaftsvertrag nicht übertragen. Er muß dies unmittelbar bestimmen, sonst ist die gesetzliche Bestimmung maßgebend. Unten § 36, insbes. „zu VI."

[2]) Die Kernbefugnis des Bestellungsrechts ist die Bestimmung der Person. Ist diese durch Gesellschafterbeschluß ausgeübt (§ 46 Ziff. 5), so dürfen die Gesellschafter die Erklärung der Berufung und den Abschluß des Anstellungsvertrages auch f o r m l o s einer anderen Person überlassen. Oben § 14 Anm. 7.

[3]) Unten § 25.

[4]) Das Recht zum Widerruf ist im Zweifel n i c h t darin enthalten. Bestritten. Unten § 45 Anm. 30.

[5]) Unten § 23 I 3 u. V 1.

[6]) Unten § 20.

[7]) Brodmann § 38, 2, S. 147; Staub § 35, 42.

[8]) „Kreationsorgan" (Molitor 6). Der „Dritte" ist also nur über sein organrechtliches Können hinaus Außenstehender. — Der nicht von der Gesellschafterversammlung berufene Geschäftsführer kann nicht ganz unabhängig von der Gesellschafterversammlung sein. Er kann stets von ihr abberufen werden. Unten § 45 III 3.

erlangen wollen[9]). Ist es als ein mitgliedschaftliches Sonderrecht eingeräumt, so kann es grundsätzlich nur mit Zustimmung des Berechtigten entzogen werden[10]).

V. Für die Ausübung des Berufungsrechts gibt das Gesetz keine Regeln. Die Entscheidung darüber hängt von den Umständen des einzelnen Falles ab. Eine Übertragung ist im Zweifel unstatthaft[11]). Doch kann ein anderer Wille erkennbar sein und muß dann berücksichtigt werden. Ebenso kann die Frage, ob bei Veräußerung des Anteils das Recht erlischt, mitübergeht[11]), oder dem Veräußerer bleibt, im einzelnen Fall eine verschiedene Antwort finden.

VI. Übt einer der Berechtigten sein Ernennungsrecht nicht aus, so fällt im Zweifel dieses Recht nicht den übrigen Berechtigten zu, sondern die Bestellung erfolgt dann nach Maßgabe der Bestimmungen des dritten Abschnittes[12]). Liegt der Fall so, daß von zwei Gesellschaftern, die je einen von zwei gesamtvertretungsberechtigten Geschäftsführern zu bestellen haben, der eine sein Recht nicht ausübt, und die Gesellschaft also nicht vertreten werden kann, so kann nur durch Zwangsbestellung geholfen werden[13]). Es ist möglich, daß der Berechtigte durch Nichtausübung sein Recht verwirkt[14]).

VII. Das Berufungsrecht gilt auch für die erste Berufung vor der Eintragung der Gesellschaft ins Handelsregister[14]).

§ 20. Das Berufungsrecht des Aufsichtsrats in Sonderheit.

I. Der Aufsichtsrat hat das Berufungsrecht nur, wenn es ihm eine besondere Bestimmung des Gesellschaftsvertrages gibt[1]).

II. Der Aufsichtsrat kann seine eigenen Mitglieder berufen[2]).

---

[9]) Brodmann § 46, 6, S. 174; Erckens 29; Recht 09, 1404.

[10]) Unten § 45 III 3 c, cc.

[11]) Staub § 35, 42.

[12]) Unten § 21.

[13]) Unten § 26.

[14]) Staub § 35, 42.

[1]) Vgl. oben § 19I. — § 247 HGB, der nach § 52 im Zweifel auch für den Aufsichtsrat der G. m. b. H. anzuwenden ist, ermächtigt den Aufsichtsrat, die G. m. b. H. bei „Rechtsgeschäften" mit ihrem Geschäftsführer zu vertreten. „Rechtsgeschäfte" schlechthin sind nur drittrechtliche Geschäfte. Oben § 14 Anm. 9 und die dort angegebenen Stellen. Die Berufung ist ein körperschaftsrechtliches Geschäft. Oben § 12 IV. Deswegen ist der Aufsichtsrat durch § 247 HGB nicht ermächtigt, die Berufung vorzunehmen.

[2]) Oben § 8 IV 2.

III. Das Recht kann dem Aufsichtsrat nur durch Satzungsänderung wieder entzogen werden[3]). Bis dahin müssen die Gesellschafter die Berufung des Aufsichtsrats gelten lassen[4]).

§ 21. Die Berufung „nach Maßgabe der Bestimmungen des dritten Abschnittes".

I. Die Berufung erfolgt „nach Maßgabe der Bestimmungen des dritten Abschnittes", wenn der Gesellschaftsvertrag weder bestimmte Personen bestellt, noch die Art der Bestellung regelt. § 6 Abs. 2 Satz 2.

II. Sie erfolgt durch Bestimmung der Gesellschafter. § 46 Nr. 5. Das kann geschehen durch Beschluß in der Gesellschafterversammlung. § 48 Abs. 1. Es kann auch geschehen, ohne eine Versammlung, durch schriftliche Erklärung. Dies ist aber nur statthaft, wenn entweder alle Gesellschafter mit dieser Berufung oder mit der schriftlichen Abgabe der Stimmen einverstanden sind. § 48 Abs. 2.

III. Für die Beschlußfassung genügt einfache Mehrheit. § 47. Sie bedarf nicht der Beurkundung in öffentlich beglaubigter Form.

IV. Einfache Mehrheit reicht zur Beschlußfassung über die Berufung nicht aus,

1. wenn die Berufung in den Gesellschaftsvertrag als wesentlicher Bestandteil aufgenommen werden soll;

2. wenn die Art der Berufung im Gesellschaftsvertrage in Abweichung von den nachgiebigen gesetzlichen Bestimmungen erfolgen soll.

§ 22. Anstellungsarten.

I. 1. Jede Anstellung regelt organrechtliches Dürfen und Sollen. Denn mindestens allgemein muß feststehen, ob und wieweit der Geschäftsführer von seinem organrechtlichen Können Gebrauch machen darf und soll. Die meisten Anstellungen regeln auch Wertrechte und andere selbständige Nebenbeziehungen.

2. Alle diese Beziehungen können als Außenbeziehungen oder als Innenbeziehungen, und zwar als mitgliedschaftliche, geregelt werden. Je nach dem, ob das eine oder das andere der Fall ist, kann man zwei Arten von Anstellungen unterscheiden.

3. Unter den Anstellungen, die überhaupt mitgliedschaftliche Beziehungen regeln, kann man scheiden:

---

[3]) Oben § 19 IV.

[4]) OLG Hamburg, Recht 09, 1404.

a) Solche, die nur mitgliedschaftliche Beziehungen, und solche, die teils mitgliedschaftliche, teils außenrechtliche Beziehungen regeln.

b) Solche, deren mitgliedschaftliche Beziehungen höchstpersönlich sind, also beim Wechsel des Mitglieds untergehen; solche, deren mitgliedschaftliche Beziehungen am Geschäftsanteil haften, also beim Wechsel des Mitglieds mit übergehen. Sei es, daß es auf eine gewisse Mindesthöhe des Anteils ankommt. Sei es, daß nur die Mitgliedschaft überhaupt erheblich ist.

Ob das eine oder das andere gewollt ist, kann ausdrücklich erklärt sein. Ist dem nicht so, so bietet einen Anhalt der allgemeine Charakter der betreffenden G. m. b. H. Berücksichtigt der Gesellschaftsvertrag besondere unvertretbare Leistungen eines bestimmten Gesellschafters, so wird man höchstpersönliche Beziehungen annehmen. Berücksichtigt er eine starke vertretbare Beteiligung, oder eine vertretbare Beteiligung überhaupt, so wird man annehmen, daß die Beziehungen am Anteil haften.

4. a) Mitgliedschaftliche Beziehungen stehen und fallen mit der Mitgliedschaft. Insbesondere gehen sie unter, wenn die Mitgliedschaft entzogen wird [1]).

b) Außenbeziehungen sind in ihrem Dasein von der Mitgliedschaft unabhängig. Sie sind auch zu Mitgliedern möglich, aber die Mitgliedschaft ist dabei unbeachtlich.

5. Die Abhängigkeit von der Mitgliedschaft zeigt sich namentlich in der Abänderungsmöglichkeit.

a) Bei Außenbeziehungen entsprechen die Regeln hierüber der Gleichordnung der Beteiligten. Beide zusammen können immer, jeder für sich nur unter bestimmten Voraussetzungen die Beziehungen abändern.

b) Bei den Innenbeziehungen herrscht das Verhältnis der Einordnung. Auch hier können beide zusammen immer die Beziehungen abändern. Jeder für sich aber hat eine andere Abänderungsmöglichkeit als der andere.

aa) Der Eingeordnete hat immer eine von bestimmten Voraussetzungen abhängige Abänderungsmöglichkeit, wie zu a. Denn trotz der Einordnung ist er immer zugleich der Körperschaft von außen zugeordnet [2]). Diese Zuordnung zeigt sich unter anderem darin, daß er das Einordnungsverhältnis unter Einhaltung bestimmter Vor-

---

1) Das ist möglich nach § 21.

2) Oben § 13 IV 1 b.

schriften lösen kann [3]), sei es, daß er die Geschäftsführerstellung allein, sei es, daß er sie nur zugleich mit der Mitgliedschaft lösen kann.

bb) Die übergeordnete Körperschaft hat grundsätzlich eine weitergehende Abänderungsmöglichkeit. Die Mitgliederversammlung kann solche Beziehungen beeinträchtigen, auch gegen den Willen des betroffenen Mitglieds (Mitgliederrechte und -pflichten schlechthin).

cc) Es ist aber auch möglich, daß die Körperschaft eine geringere Abänderungsmöglichkeit hat. Sie kann dann nur mit Zustimmung des Betroffenen die mitgliedschaftliche Beziehung beeinträchtigen (unantastbare Mitgliedsrechte und -pflichten). Nur bei grobem Mißbrauch ist hier Entziehung durch gerichtliches Urteil möglich [4]).

II. Anstellungsverträge kann man ferner danach unterscheiden, ob sie dem Geschäftsführer ein Entgelt zubilligen [5]) (Wertrecht) [6]) oder nicht. Bei entgeltlichen Anstellungen finden die Vorschriften über Dienstverträge (BGB §§ 611 ff.), bei unentgeltlichen die über Aufträge (BGB §§ 662 ff.) Anwendung. Gegenstand der Anstellung ist in beiden Fällen eine Geschäftsbesorgung [7]). Deswegen finden, auch wenn ein Dienstvertrag vorliegt, die wichtigsten Regeln des Auftrags Anwendung (BGB § 675).

1. Das Wertrecht kann Außenrecht sein. Dann ist es der freien einseitigen Einwirkung durch Gesellschafterbeschlüsse entzogen [8]).

2. Das Wertrecht kann mitgliedschaftlich sein.

a) Sei es ein „Mitgliedsrecht" schlechthin [9]), das der Einwirkung der Gesellschafterbeschlüsse unterliegt. Z. B. eine Tantieme [10]).

b) Sei es ein unantastbares Mitgliedsrecht, das nur mit Zustimmung des Betroffenen beeinträchtigt werden kann [11]).

3. Das Wertrecht muß einklagbar sein. Festbestimmte, regel-

---

[3]) hilfsweise nach § 624 BGB. Unten § 45 IV u. V.

[4]) Unten § 45 III 3 c, ccβ.

[5]) Das ist dieRegel. OLGR 16, 118; Liebann § 35, 5, 6; Neukamp § 38, S. 211.

[6]) Oben § 2 V. 3.

[7]) Brodmann § 38, 1, S. 145; Staub § 35, 50.

[8]) Oben zu I 5 a.

[9]) Oben I 3 u. 5 b, bb.

[10]) Gewinnbeteiligung, die ein Geschäftsführer als Gesellschafter erhält, ist kein Entgelt. Brodmann § 38, 1, S. 145.

[11]) Unten § 23 I 2 u. V.

mäßig wiederkehrende Leistungen brauchen es nicht zu sein[12]). Auch Provision, freie Wohnung, freie Beköstigung ist Entgelt[13]).

4. Eine ausdrückliche Vereinbarung der Entgeltlichkeit ist nicht nötig. Es genügt, daß man nach den gegebenen Umständen eine Vergütung erwarten durfte (BGB § 612). Es ist nicht maßgebend, ob die Gesellschafter Unentgeltlichkeit erwartet haben[14]). Eine Vermutung für Entgeltlichkeit oder Unentgeltlichkeit besteht nicht[15]). Ist die Höhe nicht bestimmt, so ist die übliche Vergütung als vereinbart anzusehen (BGB § 612 Abs. 2).

III. 1. Die Anstellung kann in den Gesellschaftsvertrag aufgenommen werden. Diese Form ist wesentlich für die Begründung mitgliedschaftlicher Beziehungen[16]). Doch reicht die Tatsache allein, daß ein Gesellschafter im Gesellschaftsvertrag angestellt ist, nicht aus, mitgliedschaftliche Beziehungen anzunehmen. Im Zweifel sind außenrechtliche Beziehungen anzunehmen[17]). Denn die Trennung der Mitgliedschaft von der Organschaft ist nach dem Gesetz die Regel[18]). Doch kann sich aus dem übrigen Inhalt des Gesellschaftsvertrages die Verbindung der Organschaft und Mitgliedschaft ergeben. Dann sind trotz zweifelhaften Wortlautes der einzelnen Bestimmung mitgliedschaftliche Beziehungen anzunehmen.

2. Anstellungen, die nur außenrechtliche Beziehungen regeln, können formlos vorgenommen werden; insbesondere genügen schlüssige Handlungen.

Zu 2. Bestimmungen des Gesellschaftsvertrages, die die Anstellung betreffen, sind als Inhalt des Anstellungsvertrages zu betrachten, soweit sie nicht besonders ausgeschlossen sind. Ist im Anstellungsvertrage auf sie Bezug genommen, so sind sie außenrechtlich vereinbart, und können also nicht durch Gesellschafterbeschluß einseitig abgeändert werden[19]).

3. Die Anstellung kann auch durch das Gericht erfolgen im Falle des § 29 BGB[20]).

---

[12]) Zur „Tantieme" des Geschäftsführers: Rundschau G. m. b. H., 1916, Nr. 2, S. 46.

[13]) RG 22, 35.

[14]) OLGR 3, 95.

[15]) Lehmann, S. 420.

[16]) § 3 Abs. 2; unten § 23 VI und § 24 IV.

[17]) Brodmann § 6, 2; die von ihm angeführten Entscheidungen; Möhring 40; Pinzger § 35, 5.

[18]) Oben § 4 VI.

[19]) Oben zu I 5 a.

[20]) Unten § 26.

§ 23. Das „Sonderrecht“ bezüglich der Geschäftsführerstellung.

I. Ein Gesellschafter kann ein Sonderrecht bezüglich der Geschäftsführerstellung haben. § 35 BGB [1]).

1. Ein Sonderrecht kann organrechtliches Dürfen [2]) zum Inhalt haben. Dabei kann der Umfang des Dürfens verschieden: weit oder eng bemessen werden [3]).

2. Als Sonderrecht können Wertrechte des Geschäftsführers bedungen werden [4]).

3. Als Sonderrecht kann das Recht bedungen werden, einen Geschäftsführer zu berufen, anzustellen oder zu bestellen [5]). Darin liegt auch das Recht, sich selbst zu berufen, anzustellen oder zu bestellen [6]) [7]).

Zu 1 und 3. Beide sind „Organschaftsrechte“.

4. Zu 1—3. Jedes dieser Sonderrechte kann für sich allein bestehen.

II. Der Begriff des Sonderrechts.

1. § 35 BGB sagt allgemein, daß es Rechte eines Mitglieds sind. Damit ist eine Abgrenzung nach zwei Richtungen gegeben.

a) Das Sonderrecht ist eine Beziehung zu einer Körperschaft. Zu einer Einzelperson kann es nicht gedacht werden. Es gehört also zu den körperschaftsrechtlichen Beziehungen einer Körperschaft. Das hat z. B. zur Folge, daß ein Geschäftsführer nicht kraft seiner allgemeinen Vertretungsmacht Sonderrechte begründen kann [8]).

Das organrechtliche Dürfen des Geschäftsführers und das Berufungs-, Anstellungs- oder Bestellungsrecht sind ohnehin körperschaftsrechtliche Beziehungen. Anders aber die Wertrechte. Diese können auch drittrechtlich sein. Dann kommen sie als Sonderrechte nicht in Betracht.

b) Der Berechtigte ist notwendig Mitglied der verpflichteten Körperschaft. Das Sonderrecht setzt das Bestehen der Mit-

---

[1]) Er ist auch auf die G. m. b. H. anzuwenden. Gadow 514; RG 80, 389; KGJ 53, 101. Oben § 1 I 1.

[2]) Oben § 2 V 2 a.

[3]) Unten § 42 VII 2 c.

[4]) Oben § 2 V 3 a u. § 22 II 2.

[5]) Schultze 459.

[6]) Unten § 25.

[7]) Ein Recht, die Berufungs-, Anstellungs- oder Bestellungsbefugnis einem anderen zu übertragen, ist auch als Sonderrecht möglich. Ist aber ein Recht der oben zu 3 gekennzeichneten Art schlechthin vereinbart, so ist die Übertragung der Ausübung im Zweifel nicht statthaft. Oben § 19 V.

[8]) Unten § 31 II 5.

gliedschaft voraus [9]). Es gehört also zu den Innenbeziehungen der Körperschaft, insbesondere zu den mitgliedschaftlichen. Bestünde kein Einordnungsverhältnis, so wäre eine Bestimmung wie der § 35 BGB überflüssig. Denn dann könnte ohnehin grundsätzlich keiner der Beteiligten gegen den Willen des anderen dessen Recht beeinträchtigen. Anders, wo der Grundsatz der Einordnung herrscht. Insbesondere, wo Mitgliedschaft besteht. Hier kann grundsätzlich der Übergeordnete das Recht des Untergeordneten beeinträchtigen. Soll er diese Macht nicht haben, bedarf es einer besonderen Bestimmung. Sie ist für „besondere" Mitgliedsrechte im § 35 BGB gegeben.

2. Eine weitere Abgrenzung läßt sich unmittelbar aus dem Tatbestand des § 35 BGB nicht entnehmen. Insonderheit sagt er nichts darüber, welches das besondere Merkmal seiner „Sonder"rechte ist. Auch sonst finden sich keine gesetzlichen Bestimmungen, die einen Anhalt geben. Deswegen gehen die Meinungen hier sehr auseinander[10]).

a) § 35 BGB ist ein Rechtssatz; und zwar ein Rechtssatz, der seinem Auftreten nach nichts Absonderliches an sich trägt. Es steht nichts im Wege, ja es spricht eine Vermutung dafür, ihn für einen nichtabsonderlichen Rechtssatz zu halten. Insbesondere läßt sich kein Anhaltspunkt finden, ihn für einen nur erklärenden Satz zu halten [11]).

§ 35 knüpft, wie im allgemeinen jeder Rechtssatz, an einen Tatbestand eine Rechtsfolge an. Sein Tatbestand ist: „Sonderrechte eines Mitgliedes" (a), seine Rechtsfolge: „können nicht ohne Zustimmung des berechtigten Mitgliedes durch Beschluß der Mitgliederversammlung beeinträchtigt werden" (b).

§ 35 knüpft an den Tatbestand a die Folge b an. Er setzt damit voraus, daß der Tatbestand a nicht schon das Merkmal b an sich trägt. Seine Sonderrechte sind also nicht schon unantastbar [12]). Sie werden es erst dadurch, daß man, und soweit man [13]) § 35 auf sie anwendet.

---

[9]) Laband 1500.

[10]) U. a. Brodmann § 45, 2; Gadow 514 ff.; Gierke I, 536 ff.; Nord 11 ff.; Schultze 455; Staub-Pinner § 250, 9; v. Tuhr I, § 38, 553 ff.

[11]) So Brodmann § 45, 2, S. 168.

[12]) Anders: Brodmann § 45, 2, S. 168, Lehmann 298 u. Rosenthal-Gentzsch § 45, 2, die das „besondere" Merkmal gerade in der Unantastbarkeit erblicken; Haff, Institutionen 220, der es in einem „besonderen Schutz" gegenüber dem Verbandswillen erblickt und Staub-Pinner § 250, 9, soweit er Rechte, deren Verletzung den grundlegenden Sätzen des Aktienrechts widersprechen würde, „Sonderrechte" nennt. Die Unantastbarkeit dieser

b) Solche Mitgliedsrechte, die aus irgendwelchen, außerhalb des § 35 liegenden Gründen[14]) unantastbar sind, wie die Sonderrechte nach § 35, wird man nicht gut auch als „Sonderrechte" bezeichnen. Eine Anwendung des § 35 kommt für sie gar nicht in Frage. Sie mögen hier als „unantastbare allgemeine" Mitgliedsrechte bezeichnet werden, wobei das „allgemeine" Merkmal zunächst nur kennzeichnen soll, daß es keine „Sonder"-Rechte sind.

aa) Auch sie sind mitgliedschaftliche Rechte wie die Sonderrechte. Eine Ausdehnung des Begriffes auf Außenrechte, — insonderheit auf solche der Mitglieder —, verbietet sich deswegen, weil diese ohnehin nur unter besonderen Voraussetzungen einseitig beeinträchtigt werden können[15]). Anders bei den Mitgliedsrechten; hier muß die Unantastbarkeit besonders bestimmt werden.

bb) Die mitgliedschaftliche Natur ist für die Sonderrechte und die unantastbaren allgemeinen Mitgliedsrechte das einzige notwendig Gemeinsame.

3. Sonderrechte sind Mitgliedsrechte mit „besonderem" Kennzeichen.

a) Den Gegensatz zum „Besonderen" bildet das „Allgemeine". Den Gegensatz zum „Sondermitgliedsrecht" das „allgemeine Mitgliedsrecht". Eines schließt das andere aus. Das „Besondere" umfaßt alles, was nicht „Allgemein" ist[16]).

b) Die Gegenüberstellung: allgemein — besonders setzt eine Vergleichsgrundlage voraus. Sie wird gegeben durch eine bestimmt abgegrenzte Mehrheit von Vergleichsobjekten. Diese sind für die Gegenüberstellung: Sondermitgliedsrechte — allgemeine Mitgliedsrechte nicht die Mitgliedsrechte schlechthin, sondern die Mitgliedsrechte eines ganz bestimmten Vereins. Nur sie werden in Vergleich gezogen. Die Person des Verpflichteten ist immer für beide Arten der Mitgliedsrechte gemeinsam. Ein Vergleich der Mitgliedsrechte eines bestimmten Vereins

Rechte beruht also auf Grundsätzen, die außerhalb von § 35 BGB liegen. Im übrigen gibt — nach Staub-Pinner selbst — seine Abgrenzung des Begriffs keine sichere Entscheidung.

[13]) Unten § 23 III 2. u. § 45 III 2 a.

[14]) z. B. auf Grund des Satzes, daß nicht die Mitgliedsrechte einiger Mitglieder für sich allein mehr beeinträchtigt werden können, als die Rechte anderer Mitglieder. Vgl. preuß. A. L. R. II, 6, § 69; Laband 1504.

[15]) Oben zu 1 b.

[16]) Soweit richtig Gadow 521; „allgemeine Sonderrechte gibt es nicht und kann es nicht geben."

mit denen des Vereins schlechthin, der nur ein Verein mit gesetzlich notwendigen mitgliedschaftlichen Beziehungen sein könnte, liefe auf eine Abgrenzung zwischen zwingenden und nachgiebigen Rechten heraus. Für diese Unterscheidung pflegt das Gesetz ein anderes kennzeichnendes Wort zu gebrauchen, als das Wort „Sonder —".

c) Rechte sind rechtliche Folgen. Sie beruhen auf Tatbeständen. Sind sie als Rechtsfolgen verschieden, so beruhen sie notwendig auf verschiedenen Tatbeständen. Aber verschiedene Tatbestände können auch gleiche Rechtsfolgen haben. Deswegen kann man nicht auf die Verschiedenartigkeit der Tatbestände abstellen, wenn man einen Unterschied zwischen zwei Rechten feststellen will [17]). Denkbar ist, daß man neben der Verschiedenartigkeit der Rechtsfolgen auch auf die der Tatbestände abstellt. Aber die Gegenüberstellung der allgemeinen und besonderen Mitgliedsrechte betrachtet lediglich die vorhandenen rechtlichen Folgen. Sind diese verschieden, so genügt das. Ob und wie die Tatbestände voneinander abweichen, ist unerheblich.

4. Es ist denkbar, daß beide Arten von Mitgliedsrechten sich in dem Inhalt unterscheiden.

a) Die Haupteinteilung der Mitgliedsrechte nach dem Inhalt ist die in „Organschaftsrechte" [18]) und „Wertrechte" [19]). Sie hat mit der in „besondere" und „allgemeine" nichts zu tun. Es ist nirgends ein Anhalt gegeben, der rechtfertigt, eine Gruppe als die „Sonderrechte", die andere als die „allgemeinen" zu bezeichnen. Für keine von beiden Arten erscheint die Unantastbarkeit mehr gerechtfertigt, als für die andere. Für beide Arten ist die Unantastbarkeit gleich gut denkbar.

b) Auf den Inhalt der Rechte stellt man ab, wenn man sagt: Sonderrechte sind Rechte, die den Berechtigten ausschließ-

---

[17]) Deshalb ist die Meinung Gadow's (522) abzulehnen, soweit er das Merkmal in der „Grundlage" des Rechts sucht. Ähnlich auch Bachmann 180. — Der Umstand, daß ein Recht auf dem „bloßen Erwerbe der Mitgliedschaft", oder auch auf „hinzutretenden positiven oder negativen Umständen" beruht, führt nicht notwendig einen Unterschied in den Rechten herbei. Unterstellt aber, es käme auf die „Grundlage" an, ist es irrig, „allgemein" gleich „notwendig allen gemein" (Gadow 521, 522) zu setzen. Allgemein ist „allen gemeinsam", ob etwas „notwendig" oder „zufällig" allen gemein ist, ist erst zweite, eine ganz andere Frage, über die mit dem Wort „allgemein" nichts ausgesagt ist.

[18]) Oben § 2 II.

[19]) Oben § 2 V 3 a.

lich zu ihrem eigenen Nutzen zustehen [20]). Ähnlich grenzt der Komm. d. RG.Räte [21]) ab: „ein Recht, das dem Mitglied wesentlich um seiner selbst willen, nicht im Interesse des Vereins zusteht".

aa) Die scharfe Abgrenzung: „ausschließlich zu eigenem Nutzen" [22]) und „nicht im Interesse des Vereins" trifft immer Wertrechte, aber nicht Organschaftsrechte. Diese bestehen mindestens auch im Vereinsinteresse. Die Beschränkung auf Wertrechte erschien willkürlich. Nicht anders ist es mit dieser Abgrenzung. Sprachlich läßt sich kein Anhaltspunkt finden. Ein Zweck, die Anwendbarkeit des § 35 so zu begrenzen, ist auch unerfindlich. Warum sollte der Verein nur solche Rechte nicht beeinträchtigen können, die ihm nur Nachteile bringen?

bb) Für die nachgiebige Abgrenzung: „wesentlich um seiner selbst willen", in Gegenüberstellung zu den Interessen des Vereins, gilt das Gleiche wie zu aa. Überdies ist diese Abgrenzung so dehnbar, daß man mit ihr nicht weit kommt. Man kann z. B. für das Recht eines Mitgliedes, in der Mitgliederversammlung seine Stimme abzugeben, nicht entscheiden, wessen Interesse wesentlicher daran beteiligt ist. Oder: Ein Recht, sich als stellvertretendes Organ zu betätigen, besteht 1. regelmäßig wesentlich im Interesse des Vereins; 2. abgesehen davon kann es a) wesentlich im Interesse des Berechtigten bestehen; oder aber b) für ihn gar kein Interesse haben. Soll man es schon wegen des Grundes zu 1 nicht zu den Sonderrechten zählen, oder erst, wenn der Grund zu 2 b hinzutritt? —

5. Das unterscheidende Merkmal kann nur in der Person des Berechtigten zu finden sein.

Allgemeine Mitgliedsrechte sind allen Mitgliedern gemeinsame Rechte. Sonderrechte sind Rechte, die nicht allen, sondern nur besonderen: einem oder einigen Mitgliedern zustehen („Vorzugsrechte", „Vorrechte") [23]). Allein dies ist entscheidend.

---

[20]) Liebmann § 45, 4; Oertmann § 35, 4; Warneyer-Koppe § 45, 1, S. 130; RG 68, 212.

[21]) § 55, A. 1.

[22]) Dagegen mit Recht Nord 12.

[23]) Darauf stellen ab: v. Tuhr I, § 38, S. 554/555 und die dort Zitierten (u. a. Biermann, Cosack, Crome, Endemann, Enneccerus (jetzt: I, 1, 258), Zitelmann). Die bei Gadow 518 und bei Haff, Institutionen 216, Anm. 1 Zitierten (u. a. Laband, Dernburg, Hölder, Leonhardt, Staudinger). Ebert 19;

III. 1. Sonderrechte können grundsätzlich nicht ohne Zustimmung des Berechtigten durch Beschluß der Mitgliederversammlung beeinträchtigt werden. § 35 BGB. Auch nicht durch einmütigen Beschluß aller nichtbetroffenen Mitglieder oder durch ausdrückliche Änderung des Gesellschaftsvertrages [24]).

2. Die Unantastbarkeit kann ganz oder teilweise wegbedungen werden. Dies ist ohne Zustimmung des Berechtigten nur bei der Begründung der Sonderrechte möglich. Nachher ist es eine „Beeinträchtigung" im Sinne des § 35 und nur mit Zustimmung des Berechtigten möglich.

3. Die Unantastbarkeit kann nicht dadurch ausgeschlossen werden, daß das gleiche Recht nachträglich allen übrigen Mitgliedern eingeräumt wird. Das bestehende bleibt unantastbar. Die neugeschaffenen sind nicht nach § 35 unantastbar. Sie können kraft Vereinbarung unantastbar sein. Etwa, wenn „das gleiche Recht" eingeräumt wird.

IV. Mitgliedsrechte können auch so bedungen werden, daß eine destimmte Mehrheit über die einfache hinaus das Recht auch ohne Zustimmung des Berechtigten beeinträchtigen kann. Findet sich biese Mehrheit nicht, so ist es unantastbar (beschränkt antastbare Mitgliedsrechte) [25]).

V. 1. Die oben zu I genannten Sonderrechte bezüglich der Geschäftsführerstellung sind nicht bloß als „Sonderrechte", sondern auch als unantastbare allgemeine und als beschränkt antastbare Mitgliedsrechte möglich. Jedesmal muß feststehen, daß sie mit-

---

Liebmann § 45, 4; Nord 7; RG 41, 99; 104, 253. Staub-Pinner § 250, 9' aber nur als Ausgangspunkt.

Anders: Brodmann; oben 2a u. Anm. 11 und 12. — Gadow 514 f. bringt die Sonderrechte und die allgemeinen unantastbaren Mitgliedsrechte auf eine gemeinsame Formel. Beide haben aber nichts weiter gemein, als daß sie Mitgliedsrechte sind. Oben zu 2 b, bb. Er stellt dabei auf die „Grundlage" ab. Sie ist nicht notwendig maßgebend. Oben zu 3 c u. Anm. 17. Er setzt gleich „allgemein" und „notwendig allen gemein." Das ist willkürlich. Oben Anm. 17. — Gierke I, S. 537 kennt Sonderrechte, die für alle Mitglieder und für bestimmte Mitglieder begründet sind. Damit sind die unantastbaren Sonderrechte und die unantastbaren allgemeinen Mitgliedsrechte erfaßt.

[24]) Brodmann § 38, 1, S. 146; Schultze 459; Staub § 38, 5; RG 73, 191; 80, 389; LZ 1914, 1762, Nr. 8; 1916, 809, Nr. 26; KGJ 53, 102.

[25]) Es muß aber erkennbar gemacht werden, daß der Begünstigte ein Recht auf Einhaltung der besonderen Mehrheit haben soll. Die Bestimmung der besonderen Mehrheit allein ist nichts anderes als ein wesentlicher Bestandteil der Satzung und unterliegt als solcher der Abänderung nach § 53. RG. Urt. v. 29. 11. 18, II, 198/18.

gliedschaftliche Rechte sind. Für die ersten ferner, daß sie nicht allen Mitgliedern zustehen. Für die zweiten, daß sie unantastbar sind. Für die dritten, daß sie nur beschränkt antastbar sind.

2. Die Unantastbarkeit findet bei jedem dieser Mitgliedsrechte gesetzliche Schranken [26]).

VI. 1. Das organrechtliche Dürfen kann dem Geschäftsführer grundsätzlich frei entzogen werden. § 38 Abs. 1. Auch teilweise. Für die „Vertretung" ist das im § 37 Abs. 1 besonders bestätigt. Das Recht dazu haben nach § 46 Ziff. 5 die Gesellschafter. Und zwar der einfache Gesellschafterwille. § 47. Soll das organrechtliche Dürfen nicht frei entziehbar sein, sei es, daß es nur mit Zustimmung des Berechtigten [27]), sei es, daß es nur durch besonders bestimmten Gesellschafterwillen [28]) entziehbar ist, so kann dies nur im Gesellschaftsvertrage bestimmt werden. § 45 Abs. 2.

2. Wertrechte können nicht frei einseitig angetastet werden, soweit sie Außenrechte sind. Diese werden nach § 38 Abs. 1 vom Widerruf nicht berührt [29]). Sind sie aber mitgliedschaftlich, so können sie durch die Gesellschafter beeinträchtigt werden. Und zwar durch einfachen Gesellschafterwillen. § 47 Abs. 1. Eine andere Regelung ist nur im Gesellschaftsvertrage möglich. § 45 Abs. 2.

3. Das Berufungs-, Anstellungs- und Bestellungsrecht steht grundsätzlich den Gesellschaftern zu. § 46 Ziff. 5. Eine andere Bestimmung [30]) kann nur im Gesellschaftsvertrage getroffen werden. § 45 Abs. 2.

Zu VI. Steht die mitgliedschaftliche Natur des Rechtes fest, so kann die Bestimmung der Unantastbarkeit etwa so erfolgen, daß das Recht „auf Lebenszeit" [31]) eingeräumt wird; oder auf „so lange, wie der Gesellschafter den Geschäftsanteil besitzt" [32]). Oder so, daß sich zwei ungleich beteiligte Gesellschafter gegenseitig zur Geschäftsführung verpflichten, solange sie die einzigen Gesellschafter bleiben [33]).

---

[26]) Unten § 45 III 2 a, 3 c u. V.

[27]) Oben zu I 1 u. III.

[28]) Oben zu IV.

[29]) Unten § 45 III.

[30]) Das „Anstellungsrecht" ist hier das Recht zur Vornahme jeder Anstellung. Nicht bloß das Recht zur Vornahme einer bestimmten Anstellung. Deswegen ist der oben § 14 IV und Anm. 7 behandelte Fall hier keine Ausnahme.

[31]) Brodmann § 6, 2; RG 44, 96.

[32]) Brodmann § 6, 2; § 38, 3, S. 148.

[33]) Brodmann § 38, 3, S. 148, und die dort angegebenen Entscheidungen.

Oder so, daß der Widerruf nur bei Vorliegen von wichtigen Gründen zulässig sein soll [34] [35]).

Ist „größere Unabhängigkeit" [36]) zugesichert, so ist ein Sonderrecht gegeben, wenn das „größere" einen Vergleich zu den Rechten anderer Mitglieder darstellt. Es ist Unantastbarkeit gegeben, wenn darin ein Vergleich zu dem gesetzlichen Grundsatz der freien Widerruflichkeit (§ 38 Abs. 1) liegt.

Der Schluß auf Unantastbarkeit ist nicht schon dann zulässig, wenn der Geschäftsführer ein besonderes Interesse an der Stellung hat [37]), oder wenn er der einzige Geschäftskundige ist und sein ganzes Vermögen einbringt [38]), oder wenn eine Vertragsstrafe für den Fall des Widerrufs ohne wichtigen Grund [39]) zugesichert ist.

§ 24. Die mitgliedschaftliche Pflicht bezüglich der Geschäftsführerstellung.

I. Sollen einem Gesellschafter Verpflichtungen bezüglich der Geschäftsführerstellung obliegen, so können sie als mitgliedschaftliche Pflichten bedungen werden. § 3 Abs. 2 [1]).

1. Als solche sind möglich: Das organrechtliche Sollen [2]) des Geschäftsführers, seine selbständigen Nebenpflichten [3]), und eine Berufungs-, Anstellungs- oder Bestellungspflicht.

2. Jede einzelne dieser Verpflichtungen kann für sich allein mitgliedschaftlich sein.

3. Eine Verpflichtung setzt immer ein Recht zu der betreffenden Handlung voraus [4]). Eine mitgliedschaftliche Verpflichtung setzt

[34]) Brodmann § 38, 1. S. 145/146; Neukamp S. 213.

[35]) Wenn ein wichtiger Grund vorliegt, kann der Widerruf immer vorgenommen werden. Unten § 45 III 2a. RG 44, 98; RG. Urt. v. 22. II. 08. I. 293/07; Holdh. 23 (1914), 270; RG. Recht 1919, 596 Nr. 10; RG.Urt. v. 23. 12. 19. II. 353/19.

[36]) Brodmann § 46, 7 S. 176.

[37]) Liebmann § 6, 9; RG. LZ 09, S. 75.

[38]) Brodmann § 38, 3 S. 148. RG. LZ. 09 S. 75.

[39]) Brodmann § 38, 3 S. 148 und die von ihm angegebenen Entscheidungen.

[1]) Man kann die „anderen Verpflichtungen" des § 3 Abs. 2 als Nebenpflichten, genauer: mitgliedschaftliche Nebenpflichten bezeichnen und dadurch den Unterschied von der mitgliedschaftlichen Pflicht zur „Kapitaleinlage" kenntlich machen. Den Ausdruck „Sonderpflichten" zu wählen, empfiehlt sich nicht. Als „Sonderpflichten" wird man, — entsprechend den „Sonderrechten", — die mitgliedschaftlichen Pflichten bezeichnen, die nicht allen Mitgliedern obliegen. Freilich kommt diesem Begriff eine solche Bedeutung wie dem der „Sonderrechte" kraft Gesetzes nicht zu. Unten zu III.

[2]) Oben § 2 V 2 b.

[3]) Oben § 2 V 3b. — Z. B. ein Wettbewerbsverbot. Buchholz 298.

[4]) Ein Dürfen im weiteren Sinne. Oben § 2 Anm. 36.

aber nicht ein mitgliedschaftliches Recht voraus. Oder gar ein „unantastbares“ oder „beschränkt antastbares Mitgliedsrecht“ [5]).

II. Für das Dasein und die Abänderungsmöglichkeit der mitgliedschaftlichen Pflichten gilt, was oben § 22 I 4 und 5 für mitgliedschaftliche Beziehungen überhaupt gesagt ist.

III. Das gilt auch für mitgliedschaftliche Sonderpflichten [6]). Eine dem § 35 BGB entsprechende Bestimmung für Sonderpflichten gibt es nicht. Unantastbarkeit zu vereinbaren, erübrigt sich. Denn eine Vermehrung der mitgliedschaftlichen Pflichten ist kraft Gesetzes (§ 53 Abs. 3) nur mit Zustimmung des Betroffenen möglich. Eine Verminderung ist denkbar. Soweit sie aber wegbedungen ist, liegt ein unantastbares Recht vor.

IV. Mitgliedschaftliche Pflichten müssen im Gesellschaftsvertrag bedungen werden. § 3 Abs. 2. Die Form ist wesentlich. Auch für Änderungen [7]).

§ 25. Selbstberufung. Selbstanstellung.

I. Für einen Gesellschafter kommt eine doppelte Beteiligung an der Bestellung in Frage, wenn er selbst zum Geschäftsführer bestellt werden soll und bei der Bestellung die G. m. b. H. durch die Gesellschafterversammlung vertreten wird.

II. Auf der einen Seite handelt er im eigenen Namen. Er nimmt die Berufung entgegen und schließt den Anstellungsvertrag mit ab. Dies ist auch so, wenn Innenbeziehungen begründet werden sollen.

III. Auf der anderen Seite handelt er für die G. m. b. H. Er beruft, stellt an oder bestellt. In jedem Falle ist er an einer Beschlußfassung beteiligt, die die Vornahme eines Rechtsgeschäftes ihm gegenüber betrifft. Aber in jedem Fall ist auch nur ein Rechtsgeschäft (die Bestellung) betroffen [1]).

[5]) Ob der mitgliedschaftlichen Pflicht ein Wertrecht gegenübersteht (das ist nach Buchholz 306 immer der Fall), insbesondere ein drittrechtliches, ein mitgliedschaftliches oder gar ein sonderrechtliches, hängt von den Umständen des einzelnen Falles ab. Wenn ihm überhaupt ein Wertrecht gegenübersteht, ist dieses im Zweifel ein mitgliedschaftliches.

[6]) Kaufmanns' „Sonderpflichten“ sind drittrechtliche Pflichten (vgl. S. 140). Deswegen können seine Grundsätze keine Geltung für die mitgliedschaftlichen Pflichten im Sinne des § 3 Abs. 2 beanspruchen. Deswegen ist es zwar richtig, daß eine Befreiung von seinen „Sonderpflichten“ durch den Geschäftsführer der G.m.b.H. ausgesprochen werden kann (S. 413), (Daß dies für die mitgliedschaftlichen Pflichten nicht zutrifft, — unten § 31 II —, betont richtig Buchholz 342.) aber irrig ist es, die Bestimmungen des BGB entsprechend anzuwenden (S. 415). Sie sind unmittelbar anzuwenden.

[7]) Buchholz 342/343.

[1]) Oben § 16 II.

Die Bestellung ist ein körperschaftsrechtliches Geschäft [2]). Deswegen ist für die Anwendung des § 47 Abs. 4 Satz 2 kein Raum. Er versagt das Stimmrecht nur, wo es sich um ein drittrechtliches Geschäft handelt.

1. Das ist ganz allgemein aus dem Wort „Rechtsgeschäfte" zu entnehmen. Rechtsgeschäfte schlechthin sind nur drittrechtliche Geschäfte [3]). Ebenso die „Geschäfte" des § 37 Abs. 2 [4]).

2. Insonderheit aber sind in § 47 Abs. 4 „Rechtsgeschäfte" in Gegensatz gestellt zur Entlastung. Die Entlastung ist ein körperschaftsrechtliches Geschäft. Auch wenn sie gegenüber einem Dritten, z. B. einem abberufenen Geschäftsführer, vorgenommen wird. Wären mit den „Rechtsgeschäften" auch körperschaftliche gemeint, so hätte es der Erwähnung des einen körperschaftlichen Rechtsgeschäftes nicht bedurft [5]) [6]) [7]).

IV. Die Zulässigkeit der Selbstberufung und Selbstanstellung entspricht der Billigkeit.

1. Die Geschäftsführerstellung bringt große Macht mit sich, besonders für die Betätigung der G. m. b. H. nach außen. Damit ist eine große Gefährdung der Gesellschafterinteressen gegeben. Die Besetzung dieser Stelle ist eine wichtige Verwaltungsangelegenheit. Sie ist grundsätzlich den Gesellschaftern als den Nächstbetroffenen in die Hand gegeben. Eine Entziehung dieser Macht darf nicht ohne besondere Begründung erfolgen.

---

[2]) Oben § 12 IV u. § 14 III.

[3]) Oder auch Rechtsgeschäfte, die sich nicht „auf innere Angelegenheiten der G.m.b.H. beziehen". So RG. Rundschau G.m.b.H. 1916, 344. Dagegen trifft die Abgrenzung: Rechtsgeschäfte, „die die G.m.b.H. wie mit einem Dritten" vornimmt (RG. DJZ 1919, 757) nicht ganz das Richtige.

[4]) Auch oben § 14 IV 1 und Anm. 9 und vgl. unten § 30 Anm. 10.

[5]) Oft wird die Meinung laut: Die Wahl sei (a) kein Rechtsgeschäft „mit" (oder auch: „gegenüber") einem Dritten, sondern (b) ein „Akt gesellschaftlichen Lebens", deswegen sei (c) § 47 Abs. 4 nicht anwendbar. So u. a. Staub-Pinner § 252, 26. Ferner die bei ihm angegebenen Schriftsteller und Entscheidungen.

I. Was Satz a und b aussagen, soll sich auf die „Wahl" schlechthin beziehen. Nicht bloß auf die „Wahl eines Gesellschafters". Denn gerade das Merkmal: „gegenüber einem Gesellschafter" würde zugunsten der Anwendung des § 47 Abs. 4 wirken.

II. 1. Der Satz a kann nur gelten, wenn man mit „Wahl" den Willensbildungsvorgang (oben § 12 I u. II) bezeichnet. Nicht auch die Erklärung dieses Willens an den Gewählten (oben § 12 III). Denn der Gewählte kann auch ein Dritter, die Erklärung der Wahl also auch ein Rechtsgeschäft gegenüber einem Dritten sein.

2. Der Satz b ist in Gegensatz zu a gesetzt („sondern"). Er kann also nur aussagen: Die Wahl ist Innen-Handlung.

2. Allgemein gilt der Grundsatz, einem Gesellschafter um so mehr Einfluß auf die Verwaltung zu geben, je größer sein Geschäftsanteil ist. (§ 47 Abs. 2.) Dieser Grundsatz der Steigerung seines Einflusses auf die Verwaltung mit dem Zunehmen der Kapitalbeteiligung wird umgekehrt, wenn man hier das Stimmrecht versagt. Er würde hier lauten: je mehr Beteiligung, um so mehr Einfluß erhalten die übrigen Gesellschafter auf die Bestellung des Geschäftsführers. Ein unerwünschtes Ergebnis!

3. Das Versagen des Stimmrechts würde den übrigen Gesellschaftern nicht viel nützen. Der ausgeschlossene Gesellschafter könnte den Widerruf der Bestellung eines anderen um so mehr betreiben, je stärker er beteiligt ist. Diese Macht kann ihm nicht genommen werden. Das brächte für alle Beteiligten nur Schaden. Es stellt zugleich die Abwegigkeit der Meinung ins Licht, die ihm das Stimmrecht versagen will.

---

3. Dann sagen a und b nur etwas aus, was für jeden Gesellschafterbeschluß zutrifft. Gleichgültig, ob er ein Rechtsgeschäft gegenüber einem Gesellschafter betrifft oder nicht. Und es ist mit a und b nichts für oder gegen die Anwendbarkeit des § 47 Abs. 4 gesagt.

III. Löst man b aus dem Gegensatz zu a heraus, so kann b auch aussagen: Die Wahl ist eine körperschaftsrechtliche Handlung. Das trifft auch für die Erklärung der Wahl wie für die ganze Bestellung zu. Dann ist mit der Folgerung „b deshalb c" das Richtige behauptet, freilich noch nicht bewiesen.

[6]) Über die Zulässigkeit der Beteiligung an der Beschlußfassung bestehen verschiedene Meinungen.

I. Manche lassen sie restlos zu, auch für die Bestimmungen des Anstellungsvertrages, insbesondere der Bezüge.

II. Andere gestatten eine Beteiligung an der Berufung, aber nicht an der Anstellung. — Die Rechtsprechung ist bei Brodmann § 38, 2 S. 146 Abs. 2, Staub § 47, 22 und Staub-Pinner § 252, 26 angegeben. — Die zu I erwähnte Meinung vertreten: Cohn 11; Henkel 26; Köhler 75; Liebmann § 46, 9; Mardersteig 48/49; Molitor 10/12; Staub § 47, 22; Staub-Pinner § 252, 26; die zu II erwähnte Meinung vertreten: Brodmann § 38, 2 S. 147; Erckens 28; Esser § 6, S. 29; Möhring 35 (scheinbar).

a) Brodmann § 38, 2 S. 147 sagt: § 47 Abs. 4 verbiete dem Gewählten, bei der Festsetzung der Vergütung und anderer Einzelheiten des Vertrags mitzubestimmen, weil hier die Gesamtheit der übrigen Gesellschafter und der Gesellschafter-Geschäftsführer als Parteien sich gegenüber stünden, während es an jeder Berechtigung fehle, die Stimme bei der Auswahl zu versagen. Demgegenüber ist zu betonen:

aa) Die Trennung in zwei Rechtsgeschäfte ist irrig.

bb) Davon abgesehen betrifft die Auswahl immer ein Rechtsgeschäft gegenüber dem Gesellschafter. Bei der Erklärung der Auswahl an den Berufenen stehen sich die G. b. m. H. und der Berufene „als Parteien gegenüber". Die Anwendung des § 47 Abs. 4 auf Verträge zu beschränken, erscheint willkürlich.

4. Eine zu große Vernachlässigung der Gesellschaftsinteressen durch einseitige Betonung der eigenen Interessen des Geschäftsführers ist dadurch ausgeschlossen, daß

a) stets auf beiden Seiten seine Interessen liegen. Er kann die einen nicht fördern, ohne den anderen zu schaden.

b) der Geschäftsführer kraft zwingenden Rechts mit seinem Privatvermögen und mit seiner Person für sorgfältige Geschäftsführung haftbar ist. (Unten § 44.) Ferner können die übrigen Gesellschafter sich gegen unlauteres Gebahren wehren. Es finden immer die allgemeinen im Interesse der guten Sitten und der Verkehrsauffassung gegebenen Vorschriften Anwendung. (Vgl. unten § 45 III 3 a u. c, c c β.)

§ 26. Die Zwangsbestellung.

I. Soweit die erforderlichen Geschäftsführer fehlen, sind sie in dringenden Fällen für vorübergehende Amtsausübung vom Amtsgericht zu bestellen („Zwangsbestellung"). § 29 BGB[1]). Das Gericht

b) Erckens (28) meint: Für die Höhe der Bezüge sei das Übliche maßgebend. § 612 Abs. 2 BGB. Daran sei die Gesellschaftergesamtheit auf jeden Fall gebunden. Würde man dem Gesellschafter-Geschäftsführer ein Stimmrecht geben, so könne er sich so viel zubilligen, daß er die übrigen Gesellschafter um ihren Anteil am Reingewinn bringen könne. — Die Gesellschafter sind an das Übliche bei der Festsetzung der Bezüge nicht gebunden. § 612 ist nur Auslegungsregel. Überdies wäre ja der Gesellschafter-Geschäftsführer auch daran gebunden.

c) Eine Einschränkung macht Brodmann § 38, 5 S. 150 und RG 68, 179 dann, wenn der Gesellschafter-Geschäftsführer alle Anteile besitzt. Hier gestattet er dem Gesellschafter, auch die Anstellung vorzunehmen.

d) Wieder andere versagen die Beteiligung unter bestimmten Voraussetzungen gänzlich. — LZ 09, 410 versagt das Stimmrecht, wenn sich das Mitstimmen als Handeln wider Treu und Glauben und als unsittlich darstellen würde. Wie für jeden Beschluß, so gilt auch hier: Ein Verstoß gegen zwingende Gesetzesvorschriften, wie etwa § 138 BGB, hat Nichtigkeit zur Folge. Verstößt ein Beschluß gegen andere gesetzliche Bestimmungen oder Bestimmungen des Gesellschaftsvertrages, so ist er anfechtbar. — Abgelehnt ist von RG 81, 39/40 und Brodmann § 38, 2 S. 146/47, das Stimmrecht allgemein zu versagen, wenn die Ausübung einen Verstoß gegen Treu und Glauben einschließt. Brodmann bezeichnet das mit Recht als „zu dehnbar". Es ist vielmehr im einzelnen Fall genau zu prüfen.

[7]) Es ist nicht nötig, das Selbstberufungsrecht aus einem allgemeinen, im Wesen der Kapitalgesellschaften liegenden Prinzip, das Selbstanstellungsrecht aber aus einem Gewohnheitsrecht abzuleiten, wie dies Molitor 11/12 tut.

[1]) Brodmann § 1, 3 S. 4; § 46, 6 S. 174 a. E. Staub, Allg. Einl. Anm. 3 u. 4; § 35, 43. Staub-Pinner § 178, 8 und die bei ihnen angegebene Rechtsprechung.

kann nicht die G. m. b. H. durch Ordnungsstrafen zu einer Bestellung zwingen[2]).

II. Sie „fehlen", wenn die G. m. b. H. gar keinen Geschäftsführer hat, oder wenn zwar ein Geschäftsführer oder mehrere vorhanden sind, aber nicht so viele, wie zur Vertretung erforderlich sind[3]).

III. Ein „dringender Fall" ist gegeben, wenn sofortiges Handeln geboten erscheint, um Schaden zu vermeiden. Ein „dringender Fall" im Sinne des § 29 BGB liegt nicht vor, soweit nach den Sondervorschriften des GmbHG auf andere Weise eine Abhilfe geschaffen werden kann. So bei vielen inneren Streitigkeiten[4]).

IV. „Beteiligte" können sein Gesellschafter[5]) oder Dritte[6]), etwa Gläubiger[7]) oder der bisherige Geschäftsführer[8]).

V. Den Geschäftsführer kann das Gericht frei wählen. Es kann auch einen Gesellschafter bestellen, für den die Mehrheit der Gesellschafter nicht stimmte[9]).

VI. Die Zwangsbestellung erfolgt für die Zeit bis zur Hebung des Mangels. Wird ein ordentlicher Geschäftsführer bestellt, so erlischt die Zwangsbestellung von selbst. Eine Abberufung ist nicht erforderlich. Zugunsten des vom Gericht Bestellten gilt sie indessen solange als fortbestehend, bis der Bestellte das Erlöschen kennt oder kennen muß. § 674 in Verb. mit § 675 BGB.

VII. 1. Eine Zwangsberufung allein ist möglich. Etwa, wenn eine Anstellung zustande gekommen ist, aber die Gesellschafter sich nicht einig werden, ob sie den „Angestellten" auch berufen wollen. Oder, wenn der Anstellungsvertrag mit einem Organ der G. m. b. H. nach der Zwangsberufung abgeschlossen wird.

2. Eine Zwangsanstellung ist möglich, wenn eine Berufung durch Organe der G. m. b. H. erfolgt. Die Annahme der Stellung kann das Gericht nicht erzwingen[10]).

VIII. Gegen die Zwangsbestellung steht jedem Gesellschafter eine Beschwerderecht zu[11]).

---

[2]) Liebmann § 35, 2; KGJ 45, 178.

[3]) Soergel BGB § 29, 1.

[4]) Art. 2 EG z. HGB. KGJ 23, 105; 34, 171; RJA 15, 58; 17, 80.

[5]) Brodmann § 46, 6 S. 174; Staub § 35, 43; KGJ 34, 109.

[6]) Staub § 35, 43.

[7]) OLG Braunschweig, Rundschau G.m.b.H. 1916, 345.

[8]) Brodmann § 46, 6 S. 174.

[9]) RJA 12, 39; Staub § 35, 43.

[10]) KGJ 45, 180.

[11]) KGJ 34, 169.

§ 27. Zeitliche Begrenzung der Bestellung.

I. Abgesehen von der Zwangsbestellung erfolgt die Bestellung auf unbestimmte Zeit. Eine Bestellung auf bestimmte Zeit ist möglich. Etwa auf ein Jahr; oder auf Lebenszeit; u. a. m.

II. Die Festsetzung der Zeit hat nur beschränkte Wirkung. Sie schließt das Widerrufsrecht der Gesellschafter für die bestimmte Zeit nicht aus[1]). Auch nicht, wenn ein Sonderrecht auf bestimmte Zeit bedungen ist[2]). Hier erlischt mit dem Ablauf der Zeit im Zweifel nur die Unantastbarkeit. Mehr ist nicht begrenzt. Das Recht bleibt bestehen.

III. Der Ablauf der Zeit bringt die Stellung zum Erlöschen[3]). Auch nach außen hin. Ohne daß erst das Erlöschen im Handelsregister eingetragen und bekannt gemacht zu werden braucht. Doch kann für einen gutgläubigen Dritten das Unterlassen der Eintragung und Bekanntmachung von Bedeutung sein[4]). Wird der Geschäftsführer wieder bestellt und ist die Eintragung noch nicht gelöscht, so ist keine neue Eintragung nötig[5]).

V. Abschnitt.

§ 28. Die Eintragung im Handelsregister und ihre Bekanntmachung.

I. 1. Die Personen der Geschäftsführer sind im Handelsregister einzutragen. Die ersten Geschäftsführer nach § 10 Abs. 1. Jede spätere Änderung nach § 39 Abs. 1. Sie sollen jederzeit aus ihm ersichtlich sein.

2. Die Eintragungen sind bekannt zu machen. § 12 Abs. 2. Die Bekanntmachung erfolgt nach § 10 HGB.

II. Voraussetzung der Eintragung ist die Anmeldung.

1. Sie erfolgt durch die Geschäftsführer. § 78.

a) Die Anmeldung der ersten Geschäftsführer erfolgt bei Anmeldung der G. m. b. H. durch sämtliche Geschäftsführer. Die späteren Änderungen durch so viele Geschäftsführer, wie zur Abgabe von Willenserklärungen berechtigt sind[1]). § 78 in Verbindung mit § 7 Abs. 1[2]).

---

1) Unten § 45 III 1—3.

2) Unten § 45 III 2 a.

3) Unten § 45 I 3.

4) Unten § 28 III 3 c.

5) RG 68, 384; OLG 14, 366; Brodmann § 39, 1 S. 151.

1) Unten § 36.

2) RJA 10, 262.

b) Die Anmeldung muß persönlich vor Gericht erfolgen oder in öffentlich beglaubigter Form eingereicht werden. § 12 HGB. Wird sie vor einem Notar beurkundet, oder öffentlich beglaubigt, so gilt dieser als ermächtigt, im Namen des Verpflichteten die Eintragung zu beantragen. § 12 FGG.

c) Die Anmeldung kann durch Ordnungsstrafen erzwungen werden. Der Zwang ist nur möglich gegenüber den Geschäftsführern. Niemals gegenüber einem Gesellschafter, mag er auch alle Geschäftsanteile in Händen haben[3]). § 79 in Verbindung mit § 14 HGB[4]).

2. Der Anmeldung ist die „Legitimation" beizufügen, wenn nicht die Bestellung im Gesellschaftsvertrage erfolgt. § 8 Ziff. 2. § 39 Abs. 2. In diesem letzten Fall ergibt sie sich aus dem beizufügenden Gesellschaftsvertrage.

a) Die „Legitimation" sind Urkunden, die die Bestellung nachweisen. Ein Nachweis der Anstellung genügt nicht[5]). Es sind: Das Protokoll der Gesellschafterversammlung, wenn diese den Geschäftsführer bestellte. Gegebenenfalls die schriftlichen Erklärungen sämtlicher Gesellschafter, wenn der Beschluß nach § 48 Abs. 2 gefaßt wurde. Oder der Beschluß des Aufsichtsrats u. ä. m. Wurde der Beschluß mündlich gefaßt, so ist die schriftliche Bescheinigung sämtlicher Mitglieder des bestellenden Organs erforderlich[6]). Die Urkunden sind in Urschrift oder in einfacher Abschrift beizufügen[7]).

b) Der Registerrichter hat die Einreichung zu verlangen. Er hat die rechtlichen Grundlagen, insbesondere die Beobachtung der Vorschriften des Gesellschaftsvertrages zu prüfen[8]). Bei der Zweigniederlassung findet keine nochmalige Prüfung statt. Hier ist die Eintragung bei dem Gericht der Hauptniederlassung nachzuweisen. § 13 Abs. 2 HGB. — Ist die Bestellung satzungswidrig erfolgt, so hat der Registerrichter die Eintragung abzulehnen[9]). Bedenken gegen die Persönlichkeit des Geschäftsführers sind für den Registerrichter unbeachtlich[10]).

---

[3]) Brodmann § 39, 2 S. 151; KGJ 45, 178.

[4]) Unten § 42 VII 8.

[5]) Brodmann § 39, 1 S. 151.

[6]) Crüger-Crecelius 2. Teil § 8, 2.

[7]) Brodmann § 39, 2 S. 151.

[8]) Brodmann § 39, 2 S. 151; § 46, 6 S. 174; Neukamp § 39, S. 220/21; und die bei ihnen angegebene Rechtsprechung.

[9]) OLG Rostock 8. 7. 15. Meckl. Z. 34, 204 bei Freymuth II § 35, 31.

[10]) OLGR 33, 388; Brodmann § 39, 2 S. 151.

3. Die Geschäftsführer haben zur Aufbewahrung beim Registergericht ihre Unterschrift zu zeichnen. § 8 Abs. 3, § 39 Abs. 3. Das ist auch erforderlich, wenn ein neubestellter Geschäftsführer seine Unterschrift schon vorher in seiner Eigenschaft als Prokurist dem Gericht eingereicht hat[11]). Die Unterschrift wird entweder persönlich vor dem Gericht gezeichnet oder in öffentlich beglaubigter Form dort eingereicht. § 12 HGB. Die Eintragung der Anmeldung darf nicht von der Erfüllung dieser Obliegenheit abhängig gemacht werden[12]).

4. Für die Anmeldung und Eintragung ist zuständig das Amtsgericht, in dessen Bezirk die G. m. b. H. ihren Sitz hat. Bestehen Zweigniederlassungen, so haben bei ihren Registergerichten die gleichen Anmeldungen zu erfolgen. Sie können aber hier nur erfolgen, wenn nachgewiesen ist, daß die Eintragung beim Gerichte der Hauptniederlassung geschehen ist. § 13 HGB. Eine Bestellung für eine Zweigniederlassung allein ist unzulässig[13]).

III. Die Wirkung der Eintragung und Bekanntmachung.

1. Eintragung und Bekanntmachung sind zur Schaffung der Stellung nicht erforderlich. Dazu genügt das Vorliegen der Bestellung allein[14]). Deshalb ist es möglich, daß die neu bestellten Geschäftsführer die Anmeldung selbst besorgen[15]). Gleichwohl ist die Eintragung und Bekanntmachung nicht unerheblich.

2. Für das Innenverhältnis ist sie ohne Bedeutung[16]). Die G. m. b. H. muß im Verhältnis zu ihrem Geschäftsführer gegen sich gelten lassen, was er für sie tut, sofern er es tun „darf"[17]). Die Tatsache, daß die Eintragung gar nicht oder unrichtig erfolgt ist, kann ihm dabei nicht entgegengehalten werden.

3. Im Verhältnis zu Dritten gilt:

a) Ist die Bestellung nicht eingetragen und bekannt gemacht, so kann die G. m. b. H. dem Dritten die Bestellung nur entgegensetzen, wenn sie ihm nachweist, daß er die Bestellung kannte. § 15 Abs. 1 HGB.

---

11) KGJ 37, 138; Brodmann § 39, 3 S. 151.

12) RJA 9, 244; KGJ 37, 138; Brodmann § 39, 3 S. 151.

13) RJA 17, 105.

14) Brodmann § 39, 1 S. 150; Heinsheimer § 12; Liebmann § 39, 1; Merzbacher § 3, 2 b; Möhring 40; Molitor 6; RG 9, 91; 102, 199; OLGR 37, 9.

15) OLG 24, 157; Brodmann § 39, 1 S. 150. Merzbacher § 39, 1; Staub-Pinner § 284, 8.

16) Staub-Pinner § 234, 9.

17) Oben § 2 V 2 a.

b) Ist die Bestellung eingetragen und bekannt gemacht, so muß sie ein Dritter gegen sich gelten lassen, es sei denn, daß er sie weder kannte noch kennen mußte. § 15 Abs. 2 HGB[18]).

c) Liegt keine Bestellung vor, so kann das grundsätzlich von jedem Beteiligten geltend gemacht werden. Ausnahmsweise muß sich die G. m. b. H. die Eintragung von einem gutgläubigen Dritten entgegenhalten lassen, wenn dies die Grundsätze von Treu und Glauben in der Handelssitte mit Rücksicht auf unrichtiges Verhalten der G. m. b. H.[19]) verlangen[20]).

VI. Abschnitt.

§ 29. Einteilungsgesichtspunkte zur Stellung.

I. Die wesentlichen Bestandteile der Stellung des Geschäftsführers sind teils Außenbeziehungen (Außenstellung), teils Innenbeziehungen (Innenstellung). Zur Außenstellung gehört z. B. die „Vertretungsbefugnis" Dritten gegenüber (§ 35 Abs. 2). Zur Innenstellung gehören z. B. die „Beschränkungen" dieser „Vertretungsbefugnis" (§ 37 Abs. 1).

II. In der Stellung kann man ferner unterscheiden organrechtliches Können, Dürfen und Sollen und selbständige Nebenbeziehungen.

III. Die Außenstellung enthält vor allem organrechtliches Können. Sie enthält aber auch organrechtliches Dürfen und Sollen[1]). Die Innenstellung enthält namentlich die Nebenbeziehungen zum außenrechtlichen Können. Sie enthält aber auch innenrechtliches Können[2]).

IV. Das organrechtliche Können, Dürfen und Sollen erstreckt sich auf das drittrechtliche und das körperschaftsrechtliche Leben der G. m. b. H. Je nach dem kann man von drittrechtlichem oder körperschaftsrechtlichem Können, Dürfen und Sollen reden.

V. Das organrechtliche Können, Dürfen und Sollen ist gesondert danach zu betrachten

1. welches rechtlich erhebliche Verhalten es erfaßt (Umfang), und
2. wer dieses üben kann, darf oder soll (Inhaber).

---

[18]) Cosack BGB § 47 I 1 a γ; dazu J. v. Gierke § 12 III 2; Heinsheimer § 12; Möhring 39; v. Tuhr I § 37 S. 536.

[19]) Eine unrichtige Eintragung, deren Unrichtigkeit auf einem Verschulden des Registerrichters beruht, braucht die G.m.b.H. nicht gegen sich gelten zu lassen. OLGR 19, 293.

[20]) Gierke I § 65 S. 508/509. Näheres bei: J. v. Gierke § 12 III 3 u. 4; Jsay 231. — Anders: Brodmann § 39. 2 S. 151.

[1]) Unten § 42 VI.

[2]) z. B. § 49 Abs. 1. Dazu unten § 30 II 7.

§ 30. Der Umfang des organrechtlichen Könnens in der „Vertretung".

I. Der Geschäftsführer vertritt die G. m. b. H. § 35 Abs. 1. Die Vertretungsbefugnis ist nach außen unbeschränkt und unbeschränkbar. § 37 Abs. 2.

1. „Vertretungsbefugnis" ist für Schrifttum und Rechtsprechung meist die Macht, für die G. m. b. H. nach außen rechtserhebliches Verhalten zu üben[1]). Man stellt sie in Gegensatz zur Macht, nach innen solches Verhalten zu üben, und bezeichnet diese als Geschäftsführungsbefugnis. Nicht selten erfaßt man mit dem Wort: Geschäftsführung auch alles organrechtliche Dürfen[2]) und Sollen[3]) [4]).

2. Das GmbHG stellt Vertretung und Geschäftsführung in der Überschrift zum dritten Abschnitt gegenüber. Aus den dann folgenden Bestimmungen ist ersichtlich, daß es die Abgrenzung nicht so vornimmt, wie sie in Schrifttum und Rechtsprechung üblich ist.

a) § 37 regelt im Abs. 1 Beschränkungen der „Vertretungsbefugnis" in der Innenstellung[5]).

b) Im § 46 Ziff. 5[6]) erfaßt das Wort „Geschäftsführung" zweifellos auch diejenige Betätigung des Geschäftsführers, die er für die G. m. b. H. nach außen vornimmt[7]). Denn nicht zuletzt aus dieser Betätigung erwachsen der G. m. b. H. Ersatzansprüche.

---

[1]) U. a. Cosack, Lehrb. d. HR. § 213 II; Enneccerus I 1, 250; Liebmann § 37, 7 S. 156; Döring 12; Kretzschmann 23; Staub-Pinner § 235 Einl.; Weschke 11.

[2]) Henkel 18.

[3]) v. Tuhr § 7 S. 166/7 bezeichnet mit „Vertretungsmacht" das Können im oben erörterten Sinn, während er mit „Geschäftsführung" „die Pflichtmäßigkeit" der Handlungsweise erfaßt, also das organrechtliche Dürfen und Sollen. — Ähnlich Staub § 35, 1; Staub-Pinner § 114, 1 und Heinsheimer § 35 (der aber im § 34 die Geschäftsführung anders abgrenzt. Unten § 31 Anm. 3).

[4]) Anders Brodmann § 36, 2 S. 139, der die Vertretung in die Geschäftsführung einbezieht und (§ 38, 1 S. 145) die Scheidung der Vertretungsmacht von der Geschäftsführung tatsächlich und juristisch für unausführbar erklärt. Mit Geschäftsführung sei aber nicht immer Vertretungsmacht verbunden (§ 37, 1 S. 141). — Anders auch Isay 171, der die Stellvertretung als „offene Geschäftsführung" bezeichnet.

[5]) Näheres dazu unten zu II 2.

[6]) § 45 regelt Rechte in den „Angelegenheiten der Gesellschaft". Als Unterbegriff nennt er „die Führung der Geschäfte". Soweit Abs. 1. — Abs. 2 ergänzt den Abs. 1. Er nimmt dann die §§ 46—51 in Bezug. Ihr Inhalt ist also nur teilweise Geschäftsführung. Deswegen kann man aus ihnen nicht den Begriff der Geschäftsführung ableiten.

[7]) Näheres unten § 31 I 3 c, cc.

3. Mit dem Sprachgebrauch des BGB steht die übliche Abgrenzung nicht in Einklang [8]).

a) Vertretungsmacht ist im BGB nur die Macht, durch Rechtsgeschäfte, die im Namen eines anderen vorgenommen werden, Wirkungen in dessen Rechtskreis hervorzurufen. §§ 164 ff. [9]) BGB. Der Geschäftsführer kann aber auch durch anderes rechtserhebliches Verhalten Wirkungen im Rechtskreis der G. m. b. H. hervorrufen. Etwa durch Rechtshandlungen und unerlaubte Handlungen [10]).

b) „Vertretungsmacht" im Sinne des BGB ist auch die Macht des Geschäftsführers, Innen-Rechtsgeschäfte vorzunehmen. Diese Macht will der übliche Sprachgebrauch nicht miterfassen.

c) „Geschäftsführungsmacht" erfaßt, soweit es sich dabei um „Macht" handelt, im Sprachgebrauch des BGB nicht die Nebenbeziehungen. Das Wort „Macht", das sich im BGB §§ 164 ff. in Zusammensetzung mit dem Wort: Vertretung findet, bezeichnet nur ein rechtliches Können, nicht auch ein rechtliches Dürfen und Sollen.

d) „Geschäftsführung" im Sinne des BGB §§ 677 ff. ist vorzüglich auch die Vornahme von Rechtsgeschäften für einen anderen. Sie erfaßt auch die Vornahme der Außenrechtsgeschäfte der G. m. b. H., die der übliche Sprachgebrauch nicht miterfassen will [11]).

II. Für die Abgrenzung der „Vertretung" ist hier vor dem BGB das GmbHG maßgebend.

1. Eine ausdrückliche Begriffsbestimmung gibt das GmbHG nicht. Sie muß mittelbar aus einzelnen Bestimmungen entnommen werden.

2. § 37 kennt in der „Vertretungsbefugnis" Beschränkungen nach innen, die ohne Einfluß auf die „Vertretungsbefugnis" nach außen sind. Er bezeichnet also nicht bloß ein (unbeschränkbares) organrechtliches Können nach außen, sondern auch ein beschränkbares organrechtliches Dürfen als „Vertretung".

3. „Vertretung" ist ein Teil des rechtlichen Verhaltens, das für die G. m. b. H. geübt wird. Wäre dies Verhalten ganz mit dem Wort:

---

[8]) Im Kennzeichen der Fremdwirkung stimmen sie überein. Den Gegensatz bildet hier wie dort das Eigenhandeln, d. i. das Handeln im eigenen Namen. [9]) Isay 397.

[10]) Unten § 34 III 2 u. IV.

[11]) Sehr richtig Brodmann § 38, 1 S. 145: „Vertretung ohne Geschäftsführung... ist..nicht..denkbar". Ähnlich § 37 1 S. 141.

Vertretung erfaßt, so erübrigten sich Bestimmungen, wie § 40, § 41 u. a., insoweit sie gerade dem Geschäftsführer eine Tätigkeit für die G. m. b. H. zuweisen, durch § 35.

4. § 35 redet von gerichtlicher und außergerichtlicher Vertretung. Vor Gericht oder außerhalb des Gerichts kann sich jedwede Betätigung für die G. m. b. H. abspielen. Ein Anhalt für eine Abgrenzung der Vertretung ist in dieser Bestimmung nicht gegeben. Ebensowenig im § 37 und § 39.

5. Nach § 40 hat der Geschäftsführer regelmäßig im Januar jeden Jahres eine Liste der Gesellschafter bei Gericht einzureichen [12]). Das Einreichen dieser Liste ist eine körperschaftsrechtliche Außenhandlung. Daß diese von dem Geschäftsführer vorzunehmen ist, brauchte im § 40 nicht gesagt zu sein, wenn es eine Handlung der Vertretung wäre. Sie käme ihm ohnehin nach § 35 zu. Eine Verantwortlichkeit besonderer Art gerade für diese Handlung ist vom Gesetz nicht aufgestellt. Aus diesem Grunde ist die besondere Erwähnung im § 40 nicht notwendig. Offenbar also bezieht das Gesetz diese Handlung nicht mit in die „Vertretung" ein.

6. Die §§ 41 und 42 setzen eine Buchführungspflicht fest. Die Buchführung ist ihrer Art nach nur für eine Körperschaft denkbar [13]). Die Pflicht, für die Buchführung zu sorgen, wird dem Geschäftsführer auferlegt [14]). Ihm ist in ihr körperschaftsrechtliches Innenverhalten auferlegt. Eine Verantwortung besonderer Art ist dafür nicht festgesetzt. Die Bestimmung, daß die Sorge für die Buchführung ihm obliegt, wäre also überflüssig, wenn sie zur „Vertretung" des § 35 gehören würde. Sie gehört also nicht dazu.

7. Nach § 49 Abs. 1 ist die Versammlung der Gesellschafter durch die Geschäftsführer zu berufen [15]). Das Berufen ist eine körperschaftsrechtliche Innenhandlung. Gehörte sie zur Vertretung, wäre § 49 Abs. 1 überflüssig durch § 35. Sie ist also keine Vertretung.

8. § 64 Abs. 1 bestimmt, daß die Geschäftsführer die Eröffnung des Konkursverfahrens unter bestimmten Voraussetzungen zu beantragen haben [16]). Die Voraussetzungen sind bedingt durch die körperschaftsrechtliche Buchführung. Deswegen ist diese Beantragungspflicht nur für eine Körperschaft möglich. Für die Pflicht zur

---

[12]) Unten § 42 VII 7.
[13]) Vgl. § 42 Ziff. 4.
[14]) Unten § 42 VII 3.
[15]) Unten § 42 VII 6.
[16]) Unten § 42 VII 9.

Anmeldung wird im Abs. 2 des § 64 und im § 84 eine besondere Verantwortung auferlegt. Dazu würden diese beiden Bestimmungen ausreichen. Der Abs. 1 des § 64 erübrigte sich durch § 35, wenn das Beantragen eine Handlung der „Vertretung" wäre. Sie ist also keine „Vertretung".

9. Nach § 66 erfolgt in manchen Fällen die Liquidation durch die Geschäftsführer. Eine Liquidation ist im rechtlichen Leben einer Einzelperson nicht denkbar. Sie ist also körperschaftsrechtlich. Sie tritt teilweise auch nach außen in Erscheinung. Insoweit ist das vom Geschäftsführer verlangte Verhalten körperschaftsrechtliches Außenverhalten. Es ist in der „Vertretung" nicht eingeschlossen. Sonst wäre § 66, soweit er dem Geschäftsführer die Besorgung der Liquidation auferlegt, durch § 35 überflüssig geworden.

10. Nach § 67 haben die Geschäftsführer die Bestellung der Liquidatoren, jede Änderung in ihren Personen und die Beendigung ihrer Vertretungsbefugnis, nach § 78 haben sie alle im Gesetz vorgeschriebenen Anmeldungen zum Handelsregister vorzunehmen. Die Anmeldungen sind also auch nicht in der „Vertretung" enthalten. Sonst wären auch diese Bestimmungen überflüssig. Die Anmeldungen haben alle körperschaftsrechtliche Tatbestände zum Inhalt. Jede Anmeldung selbst ist eine körperschaftsrechtliche Außenhandlung.

III. In den §§ 40, 64 und 78 sind körperschaftsrechtliche Außenhandlungen genannt, die nicht zur „Vertretung" zu rechnen sind. In dem § 65 ist teilweise körperschaftsrechtliches Außenverhalten gegeben, das nicht Vertretung ist. In den §§ 41 und 42 ist körperschaftsrechtliches Innenverhalten gegeben, das nicht „Vertretung" ist.

Das Gemeinsame in allen diesen Fällen ist, daß körperschaftsrechtliches Verhalten nicht Vertretung ist. Unterschiedlich ist das Merkmal: Innenleben und Außenleben. In Sonderheit sind auch Teile des Außenlebens nicht „Vertretung".

Diese Bestimmungen rechtfertigen die Annahme, daß alles körperschaftsrechtliche Leben nicht mit der „Vertretung" erfaßt wird [17]), und daß es nicht darauf ankommt, ob Innen- oder Außenleben vor-

---

[17]) Im Ergebnis ebenso: Staub § 37, 6, ohne Begründung. — Neukamp § 37, S. 202 u. S. 204/205 begründet seine Meinung damit, daß er sagt, bei „internen Angelegenheiten" (S. 204/205), „gesellschaftsrechtlichen Akten" (so S. 202) käme nicht § 37 Abs. 2, sondern § 37 Abs. 1 zur Anwendung. Soweit er damit körperschaftsrechtliches Leben meint, ist eine Anwendung des § 37 überhaupt nicht statthaft. Unten § 31 I u. II. — Soweit er das „organrechtliche Dürfen" im drittrechtlichen Außenleben meint, kommt nur § 37 Abs. 1 zur Anwendung. § 37 Abs. 2 regelt das Können im drittrechtlichen Außenleben.

liegt. Diese Abgrenzung steht auch in Einklang mit den Bestimmungen der §§ 45 und 46 [18]).

Ob der aus den einzelnen Bestimmungen gewonnene Obersatz dem Sinn der übrigen Bestimmungen des GmbHG und der Billigkeit entspricht, muß sich in den Fällen körperschaftsrechtlichen Außenlebens erweisen, für die eine besondere gesetzliche Regel nicht besteht [19]).

IV. Werden für das drittrechtliche Können Beschränkungen vereinbart oder einseitig auferlegt, so sind sie unwirksam. § 37 Abs. 2. So ist z. B. unwirksam eine Beschränkung auf die Vertretung für eine Zweigniederlassung [20]).

1. Nur rechtsgeschäftlich auferlegte Beschränkungen sind unwirksam [21]).

a) Das Wort Beschränkung des § 37 Abs. 2 Satz 1 schließt sich an das im Abs. 1 Gesagte an. Im Abs. 1 ist nur die Rede von solchen Beschränkungen, die durch den Gesellschaftsvertrag oder durch einfachen Gesellschafterwillen festgesetzt sind.

b) Das bestätigen die im Abs. 2 Satz 2 beispielsweise genannten Beschränkungen.

2. Gesetzliche Beschränkungen sind durch § 37 nicht entkräftet [22]).

3. Kennt der Dritte die rechtsgeschäftlich auferlegten Beschränkungen, so beeinträchtigt das allein die Wirksamkeit des Verhaltens nicht. Auch der Dritte kann sich auf die Beschränkungen nicht berufen [23]). Auch nicht, wenn sie ins Handelsregister eingetragen sind [24]).

4. Anders, wenn der Dritte und der Geschäftsführer der G. m. b. H. vorsätzlich Schaden zufügen wollen („Kollusion", „Untreue"). Hier kann sich der Dritte nicht auf die Unbeschränkbarkeit berufen [25]).

---

[18]) Unten § 32 III 2, insbes. zu i.

[19]) Unten § 31 III u. § 32 IV.

[20]) Neukamp § 37, S. 204; KGJ 53, 57.

[21]) Staub § 35, 4.

[22]) RG 89, 367. Unten § 33. Keine gesetzlichen Beschränkungen des Könnens sind Landesgesetze, die die Gültigkeit gewisser Rechtsgeschäfte von einer obrigkeitlichen Genehmigung abhängig machen. Sie beschränken die Handlungsmöglichkeit der G. m. b. H.

[23]) Brodmann § 36, 2, S. 140, Abs. 2 und die dort angegebenen Entscheidungen. Warneyer-Koppe S. 111.

[24]) Über den Zweck dieser Bestimmung ROHG 19, 335.

[25]) §§ 138, 826 BGB; Staub § 37, 12; die dort angeführte Rechtsprechung; v. Tuhr II, 2, § 85, S. 400. RG 89, 90.

§ 31. Der Umfang des körperschaftsrechtlichen Könnens.

I. Das organrechtliche Können des Geschäftsführers läßt sich erschöpfend aufteilen in drittrechtliches und körperschaftsrechtliches Können. Denn jede Betätigung für die G. m. b. H. ist entweder drittrechtlich oder körperschaftsrechtlich.

1. Das drittrechtliche Können ist sein Können in der „Vertretung".

2. Das körperschaftsrechtliche Können ist alles nichtdrittrechtliche Können, alles Können, das nicht Vertretung ist.

3. Mit der Unterscheidung der „Vertretung" von der „Geschäftsführung" geht diese Unterscheidung nicht Hand in Hand.

a) Das Gesetz unterscheidet Vertretung und Geschäftsführung: in der Überschrift zum dritten Abschnitt; im § 35, § 45; HGB § 164, § 170; und an anderen Stellen.

b) aa) Vertretung und Geschäftsführung sind eine Art rechtlich erheblichen Verhaltens, das eine G. m. b. H. irgendwie „betrifft", das irgendwie rechtliche Wirkungen in ihrer Persönlichkeit hervorruft.

bb) Innerhalb dieses Verhaltens stellt das Gesetz die Vertretung und Geschäftsführung in Gegensatz zur „Errichtung der Gesellschaft" (Überschrift zum 1. Abschnitt), zur „Auflösung und Nichtigkeit der Gesellschaft" (Überschrift zum 5. Abschnitt), zur Abänderung des Gesellschaftsvertrages (Überschrift zum 4. Abschnitt).

cc) Die Errichtung, die Auflösung, die Geltendmachung der Nichtigkeit der Körperschaft und die Änderungen des körperschaftlichen Grundgesetzes sind also keine Vertretung und Geschäftsführung. Das gemeinsame Merkmal dieser gegensätzlichen Tätigkeitsarten ist die Zweckbeziehung zum körperschaftlichen Aufbau.

dd) Das Gesetz gibt dem Geschäftsführer auch Aufgaben auf diesem Gebiet. Er hat z. B. den Schlußakt der Errichtung der G. m. b. H. vorzunehmen. Das ist die Anmeldung der G. m. b. H. zur Eintragung in das Handelsregister. § 7 Abs. 1 in Verbindung mit § 78. Oder aber: der Geschäftsführer hat die Liquidation nach § 66 vorzunehmen.

ee) Diese Aufgaben, insbesondere also das rechtliche Können zu ihrer Erfüllung, werden mit den beiden Begriffen der Vertretung und Geschäftsführung nicht erfaßt.

c) aa) Die Geschäftsführung insonderheit enthält einerseits körperschaftsrechtliches Können. Das findet seine gesetzliche Bestätigung im § 241 Abs. 3 HGB. Es sind dort als Geschäftsführungshandlungen aufgeführt: Rückzahlung der Einlagen an die Aktionäre (Ziff. 1); Zahlung von Zinsen und Gewinnanteilen über ein bestimmtes Maß hinaus (Ziff. 2); Erwerb eigener Aktien (Ziff. 3); und andere körperschaftsrechtliche Handlungen. Ferner spricht der § 246 HGB von „Geschäftsführung ... in allen Zweigen der Verwaltung". Die „Verwaltung" aber erfaßt mindestens auch körperschaftsrechtliches Verhalten.

bb) Die Geschäftsführung enthält auch drittrechtliches Können. Denn unter den in § 241 HGB genannten Geschäftsführungshandlungen sind unter der Ziffer 6 „Zahlungen" genannt, mit denen zweifelsfrei auch drittrechtliche gemeint sind. Vertretung und Geschäftsführung sind also keine gegensätzlichen Begriffe, der Art, daß sie einander ausschließen. Sie greifen ineinander über. Die Vertretung ist nur eine besondere Erscheinungsform der Geschäftsführung.

cc) Das GmbHG stellt in § 46 Ziff. 8 der Geschäftsführung die Gründung gegenüber [1]).

Das ist an einer Stelle, an der einerseits von den Änderungen des Gesellschaftsvertrages, von der Auflösung und Nichtigkeit der Körperschaft noch nicht die Rede ist. Diese folgen erst. Sie sind systematisch in dem 3. Abschnitt, in dem § 46 steht, von der Behandlung ausgeschlossen. Es ist aber andererseits an einer Stelle, an der die Regelung der „Vertretung" zu behandeln ist.

Diese Gegenüberstellung von Gründung und Geschäftsführung ist eine Bestätigung der negativen Abgrenzung zu b, cc: Die Gründung ist keine Vertretung und Geschäftsführung. Andererseits ist sie eine positive Abgrenzung des Begriffs der Geschäftsführung. Denn mit der Gründung und Geschäftsführung soll im § 46 Ziff. 8 die ganze Betätigung des Geschäftsführers für die G. m. b. H. erfaßt werden, soweit sie nicht im System des Gesetzes erst später geregelt wird. Es ist vor allem auch die Vertretung miterfaßt. Nicht zuletzt aus dem drittrechtlichen Können des Geschäftsführers erwachsen

[1]) Die gleiche Gegenüberstellung findet sich im HGB in den §§ 266, 268, 325 Ziff. 5.

der G. m. b. H. Ersatzansprüche gegen ihn. § 46 Ziff. 8 ist also auch eine Bestätigung der Abgrenzung zu c, bb.

dd) Mit dem Verhalten, das seine Zweckbeziehung im körperschaftlichen Aufbau hat, einerseits, und der Vertretung und Geschäftsführung andererseits ist alles die G. m. b. H. „betreffende" rechtmäßige [2]) Verhalten erschöpft. Die Vertretung ist ein Teil der Geschäftsführung. Also ist alles rechtmäßige Verhalten, das nicht den Aufbau berührt, Geschäftsführung [3]).

ee) Soweit mit den Begriffen der Vertretung und Geschäftsführung das organrechtliche Können des Geschäftsführers überhaupt erfaßt wird, ist „Geschäftsführung" Alles, „Vertretung" nur ein Teil der Geschäftsführung. Eine Beschränkung des Begriffes der Geschäftsführung auf das körperschaftsrechtliche Gebiet steht in Widerspruch zum Sprachgebrauch des Gesetzes.

II. 1. Daß dem Geschäftsführer die (drittrechtliche und körperschaftsrechtliche) Geschäftsführung allgemein zusteht, ist im Gesetz nirgend gesagt.

2. Die drittrechtliche Geschäftsführung (= Vertretung) steht dem Geschäftsführer allgemein zu. § 35 Abs. 1.

3. Der andere Teil: die körperschaftsrechtliche Geschäftsführung ist ihm nicht allgemein zugewiesen. Sie steht ihm nach dem Gesetz offenbar allgemein nicht zu, sondern höchstens dort, wo sie ihm besonders zugewiesen ist [4]).

4. Ebenso steht es mit den körperschaftsrechtlichen Aufgaben, die dem Geschäftsführer über die Geschäftsführung hinaus in den

---

[2]) Keine „Geschäftsführung" (im üblichen Sinne) ist die Vornahme unerlaubter Handlungen. Was Siber, Verwaltungsrecht 114, von der „Verwaltung" sagt, wird man auch für die „Geschäftsführung" gelten lassen. Beide Begriffe stehen einander nahe (Dniestrzanski 64). Ebenso die administration, unten § 60 IV a. E. Relatives Unrecht dagegen wird man von den genannten Begriffen nicht ausschließen. Indessen schon der Ausschluß der unerlaubten Handlungen beweist, daß der Begriff der „Geschäftsführungsbefugnis", auch wenn man die Vertretungsbefuguis einbezieht (etwa im Sinne Dniestrzanski's 74: „Vertretung der ganzen Rechts- und Wirtschaftssphäre") keineswegs das organrechtliche Können des Geschäftsführers erfaßt. Vgl. unten § 34 IV.

[3]) Ähnlich für die O. H. G.: HGB § 116 Abs. 1. So auch Heinsheimer § 34: „alle Handlungen, Anordnungen, Abschlüsse, die der Betrieb des Unternehmens gewöhnlich mit sich bringt." Anders aber seine Abgrenzung im § 35. Oben § 30 Anm. 3.

[4]) Anderer Ansicht sind: Cohn 50; Staub § 35, 6; Uhle 44.

„Angelegenheiten der Gesellschaft" (§ 43 Abs. 1) zustehen. Auch hier ist ihm kein allgemeiner Wirkungskreis zugeschrieben, sondern nur besondere Aufgaben [5]).

5. Dementsprechend gibt es für den Geschäftsführer nach dem Gesetz auch kein allgemein bestimmtes körperschaftsrechtliches Können. Eine Bestimmung, die allgemein die Unbeschränkbarkeit eines solchen Könnens sichert, — wie dies für das drittrechtliche Können § 37 Abs. 2 tut, — ist überflüssig. Der allgemeine Unterschied zwischen dem Umfang des Könnens einerseits und dem des Dürfens und Sollens andererseits, der mit der Unbeschränkbarkeit des drittrechtlichen Könnens für die drittrechtliche Geschäftsführung mit § 37 gegeben ist, besteht in den körperschaftsrechtlichen Aufgaben nach dem Gesetz nicht.

6. Das schließt nicht die Notwendigkeit aus, zwischen dem Umfang des körperschaftsrechtlichen Könnens und dem des körperschaftsrechtlichen Dürfens und Sollens zu unterscheiden.

a) Vom Gesetz sind dem Geschäftsführer besondere körperschaftsrechtliche Aufgaben zugewiesen. Im Gesellschaftsvertrage können ihm noch andere besonders zugewiesen werden.

b) Im Gesellschaftsvertrage kann ihm nach § 45 ein allgemeiner körperschaftsrechtlicher Aufgabenkreis zugewiesen werden.

c) Zu a und b. Hier kann immer der Kreis des Dürfens kleiner sein, als der des Könnens. Es kann ebenso ein Teil des Könnens zur Ausübung geboten werden. Dies wird namentlich dann der Fall sein, wenn die Macht des Könnens von einer anderen Person abgeleitet wird, als die des Dürfens und Sollens.

III. Weil der Geschäftsführer ein körperschaftsrechtliches [6]) Können im allgemeinen nicht hat, ist z. B. folgendes Verhalten von ihm im Rechtskreis der G. m. b. H. grundsätzlich ohne Wirkung:

1. Die Begründung der Mitgliedschaft [7]) [8]). Die Entlassung aus der Mitgliedschaft. Die Begründung der Verpflichtung, das Stamm-

---

[5]) Vgl. z. B. § 7 in Verbindung mit § 78, § 66.

[6]) Merzbacher § 3, 2 b; Neukamp § 36, S. 198: „Handlungen, die mit der Vertretungsmacht nichts zu tun haben." Das erklärt nichts.

[7]) Sie ist ohne Zweifel ein Rechtsgeschäft mit einem Dritten. Das kann man nicht leugnen, auch wenn man sie wie die Entlassung aus der Mitgliedschaft behandeln will (Brodmann § 15, 5, S. 73), die kein Rechtsgeschäft mit einem Dritten ist. Aber die Begründung der Mitgliedschaft ist eben ein körperschaftsrechtliches Geschäft. Darauf allein kommt es an. Und das ist beiden gemeinsam.

[8]) Im Ergebnis ebenso: RG. Urt. v. 10. 5. 10, II, 508/09. — Eine Begründung kann man nicht aus § 55 entnehmen, wie es Merzbacher § 6, 1 tut.

kapital zu erhöhen. Der Erlaß und die Stundung der Stammeinlagen[9]). Die Einziehung von Geschäftsanteilen[10]). Die Genehmigung der Teilung von Geschäftsanteilen, die nach § 17 in manchen Fällen zwingend, in anderen Fällen (Abs. 3) im Zweifel notwendig ist[11]). Die Genehmigung der Abtretung von Geschäftsanteilen, die nach § 15 Abs. 5 durch den Gesellschaftsvertrag erforderlich gemacht werden kann[11]). Die Beeinträchtigung der allgemeinen Mitgliedsrechte. Die Entziehung der Befugnisse des Aufsichtsrats[12]). Die Begründung der Verpflichtung, den Gesellschaftsvertrag zu ändern[13]). Gewinnverteilung[14]).

2. Die im § 46 aufgezählten Handlungen mit Ausnahme derer zu Ziff. 7. Der Grund freilich dafür, daß der Geschäftsführer diese

---

§ 55 gibt eine Formvorschrift, die die Handlungsfähigkeit der G. m. b. H. einschränkt, und damit mittelbar das Können des zuständigen Organs. Aber daß dieses grundsätzlich nicht der Geschäftsführer ist, sagt § 55 nicht.

[9]) Merzbacher § 6, 1 begründet dies mit § 19. Zu Unrecht. § 19 schränkt die Handlungsfähigkeit der G. m. b. H. ein, und ist also keine eigentliche Beschränkung des Könnens des Geschäftsführers. Dieser kann grundsätzlich die Stammeinlagen nicht erlassen und stunden, auch wenn man § 19 wegdenkt.

[10]) Das folgt nicht aus § 34. So Merzbacher § 6, 1. § 34 verbietet die Einziehung grundsätzlich. Aber welches Organ von diesem Verbot getroffen wird, sagt er nicht.

[11]) I. Diese Genehmigung ist eine körperschaftsrechtliche Erklärung. Der Geschäftsführer kann sie nur abgeben, wenn er besonders dazu ermächtigt ist. Im Ergebnis ebenso Brodmann § 15, 5, S. 72 u. 73; § 17, 2, S. 80; § 36, 2, S. 139; § 46, 5, S. 173.

II. Anders die herrschende Meinung. RG 64, 151; 104, 414; Holdh. 15 (1906), 202; 24 (1915), 157; Recht 1918, Nr. 581, 582. OLGR 14, 363; 16, 115 Nach ihr kann der Geschäftsführer dem Erwerber gegenüber genehmigen, weil die Genehmigung ein „Rechtsgeschäft mit einem Dritten" ist. § 37 Abs. 2. „Daraus folgt" (RG 104, 413), daß auch die an den Veräußerer gerichtete Erklärung gültig sein muß. Diese ist zwar kein „Rechtsgeschäft mit einem Dritten", steht aber der Erklärung an den Veräußerer nach § 182 BGB gleich (RG. Recht 1918, Nr. 581). — Geht man mit derselben Begründung aus § 37 Abs. 2 von der Erklärung an den Veräußerer aus und „folgert daraus" auf die Erklärung an den Erwerber, so kommt man zum gegenteiligen Ergebnis. Das ist denn für Brodmann (§ 36, 2, S. 139) der Grund, der herrschenden Meinung entgegenzutreten. Freilich ist sein Ergebnis damit ebensowenig begründet.

III. Die Genehmigung kann grundsätzlich nur von der Gesellschafterversammlung gegeben werden. Unten zu 2 hcc (§ 31 III) u. § 41 III 2. Soweit sie gesetzlich notwendig ist, nämlich im Falle des § 17, darf sie im Zweifel durch einfachen Mehrheitsbeschluß gegeben werden. § 46 Ziff. 4 in Verb. mit § 45. Unten zu (§ 31 III) 2 e.

[12]) Kohler Lehrb. I § 140.

[13]) Im Ergebnis ebenso Brodmann § 29, 2, S. 112.

[14]) Brodmann § 36, 2, S. 140, ohne Begründung.

Handlungen grundsätzlich nicht vornehmen kann, liegt nicht im § 46. Deswegen sind die unter Ziff. 7 aufgeführten Handlungen auch im Geltungsbereich des § 46 keine Ausnahmen. Eine Annahme, die überdies keinen Anhaltungspunkt im Gesetz findet. Eine Ausnahme bildet die Ziff. 7 nur hier, wo die übrigen im § 46 aufgezählten Handlungen als Beispiele für die Anwendung eines anderen Grundsatzes angeführt sein sollen.

a) § 46 ist eine Ausführung der Bestimmung des § 45. Beide regeln Rechte „in den Angelegenheiten der Gesellschaft". Das sind nicht bloß Angelegenheiten der Gesellschaft „als solcher", in dem Sinn, daß gerade ihr Charakter als Körperschaft zum Ausdruck kommen müßte. Es sind also nicht bloß die körperschaftsrechtlichen Angelegenheiten, sondern alle, auch die drittrechtlichen. Das geht aus dem Gebrauch derselben Worte in § 43 Abs. 1 [15]) hervor. Aber die körperschaftsrechtlichen Angelegenheiten gehören auch zu ihnen.

b) § 45 regelt organrechtliches Können. Und zwar im Abs. 1. Der besonders bestimmte Gesellschafterwille, der im Gesellschaftsvertrag zum Ausdruck kommt, kann die Rechte der Gesellschafter bestimmen.

   aa) Eine gesetzliche Grenze setzt diesem Können u. a. § 35 Abs. 1 in Verbindung mit § 37 Abs. 2 [16]). Das drittrechtliche Können steht den Geschäftsführern zu. Es ist uneinschränkbar. Hierüber kann auch der Gesellschaftsvertrag nichts Entgegenstehendes bestimmen.

   bb) Ein allgemeines körperschaftsrechtliches Können gibt das Gesetz den Geschäftsführern nicht.

   cc) Dieses kann der Gesellschaftsvertrag regeln. Er kann es auch allgemein den Geschäftsführern geben.

c) Der § 45 regelt „Rechte". Das ist etwas anderes, als „Befugnisse", wie sie der § 37 regelt. Die Willensmacht, die die Befugnis im Sinne des § 37 gibt, ist die Macht des organrechtlichen Könnens, zu dem der Abs. 1 des § 37 das Dürfen („die Beschränkungen") regelt. Die Willensmacht der „Rechte" geht weiter. Sie ist auch die Berechtigung nach innen. Sie ist das Dürfen.

d) Nichts anderes ist es, wenn § 46 sagt: „Der Bestimmung unterliegen". Das sichert auch das Erlaubtsein gegenüber dem

---

[15]) Unten § 42 VIII u. Anm. 53.

[16]) Eine andere gibt § 31 Abs. 4.

Übergeordneten [17] [18] (hier: dem Gesellschaftsvertrage). Denn die Gesellschafter bestimmen in Wahrheit nur, wenn sie nicht von der Erlaubnis oder dem Gebot einer übergeordneten Stelle abhängig sind. Hier würde der Gebietende oder Verbietende bestimmen.

e) aa) Das Dürfen der Gesellschafter bestimmt grundsätzlich der Gesellschaftsvertrag. § 45 Abs. 1.

bb) Aber es gibt zwingende gesetzliche Bestimmungen, die entgegenstehen. Sie gehen vor. § 45 Abs. 1.

cc) Bestimmt der Gesellschaftsvertrag nichts „besonderes", so dürfen die Gesellschafter in einfacher Mehrheit (§ 47) die in § 46 aufgezählten Handlungen vornehmen.

f) Mit der Abgrenzung des Dürfens der Gesellschafter ist das Dürfen der Geschäftsführer im Zweifel auch geregelt. Denn, wo die Gesellschafter bestimmen sollen, soll kein anderes Organ bestimmen. Der Geschäftsführer darf da nicht tätig werden.

g) Mit der Abgrenzung des Dürfens ist nicht das Können geregelt [19]. Es ist also auch nicht beschränkt. Weder das Können der Gesellschafter, noch das des Geschäftsführers. Insbesondere kann der Geschäftsführer die in Ziff. 7 genannten Handlungen vornehmen. Denn das ergibt sich aus § 35 mit § 37 Abs. 2.

h) Ein Dürfen setzt ein Können voraus [20].

aa) § 45 und § 46 setzten also ein Können voraus, wo sie ein Dürfen regeln.

---

[17]) Richtig betont OLG Dresden v. 23. 3. 21. Rundschau G. m. b. H. 121, 239, daß § 46 Ziff. 4 das Innenverhältnis regelt. Ebenso, daß er § 37 Abs. 2 unberührt läßt. Irrig aber ist die Annahme, daß der Geschäftsführer kraft der Bestimmung des § 37 Abs. 2 die Handlung des § 46 Ziff. 4 vornehmen „kann". Oben § 30 III.

[18]) § 46 stellt aber kein Sollen auf. Das ist aus dem Zusammenhang mit § 45 zu schließen. § 46 führt nur die Bestimmung der „Rechte" des § 45 Abs. 1 aus. § 45 Abs. 2. Es wird bestätigt durch die einzelnen Bestimmungen des § 46. Das ist bei Ziff. 7 und Ziff. 1 zweiter Halbsatz besonders deutlich. Diese Handlungen sollen sie nicht, sondern dürfen sie vornehmen. Bei den übrigen Bestimmungen ist es nicht anders. Soweit sie nämlich vorgenommen werden sollen, ergibt sich das Sollen aus anderen Bestimmungen. Etwa aus § 6 Abs. 1 für die Bestellung der Geschäftsführer (Ziff. 5 des § 46). Oder aus § 24 für die Einforderungen von Einzahlungen auf die Stammeinlagen (Ziff. 2 des § 46).

[19]) Deswegen ist es nicht richtig, zu fragen: engt der § 46 den § 36 ein (Brodmann § 36, 2, S. 139). § 36 regelt Können, § 46 Dürfen.

[20]) Oben § 2 VI.

bb) § 45 regelt „die" Rechte. Das ist keine Beschränkung auf besonderes Dürfen, also auf einzelne Handlungen. Vielmehr ist es nur ein Hinweis auf die Beschränkbarkeit und die nach § 46 regelmäßig ja auch bestehende Beschränktheit des Dürfens.

Nach § 45 kann der Gesellschaftsvertrag das organrechtliche Dürfen allgemein regeln. Damit regelt der § 45 selbst (mittelbar) das Dürfen allgemein. Das Hervorheben der Gültigkeit entgegenstehender gesetzlicher Bestimmungen bestätigt dies.

cc) § 45 setzt also ein allgemeines Können der Gesellschafter in den Angelegenheiten der Gesellschaft voraus.

i) Nicht anders steht es mit der Bestimmung des § 46 Ziff. 7. Auch sie setzt das Können der erlaubten Handlung voraus. Diese ist drittrechtlich.

Es ist denkbar, daß nur eine Innenhandlung (Beschluß und Anweisung der Bestellung) erlaubt wird[21]). Aber die Fassung des Gesetzes läßt eine solche Auslegung nicht zu. Man dürfte dann eine andere Fassung erwarten. Etwa: Bestimmung „über" die Bestellung. „Die Bestellung von Prokuristen" ... schlechthin ist das ganze Rechtsgeschäft nach außen, wie etwa die Bestellung eines Außenstehenden zum Geschäftsführer (Ziff. 5). Eine besondere Kennzeichnung der Bestimmung zu Ziff. 7 ist auch nicht gegeben.

Die Bestimmungen der §§ 35 Abs. 1 und 37 Abs. 2 stehen der des § 46 Ziff. 7 nicht entgegen. Sie ergänzen einander. Der Geschäftsführer kann drittrechtlich alles. Er kann auch einen Prokuristen und Handlungsbevollmächtigten zum gesamten Geschäftsbetriebe bestellen[22]) [23]) [24]). Aber neben ihm kann dies auch die Gesellschafterversammlung. Der Geschäftsführer darf es nur, wenn es ihm im Gesellschaftsvertrage oder durch einfachen Gesellschafterbeschluß erlaubt ist[25]).

---

[21]) So Uhle 28; wie hier Staub § 46, 33.

[22]) Im Ergebnis ebenso: RG 75, 164; JW 1923, 121, 5; RJA 17, 93; Ring, Entsch. 3, 275. — Güthe-Triebel 772, 25; Warneyer-Koppe § 37, 2; Köhler 29/30. — Anders: Staub § 46, 33 und 45.

[23]) Der Registerrichter muß aber bei Anmeldung der Prokuraerteilung prüfen, ob ein Gesellschafterbeschluß erforderlich ist, und gegebenenfalls, ob er vorliegt. Brodmann § 46, 8 S. 176; RJA 2, 74; KGJ 40, 67.

[24]) Eine Bestimmung des Gesellschaftsvertrages, die ihm diese Befugnis entzieht, ist nach außen ohne Wirkung. § 37 Abs. 2; RJA 17, 93.

[25]) § 46 Ziff. 7 bringt für den Geschäftsführer dieselbe Beschränkung seines „Dürfens", wie HGB § 238 für den Vorstand der A.G.

k) Zu a—i. Mit dieser Auffassung des § 46 steht seine — im Gesetz ausdrücklich bestimmte — nachgiebige Natur völlig [26]) in Einklang.

IV. Alle die zu III 1 und 2 genannten Handlungen kann der Geschäftsführer nur deswegen nicht vornehmen, weil er ein körperschaftsrechtliches Können allgemein nicht hat. Gesetzliche Vorschriften, aus denen dies sonst zu entnehmen wäre, gibt es nicht.

V. Der allgemeine große Unterschied zwischen dem Umfang des drittrechtlichen und dem des körperschaftsrechtlichen Könnens des Geschäftsführers hat seinen guten Grund. Das uneinschränkbare Können ist für die G. m. b. H. gefährlich. Die Ausübung des Könnens bindet sie, ohne daß ein übergeordnetes Organ dies hindern kann.

Dieser Gefahr setzt man die G. m. b. H. nur dort aus, wo es notwendig ist. Das ist dort, wo sie wie jede Einzelperson ungebundene Handlungsmöglichkeit haben muß. Sonst kann sie nicht in Wettbewerb mit dem Einzelkaufmann treten. Sie genießt hier Vorteile, wie jede handlungsfähige Einzelperson, und muß sich die notwendig damit verbundenen Nachteile gefallen lassen.

Anders ist es im körperschaftsrechtlichen Lebensgebiet. Dieses ist ihr eigen. Ein Wettbewerb mit der Einzelperson ist nicht möglich. Ungebundene Handlungsmöglichkeit eingeordneter Organe ist nicht nötig. Ihr Können braucht im allgemeinen nicht weiter gesteckt zu sein, als das Dürfen und Sollen.

VI. Wo dem Geschäftsführer vom Gesetz körperschaftsrechtliches Können besonders zugebilligt ist, ist zugleich das Dürfen oder gar das Sollen zu diesem besonderen Verhalten gegeben. Manchmal zwingend[27]).

§ 32. Untervollmachten.

I. Die beiden Grundsätze, die für den Umfang des drittrechtlichen und des körperschaftsrechtlichen Könnens gelten, entscheiden u. a. die Frage, wieweit der Geschäftsführer Untervollmachten geben kann.

II. Für das drittrechtliche Gebiet kann er sich immer vertreten lassen. Er kann auch eine Vollmacht für den gesamten Geschäftsbetrieb erteilen[1]) und einen Prokuristen bestellen[2]) [3]).

---

[26]) Manche behaupten, daß nicht alle Bestimmungen des § 46 nachgiebig seien. Brodmann § 45, 1, S. 167; Neukamp § 46, 1, S. 269; anders Liebmann § 45, 2. [27]) Beispiele unten § 42 VII 2—10.

[1]) In diesem Sinne ist eine „Generalbevollmächtigung" (RG 75, 164; JW 23, 121; Brodmann § 46, 8, S. 177) möglich. Auch das vorsichtig gefaßte Ergebnis von Ring, Entsch. 3, 272 (namentlich 278) ist in diesem Sinne umzuformen. [2]) Oben § 32 III 2 i.

[3]) Diese „Befugnis" liegt in der „Vertretungsbefugnis" des § 37. RJA 17, 93. Oben § 31 Anm. 24.

III. Im körperschaftsrechtlichen Gebiet kann sich der Geschäftsführer nur vertreten lassen, soweit ihm besonders die Macht dazu gegeben wird. Kraft Gesetzes kann er sich niemals vertreten lassen in den Handlungen der §§ 7, 40, 49, 78[4]).

IV. Sein ganzes organrechtliches Können kann er also nicht übertragen. Eine „Generalvollmacht" in diesem Sinne ist unwirksam[5]). Sie wird aber regelmäßig als Vollmacht zum gesamten Geschäftsbetriebe (in den Grenzen zu II) nach § 139 gültig sein.

V. Es sind zwei Arten von Vollmachten möglich:

1. Der Geschäftsführer kann für die G. m. b. H. Vollmacht erteilen („unmittelbare Stellvertretung")[6]). Ihr Bestand ist von der Person des Geschäftsführers losgelöst. Sie erlischt nicht mit seiner Stellung[7]). Das ist die Regel.

2. Er kann für seine Person in seiner Eigenschaft als Geschäftsführer Vollmacht erteilen („mittelbare Untervollmacht")[8]). Sie erlischt, wenn die Stellung des Vollmachtgebers erlischt[8]).

VI. Es ist möglich, daß die Gesellschafter die Ausübung einer zu Unrecht erteilten Vollmacht wissentlich dulden. Das ist regelmäßig als schlüssige Genehmigung erheblich[9]).

VII. Jede Vollmacht ist widerruflich[10]).

§ 33. Selbstabschlüsse.

I. Soweit das organrechtliche Können die Macht gibt, Rechtsgeschäfte[1]) vorzunehmen, wird es durch § 181 BGB eingeschränkt[2]). Rechtsgeschäfte im Sprachgebrauch des BGB sind — anders, als in dem des GmbHG[3]) — auch die körperschaftsrechtlichen Rechtsgeschäfte.

II. Der Geschäftsführer kann Rechtsgeschäfte mit sich selbst[4]) im eigenen Namen oder als Vertreter eines Dritten nicht vornehmen[5]).

---

[4]) Brodmann § 46, 8, S. 177.

[5]) v. Tuhr § 86, S. 432; RG 86, 262; OLG Darmstadt, Rundschau G. m. b. H. 1917, 113.

[6]) Brodmann § 36, 4, S. 142. [7]) v. Tuhr § 86, S. 432/433.

[8]) Brodmann § 46, 8, S. 177. [9]) Brodmann § 36, 3, S. 141.

[10]) KGJ 40, 67, Brodmann § 36, 3, S. 142; Wieland § 38, S. 481.

[1]) Auch einseitige. Deshalb ist der Ausdruck „Selbstkontrahieren" zu eng. v. Tuhr § 84, Anm. 165; RG Komm. zum BGB § 181, 2.

[2]) RG 51, 422; RG 67, 64.

[3]) Oben § 25 III 1.

[4]) Ein Rechtsgeschäft liegt erst vor, wenn der Entschluß sinnfällig betätigt wird. Brodmann § 36, 5, S. 142.

[5]) Beispiele bei Brodmann § 36, 5, S. 143 und in den von ihm angeführten Entscheidungen.

Das ist eine Beschränkung seines Könnens, nicht bloß seines Dürfens. Die Vornahme dieser Rechtsgeschäfte ist „Vertretung ohne Vertretungsmacht"[6] [7]).

III. Ein anderes kann „gestattet" werden[8]). Im Gestatten braucht nur das Können, meist wird auch das Dürfen erteilt werden. Es ist z. B. möglich, daß der Geschäftsführer kraft „Gestattung" jedes Rechtsgeschäft[9]) mit sich vornehmen kann. Dann darf er trotzdem nicht jedes vornehmen[10]).

1. Ist ein Aufsichtsrat vorhanden und ist im Gesellschaftsvertrage für sein organrechtliches Können nichts anderes bestimmt, so kann er die Vornahme der drittrechtlichen[11]) Geschäfte „gestatten". Denn er kann sie selbst für die G. m. b. H. vornehmen. § 52 in Verbindung mit § 247 HGB.

2. Die Vornahme jedes Rechtsgeschäfts — auch jedes drittrechtlichen — kann die Gesellschafterversammlung gestatten[12]). Sie darf es, wenn der Gesellschaftsvertrag nichts anderes bestimmt, durch einfachen Mehrheitsbeschluß[13]).

---

[6]) Unten § 40 II.

[7]) Brodmann § 36, 5, S. 142; v. Tuhr § 84, S. 366; RG 56, 104; 68, 37; OLGR 26, 238; 28, 39; anders: RG 51, 426.

[8]) Henkel (41) leugnet das. Der Geschäftsführer sei ein gesetzlicher Vertreter. Bei diesen könne nur das Gesetz besonders ermächtigen. Eine solche Bestimmung fehle. Es fehle auch an einer Bestimmung, die auf die Ermächtigungsmöglichkeit hindeute. — Es kann hier dahingestellt bleiben, ob den gesetzlichen Vertretern nur das Gesetz „gestatten" kann. Gilt das, so ist es nur deswegen, weil i. S. von § 181 nur gestatten kann, wer die Vertretungsmacht gibt. Wird sie durch das Gesetz gegeben, so kann nur das Gesetz ein anderes „gestatten". Wird sie durch eine Vollmacht gegeben, so kann nur der Vollmachtgeber „gestatten".

Das organrechtliche Können des Geschäftsführers wird durch die Bestellung gegeben. Deswegen kann der Bestellende ein anderes gestatten. Das Gesetz gibt nur notwendige und gewöhnliche Bestandteile der Stellung. Um diese zu bestimmen, verweist § 26 Abs. 2 BGB auf die Stellung des gesetzlichen Vertreters.

[9]) OLGR 42, 225.

[10]) Unten zu 3.

[11]) Oben § 14 Anm. 9 und die dort angegebenen Stellen.

[12]) RG 68, 172. — Kraft ihres allgemeinen organrechtlichen Könnens in den „Angelegenheiten der Gesellschaft." Oben § 31 III 2 h. — § 35 entzieht ihr das drittrechtliche Können nur, soweit er es dem Geschäftsführer gibt. § 35 gibt ihm aber nicht die Macht, mit sich selbst drittrechtliche Geschäfte vorzunehmen. Also bleibt das organrechtliche Können für diese drittrechtlichen Geschäfte „den Gesellschaftern."

[13]) Das folgt aus dem Recht des einfachen Gesellschafterwillens, dem Geschäftsführer Anweisungen für die Ausübung seines organrechtlichen Könnens zu geben. Unten § 42 VII 2 u. Anm. 22.

3. Ein Geschäftsführer, der einziger Gesellschafter ist, oder der die erforderliche[14]) Mehrheit der Geschäftsanteile hat, kann grundsätzlich[15]) jedes Rechtsgeschäft mit sich selbst vornehmen, soweit er es sich „gestattet"[16]). Doch darf er als Gesellschafter nicht jedes gestatten[17]), oder nur durch Änderung des Gesellschaftsvertrages gestatten[18]). Er darf als Geschäftsführer nicht jedes „gestattete" Geschäft vornehmen[19]). Diese letzten Grenzen seines Dürfens sind enger; die Verantwortung bei ihrer Verletzung ist schärfer[20]).

4. Der gestattende Wille muß erkennbar gemacht werden[21]). Das kann auch durch schlüssige Handlungen geschehen. Ein nachträgliches Gestatten genügt[22]).

Liegt ein Gestatten vor, und damit das organrechtliche Können, so kann sich das Dürfen auch aus den Umständen ergeben. Man kann ein Dürfen annehmen, wenn — objektiv betrachtet — kein Grund vorliegt, es zu versagen[23]). Das reicht für die Annahme eines Könnens nicht aus.

IV. Rechtsgeschäfte, die nur in der Erfüllung einer Verbindlichkeit bestehen, kann der Geschäftsführer immer mit sich vornehmen. § 181 BGB.

V. § 181 entzieht dem Geschäftsführer nicht die Macht, einen Dritten für ein Rechtsgeschäft mit sich zu bevollmächtigen[24]). Grenzen des Dürfens bestehen auch hier.

§ 34. Der Inhalt des organrechtlichen Könnens.

I. Der Geschäftsführer kann durch rechtserhebliches Verhalten auf den Rechtsbestand der G. m. b. H. einwirken[1]). Er kann Rechtsausübung[1]) für sie vornehmen. Etwa Besitzhandlungen[2]).

---

[14]) Oben zu 2.

[15]) Soweit nämlich andere Gesellschafter an seiner Stelle das organrechtliche Können dazu hätten. Eine Grenze des Könnens setzt z. B. § 31 Abs. 4.

[16]) Was auch durch schlüssige Handlung geschehen kann. Unten zu 4. Irrig Brodmann § 36, 5, S. 142; RG 68, 177; 85, 383.

[17]) z. B. § 33. [18]) z. B. § 34.

[19]) Unten § 42 VII 2 d.

[20]) Unten § 42 VIII u. § 44, insbes. Anm. 6.

[21]) Staub § 36, 13; v. Tuhr § 84, S. 364; RG 51, 427; 68, 175.

[22]) Brodmann § 36, 5, S. 143.

[23]) In diesen Grenzen richtig RG 68, 177.

[24]) Brodmann § 35, 2, S. 137, § 36, 5, S. 143 und die dort angegebenen Entscheidungen.

[1]) Oben § 2 III 1 a u. b.

[2]) Gierke I, § 67, S. 527; Kohler, Lehrb. § 140; Wolff § 5, I; Komm. d. RGRäte zum BGB § 854, 5.

II. Er kann rechtmäßiges und rechtswidriges Verhalten üben, kann Handlungen vornehmen und Zustände wahren. Sei es auf eigene Entschließung; sei es auf fremde, so daß er diese nur ausführt[3]).

III. Rechtmäßige Handlungen sind:

1. Die Willenserklärungen.

a) Sie werden regelmäßig im Namen der G. m. b. H. abgegeben. Das kann ausdrücklich geschehen. Es kann sich auch aus den Umständen ergeben, z. B. aus dem Inhalt des Rechtsgeschäftes[4]). Beides ist gleichzuachten. § 36. („Offene Geschäftsführung".)[5]) Macht der Geschäftsführer seinen Willen, für die G. m. b. H. zu handeln, nicht erkennbar, so treten die Wirkungen in seiner eigenen Person ein. Es ist unerheblich, daß er nicht den Willen hatte, in eigenem Namen zu handeln. § 164 Abs. 2 BGB.

b) Die Erklärungen können auch im eigenen Namen abgegeben werden, aber „für Rechnung" der G. m. b. H. („Verdeckte Geschäftsführung")[5]) [6]). Die Wirkungen treten in der Person des Geschäftsführers ein. Er kann aber, soweit er so handeln durfte oder sollte, von der G. m. b. H. verlangen, daß sie in das Rechtsverhältnis eintritt[7]).

c) Bei der offenen Geschäftsführung liegen immer mindestens einseitige Handelsgeschäfte vor[8]). Denn die G. m. b. H. ist Kaufmann[9]). Bei der verdeckten Geschäftsführung ist das nicht so. Der Geschäftsführer als solcher ist nicht Kaufmann[10]).

2. Rechtshandlungen und Tathandlungen[11]) [12]).

a) U. a.:

---

[3]) Er hat also sowohl Vertretung im Willen, wie Vertretung in der Erklärung.

[4]) Brodmann § 36, 1, S. 139; JW 1912, 794; Siber, Verfügungsg. 32/33.

[5]) Isay 167.

[6]) v. Tuhr § 7, S. 166.

[7]) Es sind immer nur drittrechtliche. Denn es sind Geschäfte des Geschäftsführers.

[8]) v. Tuhr § 87, S. 439 (für die „Vertretung").

[9]) Mag sie auch kein Gewerbe betreiben. § 1. Oben § 4 I. Alle Geschäfte, die zu ihrem Betriebe gehören, sind Handelsgeschäfte. § 343 HGB.

[10]) Oben § 8 VII u. Anm. 30; Brodmann § 6, 5; Staub § 35, 45.

[11]) Kohler, Enzykl. 2, S. 28; v. Tuhr II, 1, § 48, S. 110 c. Dahin gehören: „Willensbetätigungen" (Jsay 165), „rein tatsächliches (oder: faktisches) Verhalten" (Brodmann § 36, 1, S. 138; Jsay 43; v. Tuhr § 7, S. 166).

[12]) § 36 ist entsprechend anzuwenden. Unten Anm. 52 III—V.

aa) Der Geschäftsführer kann für die G. m. b. H. Besitz erwerben[13]). Und zwar den unmittelbaren[14]), wie den mittelbaren. Es ist auch möglich, daß er an einer Sache sich den unmittelbaren, der G. m. b. H. den mittelbaren Besitz erwirbt[15]).

bb) Der Geschäftsführer kann mit Wirkung für die G. m. b. H. „verarbeiten" im Sinn von BGB § 950. Verarbeiten ist ein rein tatsächliches Verhalten[16]). Auf die Willensbestimmung über den Zweck der Arbeitsleistung kommt es nicht an[17]). Ebensowenig darauf, daß es eigenes Verhalten ist. Verarbeitenlassen ist auch verarbeiten[18]). Die Arbeitsleistung des Gehilfen (Beihilfe) ist Verarbeitung dessen, der ihn arbeiten „läßt".

cc) Der Geschäftsführer kann für die G. m. b. H. Erfindungen[19]) machen. Das Erfinden ist ein geistiger Vorgang[20]). Sobald dieser irgendwie in die Erscheinung getreten ist, ist die Erfindung entstanden[21]). Auf einen Willen des Erfinders kommt es nicht an[22]). Gehilfentätigkeit in Form einer lediglich ausführenden Arbeit eines fremden Gedankens ist möglich[23]). Sie ist kein Erfinden und beeinträchtigt die rechtlichen Folgen der Erfindung nicht.

b) Rechtshandlungen und Tathandlungen, insbesondere die zu aa—cc, werden nicht „im Namen" der G. m. b. H. vorgenommen, wie die Willenserklärungen. Vielmehr ist hier ein objektiver Zusammenhang der Tätigkeit mit der Wirtschaftssphäre[24]) der G. m. b. H. erforderlich („Zurechnungsverhältnis"[24]).

---

[13]) Besitzbegründung nach § 854 Abs. 2 BGB gehört nicht hierher. Sie ist ein Rechtsgeschäft. Wolff § 13, I; oben zu 1.

[14]) Unten zu V 1 und Anm. 65.

[15]) RG-Komm. § 854, 5.

[16]) Wolff § 73, III.

[17]) Tasche 17.

[18]) Tasche 54. Staudinger § 950, 5 b *α*.

[19]) Er kann nicht unmittelbar ein Urheberrecht begründen. Bei dieser geistigen Schöpfertat ist eine Vertretung nicht möglich. Allfeld 10, Gierke I § 86 III S. 787.

[20]) Kisch § 8 II: „Tatsache geistigen Schaffens"; Allfeld 3; Jsay 306.

[21]) Allfeld 11.

[22]) Jsay 307; Kisch § 18 III 3 d.

[23]) RG 108, 64.

[24]) So für die Angestelltenerfindung (schlechthin) Kisch § 18 III b. Anders namentlich Engländer, Angest. erf. 10 ff. (dort findet sich auch eine Auseinandersetzung mit den anderen Theorien) und die herrschende Lehre. Diese

c) Dieser Zusammenhang ist das organrechtliche Können[25]). Wieweit es reicht, bestimmt die Verkehrsauffassung[26]); teils nach dem Willen der Beteiligten[27]), teils gegen ihren Willen nach dem Gegenstand des Unternehmens, nach der Art des Anstellungsvertrages[28]), nach dem Entgelt,[29]) das der Geschäftsführer erhält, u. ä. m. Ob das Verhalten während der Dienststunden, ob es im Dienstraum geübt ist, ob eigene Mittel aufgewandt sind, ist nicht immer erheblich[30]).

d) Bei den Rechts- und Tathandlungen, die einen Vorgang der Außenwelt darstellen, wie der Besitzerwerb und die Verarbeitung, offenbart sich das Zurechnungsverhältnis in einer Besitzbeziehung des Geschäftsführers zum Gegenstand der Außenwelt [31]). Bei den geistigen Vorgängen, wie dem Erfinden, genügt das Bestehen des objektiven Zusammenhanges [32]).

---

nehmen eine Vorausverfügung über das zukünftige, in der Person des Erfinders entstehende Erfinderrecht an. — Zwar hebt Engländer 13 — mit Recht — hervor, daß sich eine unmittelbare Wirkung in der Person des Arbeitgebers nicht aus dem schuldrechtlichen Dienstvertrag ableiten läßt. Aber der Dienstvertrag als solcher ist m. E. nicht als Zurechnungsverhältnis zu werten. Vielmehr ist er es nur dann und insoweit, als er ein organrechtliches Können (so für das Organ einer juristischen Person, unten zu c) oder eine andere — der Vertretungsmacht vergleichbare — Rechtsstellung begründet, kraft deren ein Verhalten (sei es ein Erfinden, oder ein anderes Verhalten) im Rechtskreis einer anderen Person wirkt. Das schuldrechtliche Verhältnis des Dienstvertrages (oder eines anderen Kausalgeschäftes) lehnt sich nur an das Hauptgeschäft an, durch das der Angestellte im voraus über die Wirkung eines bestimmten Verhaltens „verfügt". Er wendet die Wirkung von der eigenen Person ab, und wendet sie der anderen Person zu.

25) Die Zurechnung im Umfang des Könnens erscheint zunächst unbillig. So läßt man denn gewöhnlich nur den Umfang der Pflichtmäßigkeit maßgebend sein; also des Dürfens und Sollens. Indessen zu Unrecht. Denn — abgesehen davon, daß nur das Können das Wesen dieser Zurechnung erklärt (oben Anm. 24) — bietet es allein auch eine gerechte Lösung. Einmal enthält das Können nicht bloß einen Gewinn für den „Gebundenen", sondern auch eine Einbuße. Der Könnende hat im gleichen Umfang auch die Möglichkeit, dem Gebundenen zu schaden. Zum anderen pflegt ein vereinbartes Entgelt um so höher zu sein, je weiter das Können gesteckt ist; besonders auch im Vergleich zum Umfang des Dürfens und Sollens.

26) Wolff § 73 III. Tasche 54.

27) Vgl. Elster 72; M. u. W. 22. Jahrg. S. 65.

28) Isay 306; Osterrieth 33.

29) Elster 70. Katz 54. Beide für die Erfindung.

30) Für die Erfindung regelmäßig nicht. Katz 54.

31) Für die Verarbeitung: Tasche 64.

32) Auch die verheimlichte Erfindung steht der G. m. b. H. zu, wenn sonst ein Zurechnungsverhältnis besteht. Kisch § 18 III 3 b.

e) Über das organrechtliche Können hinaus kann ein besonderes rechtliches oder tatsächliches Zurechnungsverhältnis bestehen. Das ist möglich, wenn ein Verhalten auf Grund einer ungültigen Bestellung [33]) geübt wird. Oder wenn freiwillige Betätigung vorgenommen wird in einem Lebenskreis der G. m. b. H., in dem der Geschäftsführer regelmäßig nicht tätig sein kann.

3. „Vorstellungsäußerungen", wie Mitteilungen, Anzeigen, etwa eine Anzeige nach § 409 BGB, u. a. m. [34]). Der Geschäftsführer kann auch diese vornehmen. Von ihnen [35]) gilt das Gleiche, wie von anderen Handlungen [36]).

Zu 2.—3. Dieses Verhalten des Geschäftsführers für die G. m. b. H. ist keine Vertretung im Sinne des BGB [37]). Tasche [38]) bezeichnet die fremdwirkende Spezifikation als „Tatvertretung". Kisch [39]) nimmt bei der Erfindung eine Rechtserscheinung besonderer Art an.

IV. Rechtswidrige Handlungen sind:

1. absolutes Unrecht, wenn ein Verstoß gegen eine allgemeine [40]) Rechtspflicht vorliegt. Eine besondere Rechtsbeziehung zwischen dem Täter (der G. m. b. H.) und dem Verletzten ist hier nicht vorausgesetzt [41]).

a) Absolutes Unrecht sind die „verbotene Eigenmacht" des § 858 BGB (objektives Unrecht) [42]) und die „unerlaubten Handlungen" der §§ 823 ff. BGB (subjektives Unrecht), insbesondere die strafbaren Handlungen. Durch die letzten kann der Geschäftsführer aber in der Person der G. m. b. H. grundsätzlich nur zivilrechtliche Folgen hervorrufen. Denn

---

[33]) Wolff § 74 III.

[34]) v. Tuhr § 48 II, 2 S. 113.

[35]) Soweit sie überhaupt rechtlich erheblich sind. Nur solche sind hier zu betrachten.

[36]) Gierke I § 67 IV. S. 525.

[37]) Oben § 30 I 3 a u. b;

I. Für den Verarbeitenden: Crome § 408; Endemann II 1 S. 548; Enneccerus § 194 II 1 b; Planck § 950 1 c; v. Tuhr II, 2 § 84 S. 371; Wolff § 73 III. Anders: Krückmann 214.

II. Für den Erfinder: Engländer, Angest. erf. 10/11; Jsay 306; Kisch § 18 III 3 c.

[38]) S. 60, 63.

[39]) § 18 a III 3 c.

[40]) Das ist: Jedermann obliegende.

[41]) v. Tuhr II, 2 § 88, S. 460.

[42]) Auch: „schuldloses Unrecht" (Thon, Rechtsnorm 71).

eine juristische Person hat im allgemeinen keine Verbrechensfähigkeit [43]).

b) Besonderheiten kennt die RAO. Sie kennt 1. eine Verbrechensfähigkeit der juristischen Person bei steuerrechtlichen „schuldlosen [43]) Verbrechen“ [44]) [45]). § 357 [46]). Und 2. eine Haftbarkeit der juristischen Person für die Geldstrafen und die Kosten des Strafverfahrens und der Strafvollstreckung bei allen „Steuerzuwiderhandlungen“. § 381 [46]).

2. Relatives [47]) Unrecht ist ein Verstoß gegen eine besondere Verpflichtung, die dem Täter gegenüber dem Verletzten obliegt. Hier ist das Bestehen eines Forderungsrechtes vorausgesetzt, kraft dessen eine bestimmte Person ein bestimmtes Verhalten von der G. m. b. H. verlangen kann. Wird dieses nicht geübt, so wird das Recht des Berechtigten verletzt (Forderungsverletzung). Das Forderungsrecht kann auf einem Vertrage beruhen, oder auf anderen Tatbeständen. Etwa auf Vorverhandlungen zu einem Rechtsgeschäft [48]). Auf ungerechtfertigter Bereicherung. Auf dem Besitz einer fremden Sache [49]).

3. Absolutes und relatives Unrecht wirkt im Rechtskreis der G. m. b. H., wenn es von einem [50]) Geschäftsführer „in Ausführung der ihm zustehenden Verrichtungen“ begangen wird. § 31 BGB [51]).

---

[43]) Beling L. v. V. § 3 I S. 8; Brodmann § 13, 1 S. 60; Kohler, Lehrb. I § 133 S. 330; v. Liszt § 28 I 2. Staudinger, Allg. Teil, 2. Tit. Vorbem. VI. RG 66, 35; RGSt 34, 377; 36, 124. Abwegig: Grosch 154.

[44]) Der Ausdruck wird von Beling, L. v. V. § 21 S. 203, Anm. 1 vorgeschlagen an Stelle des in zweifacher Bedeutung gebrauchten Wortes „Formaldelikte“.

[45]) Ob die „schuldlosen“ Verbrechen wirklich „strafbare“ Handlungen sind, ist streitig. Dagegen: v. Liszt § 36 III, 2. Dafür: Beling, L. v. V. § 6, S. 44. Frank, StGB § 59 X 1. und Eberhard Schmidt in v. Liszt, 23. Aufl. Anm. 3 zu § 28, der § 357 RAO als einen „Ansatz“ zur Anerkennung der Verbrechensfähigkeit der juristischen Person bezeichnet. Die RAO selbst spricht von „Strafe“ (§ 357). Und zwar im Gegensatz zur „Ordnungsstrafe“ (§ 377).

[46]) Beispiele bei Enno Becker RAO § 357 u. § 381.

[47]) „Relatives“ Unrecht nennt es Crome § 107, 1 a; „abhängiges“ Kohler Lehrb. I § 339; „Forderungsverletzung“ v. Tuhr § 88 S. 459.

[48]) v. Tuhr § 84 S. 373 u. § 88 S. 463.

[49]) v. Tuhr § 88 Anm. 32.

[50]) Auch, wo nur ein mehrgliedriger Vorstand die G. m. b. H. „vertreten“ kann. Unten § 36 I. RG 57, 94; 74, 257; 78, 353; 91, 72; 110, 145; DJZ 1925, S. 1837.

[51]) Manche lassen die juristische Person bei relativem Unrecht nach § 278 BGB haften. So u. a. Altmann 25; Brodmann § 35, 1 S. 133; Jsay 391; Kom. d. RGRäte z. BGB § 31, 3; Liebmann § 36; v. Tuhr I § 37 S. 526; Staudinger,

Die ihm zustehenden Verrichtungen sind alle Handlungen, die er für die G. m. b. H. gegenüber dem Verletzten üben „kann". Ob er sie im Verhältnis zur G. m. b. H. üben „darf" oder „soll", ist unerheblich [52]). Aber das Unrecht muß als Ausübung organrechtlichen Könnens [53]) vorgenommen werden, nicht bloß „bei Gelegenheit" der Ausübung [54]).

Allg. Tl. 2. Tit. Vorbem. VI und § 31, 2. Anders: Oertmann § 31, 5 a. Reiche Angaben des Schrifttums finden sich bei Staudinger.

I. Nach § 26 Abs. 2 BGB hat der Vorstand die Stellung eines gesetzlichen Vertreters. Damit ist auf alle Vorschriften, die für einen gesetzlichen Vertreter gelten, verwiesen. Aber nur soweit, wie keine besonderen Regeln für den Vorstand gegeben sind. Eine für ihn besonders aufgestellte Regel ist § 31 BGB. Soweit er reicht, ist für die Anwendung einer Regel, die die Stellung eines gesetzlichen Vertreters betrifft, kein Raum.

1. § 31 deckt „zu Schadenersatz verpflichtende" Handlungen, soweit sie in Ausübung organrechtlichen Könnens begangen sind. Mögen sie nun eine besondere Verbindlichkeit oder eine allgemeine Rechtspflicht des Vereins verletzen.

2. § 31 deckt aber nicht alle zu Schadenersatz verpflichtenden Handlungen, soweit sie in Ausübung drittrechtlicher Vertretungs- oder Verrichtungsmacht begangen sind. Diese verpflichten den Verein nur nach den §§ 278 und 831 BGB.

II. Eine Handlung der zu I 2 genannten Art kann auch eine Einzelperson, die einem Organ des Vereins angehört, „für" den Verein begehen. Aber nur, soweit sie kraft einer besonderen drittrechtlichen Vertretungs- oder Verrichtungsmacht handelt (unten § 34 IV 6, vgl. § 34 V 1 a).

III. Diese Auffassung allein ergibt eine billige Rechtslage.

1. Die Verantwortung einer Einzelperson kann für eigene Handlungen zwar „gemildert", aber nicht wegbedungen werden. § 276 BGB. Ihre Verantwortung im relativen Unrecht für sog. „Erfüllungsgehilfen" kann wegbedungen werden. § 278 BGB. Im absoluten Unrecht für sog. „Verrichtungsgehilfen" ist eine Entschuldigung mit sorgfältiger Auswahl und Überwachung möglich. § 831 Abs. 1 Satz 2 BGB.

2. Die Verantwortung des Vereins für die Handlungen ihrer Organe („verfassungsmäßig berufenen Vertreter", § 31) kann zwar gemildert (§ 276), aber nicht wegbedungen werden. Unten § 34 IV 4. Die Handlungen der „Organe" entsprechen den eigenen der Einzelperson.

Die Verantwortung des Vereins für drittrechtlich bestellte Erfüllungs- und Verrichtungsgehilfen ist ebenso wie die der Einzelperson für fremde Handlungen. Oben zu 1.

Zu 2. Wäre der Verein für relatives Unrecht, das in Ausübung organrechtlichen Könnens begangen ist, nach § 278 schadenersatzpflichtig, so wäre er — ungerechtfertigt — besser gestellt, als eine Einzelperson (was Jsay 391 gerade mit der Anwendung des § 278 vermeiden wollte!), denn es könnte die Verantwortung nicht bloß gemildert, sondern auch ausgeschlossen werden.

[52]) „pflichtmäßiges" Handeln. Staub-Pinner § 232, 37. Unten § 42.

[53]) „Als Vertreter" OLG Hamburg, Hans GZ 1921 Hbl Nr. 237.

[54]) U. a. Enneccerus I 1 § 103; v. Tuhr I § 37 S. 540.

Soweit das Unrecht nicht „Dritten" zugefügt wird, sondern eingegliederten Personen, ist § 31 auch anzuwenden [55]).

[55]) I. Faßt man das Wort: Dritter in § 31 BGB in Übereinstimmung mit der Bedeutung, die es in Art. 131 RV hat, im weiteren Sinne (oben § 1 V) auf, so ist § 31 auf das Innenunrecht unmittelbar anzuwenden. Faßt man es aber, in Übereinstimmung mit § 26 BGB und § 37 Abs. 2 GmbGG im engeren Sinne auf, — die räumliche Nähe dieser Bestimmungen kann dazu Veranlassung geben, — so führt folgende Erwägung zu einer entsprechenden Anwendung.

II. 1. Diese dem § 31 BGB näherstehenden Bestimmungen enthalten die Worte: „Vertretung" (§ 26 Abs. 2 BGB, § 35 GmbHG) und „Rechtsgeschäfte" (§ 36 GmbHG). Beide Worte erfassen nur einen Teil des rechtmäßigen Verhaltens, das für einen Verein denkbar ist, der die Fähigkeit hat, rechtmäßiges Verhalten zu üben.

2. Entsprechend ist es mit § 31 BGB. Er nennt einen Teil des rechtswidrigen Verhaltens, das für einen verantwortungsfähigen Verein denkbar ist.

3. Für das übrige denkbare Verhalten — das rechtmäßige, wie rechtswidrige — fehlt eine Regelung, nämlich für alles rechtserhebliche Verhalten, das nicht Rechtsgeschäft und nicht Außenunrecht ist.

III. Aus der Nichtregelung allein könnte man den Schluß ziehen: ein Verein kann nur das im Gesetz genannte Verhalten üben. Alles andere Verhalten ist in seiner Person nicht möglich.

IV. 1. Dieser Schluß ist mit anderen gesetzlichen Bestimmungen nicht in Einklang zu bringen. Nach den §§ 21 ff. BGB kann ein Verein einen wirtschaftlichen Geschäftsbetrieb haben. § 6 HGB behandelt die „Handelsgesellschaften" als „Kaufleute". Beide Bestimmungen setzen voraus, daß ein Verein außer der Fähigkeit, Willenserklärungen wirksam abzugeben (Geschäftsfähigkeit), auch die Fähigkeit hat, anderes rechtmäßiges Verhalten wirksam zu üben.

2. Für die Verantwortungsfähigkeit würde der Schluß bedeuten:

a) Der Verein ist nach außen im organrechtlichen Können aller seiner Organe genau so verantwortungsfähig wie eine Einzelperson für eigenes Verhalten. § 31 BGB. Haftmilderung nach § 276 BGB ist möglich. Oben Anm. 51 II 2.

b) Der Verein ist nach innen im organrechtlichen Können seiner Organe nur so verantwortungsfähig wie eine Einzelperson für fremdes Verhalten. Oben Anm. 51 II 1. Für relatives Unrecht ist Haftausschließung, für absolutes Unrecht ist Entschuldigungsbeweis möglich.

c) Im Innen-Unrecht besteht also kein Unterschied zwischen der Verantwortung für die Handlungen, die auf Grund organrechtlichen Könnens vorgenommen sind, und der Verantwortung für die Handlungen, die auf Grund einer drittrechtlichen Erfüllungs- und Verrichtungsmacht vorgenommen sind. Es besteht keine Verantwortung des Vereins, soweit Haftausschließung oder die erforderliche Auswahl und Überwachung der Organe nachweislich beobachtet ist.

Zu 2. a). Das Gesetz läßt nun den Unterschied zwischen dem körperschaftsrechtlichen und dem drittrechtlichen Verhalten des Vereins, und den Unterschied zwischen dem Innen- und Außenverhalten des Vereins unbeachtet für seine Fähigkeit, rechtmäßiges Verhalten wirksam zu üben. Diese Fähigkeit ist, soweit sie im organrechtlichen Können ruht, insbesondere auch für das körperschaftsrechtliche Innen- und Außenverhalten, dieselbe wie bei einer geschäftsfähigen Einzelperson für eigenes Verhalten.

4. Das organrechtliche Können im Unrecht ist unabdingbar. § 40 in Verbindung mit § 31 BGB. Es ist auch nicht möglich, daß es mehreren Vorstandsmitgliedern zusammen gegeben wird. § 31 [56]).

5. Der Nachweis der sorgfältigen Auswahl und Überwachung des Geschäftsführers entschuldigt nicht [57]).

6. Außerhalb seines organrechtlichen Könnens kann der Geschäftsführer als besonders Bevollmächtigter mit Wirkung für die G. m. b. H. Unrecht begehen. Daß eine besondere Vollmacht vorliegt, muß deutlich sein. Im Zweifel ist anzunehmen, daß er als Organ handelt, wenn er für die G. m. b. H. handelt.

---

b) Ebenso ist der Unterschied zwischen dem körperschaftsrechtlichem und drittrechtlichem Verhalten nicht beachtet für die Verantwortungsfähigkeit im Außenleben, soweit sie im organrechtlichen Können ruht. § 31 BGB kennt diesen Unterschied nicht.

c) Es bliebe nur der Unterschied zwischen Innen- und Außenleben maßgebend für eine verschiedene Verantwortungsfähigkeit der Körperschaft und der Einzelperson. Da dieser Unterschied für die Verschiedenartigkeit des rechtlichen Lebens beider Personen aber nicht wesentlich ist, kann er nicht eine verschiedene Verantwortungsfähigkeit zwischen beiden Personen begründen. Insbesondere nicht eine Beschränkung der Verantwortungsfähigkeit auf das Außenleben. Vielmehr ist die Körperschaft, da sie überhaupt Verantwortungsfähigkeit besitzt, im Innenunrecht ebenso verantwortlich, wie im Außenunrecht. § 31 BGB ist für das Innenrecht, das auf Grund organrechtlichen Könnens vorgenommen ist, entsprechend anzuwenden.

V. Ist aber die G. m. b. H. geschäfts- und verantwortungsfähig, so ist nun zu fragen, in wessen organrechtlichem Können die Fähigkeit zu dem nicht im Gesetz genannten rechtserheblichen Verhalten ruht. Sie ist entsprechend den dem Gesetz zugrundeliegenden Zuständigkeitsgrundsätzen zu beantworten: Dem Geschäftsführer ist allgemein das organrechtliche Können für die Vornahme der drittrechtlichen Geschäfte, der Gesellschafterversammlung ist allgemein das organrechtliche Können in den körperschaftsrechtlichen Angelegenheiten der G. m. b. H. gegeben. Oben § 30 I—III u. § 31 III 2 h. Dementsprechend ist dem Geschäftsführer allgemein das organrechtliche Können in den drittrechtlichen Angelegenheiten der G. m. b. H. — auch über die Rechtsgeschäfte hinaus — zu geben. Soweit ihm körperschaftsrechtliches Können besonders zugewiesen ist, ist über das genannte Verhalten hinaus das nicht genannte Verhalten seinem Können dann zuzuweisen, wenn es seinem organrechtlichen Können in auch sonst maßgebenden Merkmalen nähersteht, als dem organrechtlichen Können der anderen Organe. Eine rechtswidrige Handlung kann ein Organ dann mit organrechtlicher Wirkung für die G. m. b. H. vornehmen, wenn dieselbe Handlung — abgesehen allein von dem Merkmal der Rechtswidrigkeit — in das organrechtliche Können des Handelnden gehört. Innenunrecht kann also der Geschäftsführer insoweit begehen, als er die Handlung, wäre sie rechtmäßig, kraft seines organrechtlichen Könnens vornehmen könnte.

[56]) Unten § 36 I.

[57]) Brodmann § 13, 1, S. 60; Planck § 31, 1 c; v. Tuhr I, § 37, S. 539.

Handelt er aber kraft drittrechtlicher Vollmacht, so ist nicht § 31 BGB, sondern § 278 BGB bei relativem Unrecht und § 831 BGB bei absolutem Unrecht anzuwenden. Bei dem ersten ist Haftausschließung, bei dem zweiten eine Entschuldigung mit dem Nachweis sorgfältiger Auswahl und Überwachung möglich. BGB § 278 Satz 2 und § 831 Abs. 1 Satz 2.

7. Zu 1. Absolutes Unrecht, insbesondere strafbares [58]), wirkt immer im Eigenrechtskreis des Organs. Auch, wenn es in Ausübung organrechtlichen Könnens geübt wird [59]). Es nimmt hier eine Sonderstellung ein. Denn jedes andere Verhalten, das in Ausübung organrechtlichen Könnens geübt wird, wirkt nur im Rechtskreis der juristischen Person [60]). Das Organ und die juristische Person haften als Gesamtschuldner. § 840 Abs. 2 BGB [61]).

Zu IV. Die Macht des Geschäftsführers, durch Unrecht die G. m. b. H. verpflichten zu können, ist keine „Vertretungsmacht" [62]). Sie läßt sich auch nicht mit dem Begriff des subjektiven Rechts erfassen. Ein Recht, Unrecht zu tun, gibt es nicht [63]). Ebensowenig eine Befugnis dazu [63]). Eine Bezeichnung fehlt [64]).

V. Rechtserhebliche Zustände sind

1. teils äußere. Der Geschäftsführer kann z. B. den Gewahrsam und den Besitz für die G. m. b. H. innehalten, und zwar ihren unmittelbaren und ihren mittelbaren Besitz [65]).

---

[58]) z. B. auch die Übertretung gewerbepolizeilicher Vorschriften. Bay ObLGSt 13, 407.

[59]) Gierke I, § 67, S. 531; RG 91, 72.

[60]) Oben § 2 III 5. Unten § 39 II u. III.

[61]) v. Tuhr I, § 37, S. 541.

[62]) Isay 383/84; Kohler, Lehrb. I, § 253; oben § 30 I 3 a.

[63]) Oben § 2 III 3.

[64]) Man könnte an „Unrechtsvertretungsmacht" denken.

[65]) I. Die juristische Person kann auch unmittelbar besitzen. Diesen Besitz halten ihre Organe für sie inne. Soweit richtig: Brodmann § 38, 4, S. 149, Cosack-Mitteis II, § 11, I, 2, Crome § 344, Anm. 29; Endemann II, 1, § 31, Anm. 21 u. § 38, Anm. 12; Förtsch bei Gruchot 53, 545 ff.; Gierke § 114, Anm. 31; J. v. Gierke § 3, I, 2 c; Hedemann § 44, IV; § 45, II, 4; JW 1914, S. 91, 21; Köhler 27; Planck § 854, 5; Preuß in Jher. J. 44, 429; Rosenberg § 854, 6; § 855, IV, 2; Staudinger, Allg. Teil, 2 Tit., Vorbem. IV, B 3; § 854, IV, 3 b; Windscheid-Kipp, S. 788 g; Wolff § 5, I; RG 44, 303; OLGR 5, 148.

II. Anderer Ansicht sind: Dernburg § 14, Nr. 7 u. Przibilla 360, nach denen die Organe Besitzdiener sind; Jsay 265, nach dem die Organe Besitzmittler sind; v. Tuhr I, § 37, S. 525, der bei manchen Sachen das eine, bei manchen das andere annimmt.

III. Die Meinungen zu I nehmen keine Besitzbeziehung nach § 855 oder § 868 BGB an. Sie berücksichtigen aber nur eine Seite der Organstellung. Nämlich nur das organrechtliche Können.

a) Es ist möglich, daß der Geschäftsführer außerhalb seiner Organstellung für die G. m. b. H. besitzt [66]). Sei es als Besitzmittler (§ 868 BGB); sei es als Besitzdiener (§ 855 BGB).

b) Besitzt der Geschäftsführer als Organ, so ist die Besitzlage [67]) notwendig doppelseitig [68]). Es ist zu scheiden zwischen

aa) dem Besitzen „für" die G. m. b. H. Das ist die Besitzlage des organrechtlich Könnenden [69]). Sie ist immer gleich. Das Organ hat hier die ganze Machtstellung eines Besitzers [70]). Unabhängig davon, wie die zweite Seite der Besitzlage beschaffen ist.

bb) Und dem Besitzen im Verhältnis „zur" G. m. b. H. Diese Seite der Besitzlage ist Innenstellung im engeren Sinne. Sie ist wandlungsfähig.

α) Besitzt das Organ „als" eines, das besitzen darf oder auch besitzen soll, so ist die Innenbesitzlage die des unmittelbaren Besitzers (Organ) zum mittelbaren Besitzer (juristische Person). § 868 BGB [71]). Den mittelbaren Besitz halten dabei für die G. m. b. H. andere Organe inne, und zwar als organrechtlich Könnende.

β) Besitzt das Organ „als" eines, das weder besitzen darf, noch soll, so ist die Innenbesitzlage die des Besitzdieners (Organ) zum Besitzherren (juristische Person). § 855 BGB [72]). Die Besitzherrschaft hat ein übergeordnetes Organ inne [73]).

Im organrechtlichen Dürfen und Sollen zeigt sich auch beim Besitz eine andere Seite. Diese wird aber von den Meinungen zu II auch nicht restlos erfaßt. Geschweige denn, daß sie die ganze Besitzlage erfaßten.

[66]) entspr. oben zu III 2 e; Windscheid-Kipp, S. 788 g.

[69]) Diese Besitzstellung ist keine „Vertretungsmacht" im Sinne des BGB. Oben § 30 I 3 a. Jsay 356; v. Tuhr § 84, S. 373.

[67]) als Inbegriff aller an den Besitz als Tatbestand geknüpften Rechtsfolgen.

[68]) Daß eine zweiseitige Besitzlage dem BGB nicht unmöglich ist, beweist § 866.

[70]) Es liegt weder Besitzdienerschaft noch Besitzmittlerschaft vor.

[71]) Das Organ „besitzt... in einem... Verhältnis, vermöge dessen" es der juristischen Person gegenüber „auf Zeit zum Besitze berechtigt" (besitzen darf) „oder verpflichtet ist" (besitzen soll).

[72]) Das Organ hat den „Weisungen" der juristischen Person „Folge zu leisten." Die Weisungen gibt ein anderes Organ. Dem Geschäftsführer gibt sie die Gesellschafterversammlung, regelmäßig in einfachen Mehrheitsbeschlüssen. Unten § 42 VII 2.

[73]) I. Im Verhältnis „für" die G. m. b. H., d. i. als Könnender ist der Geschäftsführer ein „selbständiger" (Huber III, 357) Besitzer; und zwar

Zu bb. Wann Besitzmittlerschaft und wann Besitzdienerschaft anzunehmen ist, ist aus den Umständen nach der Verkehrsauffassung zu entnehmen. Einen Anhalt gibt regelmäßig ein Vergleich der Art der besessenen Sache mit der Zuständigkeit des Organs.

2. Seelische Zustände. Der Geschäftsführer kann eine bestimmte Kenntnis haben, die der G. m. b. H. zugerechnet wird. Ebenso eine Nichtkenntnis. Oder es kann in ihm der seelische Zustand bestehen, der als Kennenmüssen erheblich ist. Oder ein Zustand, der einen „Willensmangel" zur Folge hat.

a) Ist ein solcher Zustand bei einer Willenserklärung erheblich, die in Ausübung des organrechtlichen Könnens abgegeben wird, so ist er nach § 166 Abs. 1 BGB der G. m. b. H. zuzurechnen [74]).

b) Sind seelische Zustände im Unrecht erheblich, so sind sie nach § 31 BGB der G. m. b. H. zuzurechnen [75]).

c) Rechtserhebliche seelische Zustände in dem übrigen Ver-

---

selbständig gegenüber jedermann, auch gegenüber der G. m. b. H., die insoweit ja „gebunden" (oben § 2 IV 2) ist.

II. Im Verhältnis „zur" G. m. b. H., das immer zugleich mit dem Verhältnis zu I gegeben ist, ist der Geschäftsführer entweder 1. als Dürfender oder als Sollender (er hat „eine Rechtsstellung zur Sache", Huber III, 359, 1) auch Besitzer, und zwar unselbständiger. Oder: 2. als Nicht-Dürfender und Nicht-Sollender (die G. m. b. H. „behält beliebige Verfügung", der Geschäftsführer hat „nur auf freies Zusehen hin... die Gewalt", Huber III, 359/360,2) auch nicht unselbständiger Besitzer.

[74]) Liegt das erhebliche Kennen oder, soweit es diesem gleichsteht, das Kennenmüssen in der Person des Geschäftsführers nicht vor, aber in der Person eines anweisenden Organs der G. m. b. H., so ist es der G. m. b. H. zuzurechnen. § 166 Abs. 2 BGB. Die Anwendbarkeit des Abs. 2 auf die Stellung des Geschäftsführers ist bestritten. Uhle (34) verneint sie.

1. Der Geschäftsführer sei der gesetzliche Vertreter der G. m. b. H. § 26 Abs. 2 BGB. § 166 Abs. 2 gelte aber nur für Bevollmächtigte.

2. Der Begriff „gesetzliche Vertretung" wird verschieden abgegrenzt. v. Tuhr § 86, S. 418. Welches die richtige Abgrenzung ist, kann hier dahingestellt bleiben. Ebenso, ob der Geschäftsführer ein gesetzlicher Vertreter ist, — oder, ob er nur „die Stellung" eines solchen hat. BGB § 26 Abs. 2 redet nur von einer „Stellung".

3. Soweit der Geschäftsführer Vertretungsmacht i. S. des § 166 BGB hat (oben § 30 I 2), ist sie „durch Rechtsgeschäft erteilt." Oben § 16 II.

4. Vollmachtgeber ist die G. m. b. H., vertreten durch den Bestellenden (oben § 12 III 2 u. § 14 IV). Weisungen (zu „Weisungen": RG. JW 1916, 317, 2) erteilt sie durch ihre Organe. Deren Kenntnis ist ihre Kenntnis. § 166 Abs. 1. Voraussetzung ist die Zurechenbarkeit der Kenntnis. Unten Anm. 77.

[75]) Oben zu IV.

halten, das in Ausübung des organrechtlichen Könnens erfolgt [76]), und

VI. seelische Vorgänge, die in objektivem Zusammenhang mit dem rechtlichen Leben der G. m. b. H. stehen [77]), werden ihr zugerechnet. Und zwar soweit sie durch den Wortlaut der §§ 166 und 31 BGB nicht erfaßt werden, in entsprechender Anwendung dieser Grundsätze [78]). Als seelischer Vorgang kommt namentlich das Erfinden in Betracht [79]).

§ 35. Die öffentlich-rechtliche Vertretung, insbesondere die gerichtliche.

I. Alles organrechtliche Können des Geschäftsführers kann im Verhältnis zum übergeordneten Staat ausgeübt werden. So gegenüber den Steuerbehörden; gegenüber der Polizei, etwa der Gewerbepolizei; und namentlich gegenüber dem Gericht [1]). Die entwickelten Grundsätze bezüglich des Umfangs [2]) gelten auch hier. Die Partei- und Prozeßfähigkeit — als drittrechtliche (formale) Fähigkeit — ruht in dem unbeschränkbaren drittrechtlichen Können des Geschäftsführers. Ebenso die sachliche Legitimation für jede drittrechtliche Prozeßhandlung. Dagegen ist die sachliche Legitimation für eine körperschaftsrechtliche Handlung, soweit sie sich nicht aus einer besonderen gesetzlichen Bestimmung ergibt, besonders zu prüfen.

II. Der Geschäftsführer legitimiert sich durch einen Auszug aus dem Handelsregister. Die Legitimation ist vom Gericht zu prüfen. § 56 ZPO.

---

[76]) z. B. die Kenntnis einer Tatsache, die den Lauf einer Frist anheben läßt. — v. Tuhr (§ 84, VII, S. 369) redet von „Stellvertretung" auch, wo die Kenntnis nicht als Begleiterscheinung einer Willenserklärung auftritt.

[77]) Nicht jeder seelische Zustand und Vorgang jedes Organs, der die G. m. b. H. betrifft, steht in Zusammenhang mit ihrem rechtlichen Leben. Nur solche Zustände und Vorgänge sind zurechenbar, von denen man einen Einfluß auf das Innenleben der G. m. b. H. nach der Verkehrsauffassung unter Berücksichtigung von Treu und Glauben erwarten durfte. Man kann z. B. die Kenntnis eines weitab vom Sitz der G. m. b. H. wirkenden Geschäftsführers ihr erst dann zurechnen, wenn er seine Kenntnis ihr übermitteln konnte. RG 81, 435.

[78]) Oben Anm. 55 III—V.

[79]) Der seelische Vorgang, der zur Schaffung eines Urheberrechts führt, ist nicht hierher zu zählen, weil ein Urheberrecht nur in der Person des Urhebers selbst entstehen kann. (Vgl. aber § 3 LUG.) Ein Zurechnungsverhältnis, wie bei der Erfindung, ist nicht möglich. Oben Anm. 19.

[1]) § 35 Abs. 1.

[2]) Oben §§ 31—33.

III. Der Geschäftsführer kann wegen seiner Stellung als gesetzlicher Vertreter im Prozeß der G. m. b. H. nicht Zeuge sein [3]). Auch nicht, wenn ein anderer Vertreter den Prozeß führt [4]). Ist er nicht mehr Geschäftsführer, so kann er Zeuge sein. Auch, wenn er nur zu diesem Zweck sein Amt niederlegt. Ist dies nur zum Schein geschehen, so ist es nichtig. § 117 oder § 116 Satz 2 BGB. Er bleibt Geschäftsführer und kann nicht Zeuge sein.

§ 36. Der Inhaber des organrechtlichen Könnens.

I. Der Inhaber des organrechtlichen Könnens kann für die Abgabe von Willenserklärungen (tätige Vertretung) [1]) verschieden bestimmt werden. § 35 Abs. 2.

1. Für alles übrige Verhalten ist es immer jeder Geschäftsführer. So für alles Unrecht. § 31 BGB [2]). Oder für die Empfangnahme von Willenserklärungen (duldende Vertretung) [1]). § 35 Abs. 2 Satz 3 [3]). § 171 Abs. 3 ZPO (für Zustellungen). Für Rechts- und Tathandlungen [4]) [5]); für Zustände, äußere und seelische, und seelisches Verhalten. Etwa für eine erhebliche Kenntnis [6]), ein Kennenmüssen und für Willensmängel [7]).

---

[3]) Brodmann § 35, 1, S. 134; Esser § 35, S. 73; Rosenthal-Gentzsch § 35, III, S. 79; R. Schmidt, Lehrb. § 81, S. 501.

[4]) Brodmann § 35, 1, S. 134; Cohn 40; Neukamp § 35, S. 191; Uhle 43. Anders: Stein-Jonas, Vorbem. vor § 373, I.

[1]) Das GmbHG gebraucht das Wort: Vertretung in Zusammensetzung mit diesem Beiwort nicht. Deswegen mag es erlaubt sein, in Anlehnung an den Sprachgebrauch des BGB hier mit Vertretung nur Willenserklärungen zu erfassen, aber auch die körperschaftsrechtlichen (entgegen der Abgrenzung des GmbHG. — Oben § 30 III, vgl. unten zu 2).

[2]) Brodmann § 13, 1, S. 60, Abs. 3; Staub § 36, 7; Staub-Pinner § 232, 41; v. Tuhr I, § 37, S. 539; RG 57, 94; 74, 257; 78, 353; 110, 146.

[3]) Staub § 35, 8; v. Tuhr I, § 37, S. 529; RG 53, 231; OLGR 5, 141.

[4]) Für diese besteht keine Vorschrift, wie die des § 35 Abs. 2. Diese erfaßt sie nicht. Sollte auch für sie eine mehrgliedrige Vertretung bestimmbar sein, hätte es, wie für die Willenserklärungen, einer besonderen gesetzlichen Bestimmung bedurft. Wie hier: Erckens 44. Anders: Lenz 21 u. Henkel 29. Sie wollen Rechtshandlungen hier so behandeln, wie Willenserklärungen. Sie begründen ihre Ansicht nicht.

[5]) RG. i. Recht. 1918, Nr. 960; RG 110, 145.

[6]) Vorausgesetzt ist Zurechenbarkeit der Kenntnis des betreffenden Vorstandsmitgliedes. Oben § 34 Anm. 77.

[7]) Bad. Rpr. 22. 57, Dr. Eugen Josef: „Kenntnis und Absicht eines Vorstandsmitgliedes als Kenntnis des Gesamtvorstands und der Gesellschaft". Brodmann § 35, 3, S. 137; Neukamp § 35, S. 197; Staub § 35, 8 u. 26; Staub-Pinner § 232, 13; ferner die bei diesen angegebenen Entscheidungen.

2. Dagegen kann auch für körperschaftsrechtliche Willenserklärungen der Inhaber des Könnens verschieden bestimmt werden.

a) Soweit die Geschäftsführer nach dem Gesetz körperschaftsrechtliche Willenserklärungen abgeben können, ist der Inhaber jeweils verschieden bestimmt. So kann etwa nach § 64 jeder Geschäftsführer den Konkurs anmelden. Nach § 78 können aber nur alle bestimmte Anmeldungen zum Handelsregister vornehmen.

b) Soweit die Geschäftsführer durch Rechtsgeschäft zur Abgabe körperschaftsrechtlicher Willenserklärungen ermächtigt sind, entscheidet die Ermächtigung darüber, wer der Inhaber des Könnens ist [8]).

3. Unerheblich ist, ob es sich um eine Außen- oder um eine Innenwillenserklärung handelt. Beidemal ist der Inhaber im Zweifel der nämliche [9]).

II. Die tätige Vertretung kann einem Geschäftsführer gegeben werden; sei es dem einzigen (Alleinvertretung), sei es, wo mehrere vorhanden sind, jedem oder einzelnen [10]) von ihnen (Einzelvertretung).

III. Das organrechtliche Können kann mehreren Geschäftsführern zusammen gegeben werden; sei es allen vorhandenen (Gesamtvertretung), sei es einigen von den vorhandenen (Gesamtvertretung im weiteren Sinne) [11]) [12]). Auch eine Verbindung von Einzelvertretung und Gesamtvertretung im weiteren Sinne ist möglich, so daß also einer oder mehrere Geschäftsführer Einzelvertretung haben, die anderen Gesamtvertretung im weiteren Sinne [13]).

---

[8]) Dabei kann auch im Umfang eine verschiedenartige Regelung stattfinden. Unten § 37 I 2 b.

[9]) So mit Recht Liebmann § 35, 15.

[10]) Die Zulässigkeit dieser Art ist bestritten. Zu Unrecht. Dazu unten Anm. 13.

[11]) Beide Begriffe sind auseinanderzuhalten.

I. Das HGB § 125 Abs. 2 bezeichnet beide Arten als Gesamtvertretung. Das GmbHG bestimmt, ohne das Wort zu gebrauchen, daß der Grundsatz der Gesamtvertretung im engeren Sinne dort gilt, wo mehrere Geschäftsführer bestellt sind und über den Inhaber keine Bestimmung getroffen ist.

II. Dementsprechend wendet man das Wort bald im einen, bald im anderen Sinne an. Staub z. B. gebraucht es im Kommentar zum GmbHG, 4. Aufl. 1913, § 35, 21, im engeren Sinne, im Kommentar zum HGB, 11. Aufl. 1921, § 232, 15, im weiteren Sinne, ohne die andere Bedeutung hervorzuheben.

[12]) In der letzten Art ist es möglich, die Mehrheit der Geschäftsführer entscheiden zu lassen, indem man der Mehrheit das organrechtliche Können gibt. „Kollegialisch" eingerichteter Vorstand (Gierke § 65, S. 506).

[13]) Die Zulässigkeit dieser Verbindung ist bestritten. Verneinend: Staub

IV. Das organrechtliche Können kann einem Geschäftsführer und einem Prokuristen zusammen gegeben werden (kombinierte Vertretung) [14]).

1. Die kombinierte Vertretung ist nur neben einer der Arten zu I und II statthaft [15]).

a) § 125 Abs. 3 und § 232 Abs. 2 HGB lassen sie neben der Gesamtvertretung, auch der im weiteren Sinne, zu. Doch sind die Bestimmungen der beiden Absätze eine Erweiterung der Möglichkeiten, das organrechtliche Können zu vergeben (jeweils des Abs. 1). Nicht eine Verminderung. Deswegen ist die kombinierte Vertretung erst recht neben der Einzelvertretung und neben der Alleinvertretung möglich [16]).

b) Sind so viele Geschäftsführer vorhanden, wie der Gesellschaftsvertrag erfordert, so können sie immer auch ohne Mitwirkung eines Prokuristen die G. m. b. H. vertreten. § 35 Abs. 1. Das kann der Gesellschaftsvertrag nicht abändern. Er kann insbesondere nicht die Notwendigkeit der Mitwirkung eines Prokuristen vorschreiben.

2. Die kombinierte Vertretung ist immer Vertretung in Gemeinschaft mit „einem" Prokuristen. § 125 Abs. 3 und § 232 Abs. 2 HGB. Eine Beschränkung auf einen bestimmten Prokuristen kennt das Gesetz nicht [17]). Aber abwegig ist, zu meinen, der „eine" Prokurist

---

HGB, 9. Aufl., § 125; bejahend: Staub § 35, 21; Staub-Bondi § 125, 2, Abs. 2. Anderes Schrifttum und die Entscheidungen für beide Meinungen finden sich bei Staub-Bondi. Sie ist zulässig. Die Stellung der nicht-einzelvertretungsbefugten Geschäftsführer, die man beanstandet, ist die gleiche wie die jedes Geschäftsführers bei der Gesamtvertretung. Insbesondere kann er alles organrechtliche Können, das nicht tätige Vertretung ist, allein ausüben.

[14]) Die Zulässigkeit dieser Verbindung ist im GmbHG nicht ausgesprochen. Das HGB billigt sie für die O.H.G. und A.G. § 125 Abs. 3 u. § 232 Abs. 2. Eine entsprechende Anwendung (oben § 4) erscheint um so mehr statthaft, als das alte HGB diese Bestimmungen nicht hatte, und die Rechtsprechung trotzdem die kombinierte Vertretung gelten ließ. Ebenso Brodmann § 35, 2, S. 134; Staub § 35, 22; Staub-Pinner § 232, 17; und die dort angeführten Entscheidungen.

[15]) Brodmann § 35, 2, S. 134; Staub-Bondi § 125, 15; Staub-Pinner § 232, 17; die bei diesen angeführten Entscheidungen; ferner etwa Möhring 64 und Uhle 32.

[16]) Die Stellung des Prokuristen als Vorstandsmitglied ist hier nicht bedeutungslos. Sie ist ähnlich der eines Geschäftsführers in der Gesamtvertretung. Vgl. oben Anm. 13 u. unten § 37 I 3.

[17]) OLGR 34, 342.

könne nicht ein Einzelprokurist sein [18]. „Prokurist" schlechthin ist der Einzelprokurist wie der Gesamtprokurist.

V. Über II, III und IV hinaus gibt es keine anderen Vertretungsarten [19]. So ist es unzulässig, das organrechtliche Können zwei Prokuristen [20], oder einem Geschäftsführer und einem Handlungsbevollmächtigten zusammen zu geben.

VI. Alleinvertretung gilt, wo nur ein Geschäftsführer bestellt ist und im Gesellschaftsvertrage nichts anderes (z. B. eine andere Zahl) [21] bestimmt ist [22]. Daß Alleinvertretung gelten soll, braucht nicht im Handelsregister eingetragen zu werden.

2. Einzelvertretung muß im Gesellschaftsvertrage besonders bestimmt und im Handelsregister eingetragen werden [23]. Eine solche Bestimmung ist z. B.: zur Zeichnung der Firma einzeln (oder: allein) berechtigt [24].

3. Gesamtvertretung gilt, wo mehrere Geschäftsführer bestellt sind. § 35 Abs. 2. Eine besondere Bestimmung im Gesellschaftsvertrag, eine Eintragung im Handelsregister ist nicht nötig. Falsche Beurkundung im Register schadet grundsätzlich [25] der G. m. b. H. nicht [26].

4. Gesamtvertretung im weiteren Sinne muß im Gesellschaftsvertrage besonders bestimmt und im Handelsregister eingetragen werden [27] [28].

---

18) So Poetsch 24. Seine Begründung, der Einzelprokurist sei ohne weiteres zur „Vertretung" befugt, beruht auf seiner irrigen Auffassung über den Umfang des organrechtlichen Könnens der kombinierten Vertretung. Unten § 37 II 3.

19) Kretschmann 37.

20) KGJ 52, 98. Brodmann § 35, 2, S. 134.

21) Oben § 7.

22) Ist also im Gesellschaftsvertrage Gesamtvertretung für zwei Geschäftsführer angeordnet und scheidet einer von ihnen aus, so erhält dadurch allein der andere noch nicht Alleinvertretungsmacht. Cohn 27; Staub § 35, 21; Neumann 10. 1912, S. 1117, § 35, 3; RG. DJZ 1922, 697; RG 103, 417; OLGR 38, 190; 42, 225.

23) Brodmann § 39, 1, S. 150.

24) Staub § 35, 10 u. 21; und die dort angeführten Entscheidungen.

25) U. U. muß sie die G. m. b. H. gegen sich gelten lassen. Oben § 28 III 3 c.

26) OLGR 19, 293; Brodmann § 35, 2, S. 135; Staub § 35, 21.

27) § 10 Abs. 2, § 54. Die Eintragung der Mindestzahl der zur Vertretung befugten Personen ist zur rechtlichen Wirkung erforderlich. OLG. Königsberg, Rundschau G. m. b. H. 1917, 420.

28) Z. B. auch: „zur Zeichnung der Firma gemeinschaftlich berechtigt." Oben Anm. 24.

5. Kombinierte Vertretung muß im Gesellschaftsvertrage besonders bestimmt und im Handelsregister eingetragen werden [28]).

6. Bei einer Verbindung der Einzelvertretung mit der Gesamtvertretung im weiteren Sinne muß im Handelsregister erkennbar sein, wer einzelvertretungsberechtigt ist und wer nicht. Eine Kennzeichnung: „der Gesellschafter" reicht nicht aus. Denn, ob jemand Gesellschafter ist oder nicht, kann man aus dem Handelsregister nicht ersehen [29]).

Zu VI. Die Befugnis, den Inhaber des organrechtlichen Könnens in der tätigen Vertretung zu bestimmen, kann der Gesellschaftsvertrag nicht einer anderen Instanz übertragen [30]) [31]). Auch nicht dem einfachen Gesellschafterwillen [32]).

VII. Unabhängig vom organrechtlichen Können bestehen die Nebenbeziehungen dazu immer von jedem einzelnen zur G. m. b. H.[33]). Insbesondere also die Verpflichtung des einzelnen Geschäftsführers, sich an der Ausübung einer mehrgliedrigen Vertretung zu beteiligen. Untereinander besteht diese Pflicht nicht. Tun und Lassen des einen verpflichtet den anderen nicht [34]).

§ 37. Der mehrgliedrige Vorstand.

I. Mit der Anordnung eines mehrgliedrigen Vorstandes ist über den Umfang seines Könnens in der tätigen Vertretung nichts bestimmt [1]).

1. Alle drittrechtlichen Willenserklärungen können dabei notwendig immer, nur und schon, von dem mehrgliedrigen Vorstand abgegeben werden. Eine abweichende Vereinbarung ist für das Können ohne Bedeutung. Etwa die Bestimmung der mehrgliedrigen Vertretung nur für bestimmte Rechtsgeschäfte [2]). § 37 Abs. 2.

2. a) Körperschaftsrechtliche Willenserklärungen können zum Teil kraft zwingender Gesetzesvorschrift von jedem oder von mehreren abgegeben werden [3]). Die Anordnung einer mehrgliedrigen Vertretung ändert daran nichts.

---

[29]) RJA 9, 112; Brodmann § 35, 2, S. 134.

[30]) Anders bei der A.G. § 232 Abs. 2 Satz 2 HGB.

[31]) Brodmann § 35, 2, S. 134; Döring 19; Lenz 24; Staub § 35, 20; RG. DJZ 1922, 697; OLGR 38, 189; Recht 1923, Nr. 1366; LG Frankfurt, Recht 01, Nr. 1994.

[32]) KGJ 51, 134; OLG Stuttgart, Württ. Z J 66, 81.

[33]) Unten § 42 I. [34]) Poetsch 22; OLGR 7, 381.

[1]) Staub-Pinner § 232, 2; RG. LZ 1912, 846 Nr. 22.

[2]) Brodmann § 35, 2 S. 134; Staub § 35, 10, 21 u. 28; und die bei beiden angegebenen Entscheidungen. Anders RG 24, 27.

[3]) Beispiele oben § 36 I 2 a.

b) Soweit körperschaftsrechtliche Willenserklärungen aber auf Grund eines Rechtsgeschäfts von den Geschäftsführern abgegeben werden können, ist im Zweifel der Inhaber derselbe, wie er für die Abgabe der drittrechtlichen Willenserklärungen bestimmt ist. Eine abweichende Regelung ist gültig. Insbesondere kann eine Verteilung des körperschaftsrechtlichen Könnens [4]) auf die einzelnen Vorstandsmitglieder vorgenommen werden.

3. Zu 1. und 2. Für die kombinierte Vertretung gilt das Nämliche [5]). Sie ist im § 125 Abs. 3 und § 232 Abs. 2 HGB als eine Art der Vorstandszusammensetzung, nicht als eine Art der Gesamtprokura aufgeführt. Sie bringt keine Beschränkung des Könnens für den beteiligten Geschäftsführer, sondern eine Erweiterung des Könnens für den beteiligten Prokuristen. Jene ist, soweit sie drittrechtlich ist, gesetzlich unzulässig [6]). Diese aber ist gesetzlich zulässig. § 49 Abs. 2 HGB. Es bedarf also keiner besonderen Vollmacht für den Prokuristen, wenn er in der kombinierten Vertretung Grundstücke mitveräußert.

Das Können des Prokuristen ist aber nur in seiner Beteiligung als Vorstandsmitglied erweitert. Für sich hat er nur die Vertretungsmacht eines Prokuristen. Insbesondere also hat er nicht die Stellung eines gesetzlichen Vertreters. § 26 Abs. 2 BGB. Er kann also einerseits nicht zum Parteieid zugelassen werden. Andererseits kann er als Zeuge [7]) vernommen werden, mag er auch die Prozeßvollmacht mit ausgestellt haben.

II. Jede mehrgliedrige Vertretung hat den Zweck, die G. m. b. H., deren ganzes Vermögen im organrechtlichen Können auf dem Spiel steht, vor Untreue und Unbesonnenheit der Vorstandsmitglieder zu schützen. Das geschieht in der Weise, daß die Abgabe der Willenserklärungen nur durch die mehreren Vorstandsmitglieder erfolgen kann. Es wird damit ein Doppeltes erreicht.

---

[4]) Brodmann § 37, 1, S. 143, soweit er mit dem Wort „Geschäftsführung" körperschaftsrechtliches Können meint.

[5]) Staub § 35, 25; Staub-Pinner § 232, 19; KJG 15, 97; OLGR 43, 282; Bay. Ob. LG i. Recht 07, Nr. 2817.

[6]) Sollte der Umfang der Vertretungsmacht eines Prokuristen ausschlaggebend sein (so Poetsch 24), hätte man diese Einengung des Könnens, soweit es drittrechtlich ist, als eine Ausnahme des § 37 Abs. 2 ausdrücklich aussprechen müssen. — Überdies wäre der Zweck, eine Vertretung für den Fall der Behinderung eines Geschäftsführers zu schaffen, dann nicht erreicht. Vgl. unten Anm. 9.

[7]) Staub § 35, 26.

1. Eine Ausübung durch einzelne Vorstandsmitglieder[8]) bindet die G. m. b. H. nicht. Die G. m. b. H. ist hier dem Gegner gegenüber geschützt. Der Schutz fällt fort, wenn deutlich wurde, daß der Wille von den mehreren getragen wird.

2. Eine Ausübung durch die mehreren aber macht notwendig alle beteiligten Vorstandsmitglieder der G. m. b. H. gegenüber verantwortlich. Gegebenenfalls schadensersatzpflichtig. Dieser Schutz besteht dem Gegner gegenüber nicht. Er fängt da an, wo der zu 1 aufhört.

III. Die kombinierte Vertretung insonderheit hat daneben den Zweck, eine Vertretungsmöglichkeit für den Fall der Behinderung eines Geschäftsführers[9]) zu schaffen.

IV. Zur Ausübung der tätigen Vertretung durch einen mehrgliedrigen Vorstand muß die „Erklärung ... durch sämtliche" Vorstandsmitglieder erfolgen. § 35 Abs. 2 Satz 2. Sie sollen „zusammen handeln". § 125 Abs. 3 Satz 1 HGB. „Zu Willenserklärungen bedarf es der Mitwirkung sämtlicher Mitglieder". § 232 Abs. 1 Satz 1 HGB.

1. Der Hergang der Ausübung ist folgender:

a) Es muß der Wille für die G. m. b. H. von den einzelnen Vorstandsmitgliedern gebildet werden. Dies ist für die einzelnen Mitglieder der seelische Vorgang einer Entschließung, die für die G. m. b. H. vorgenommen wird[10]). Für die G. m. b. H. ist sie eine Willensbildung. Und zwar solange, wie die Entschließung dem Erklärungsempfänger noch nicht übermittelt ist. Also auch noch dann, wenn die Entschließung des einzelnen Vorstandsmitgliedes einer anderen Person, als dem Empfänger mitgeteilt ist. Etwa einem anderen Vorstandsmitglied[11]).

b) Der Wille muß erklärt werden. Dabei muß

aa) der Inhalt der Entschließung erklärt werden, wie bei jeder Willenserklärung. Es muß ferner

bb) deutlich gemacht werden, daß die Entschließung von den mehreren Vorstandsmitgliedern vorgenommen wurde.

---

[8]) Brodmann § 35, 2, S. 135.

[9]) Diesen Zweck bestätigt Poetsch 24, ohne jedoch zu erkennen, daß seine Auffassung von dem Umfang der kombinierten Vertretung (oben Anm. 6) ihn zunichte macht.

[10]) Oben § 34 VI.

[11]) Ein anderer Willensbildungsvorgang der G. m. b. H. ist z. B. die Wahl eines Geschäftsführers, solange das Ergebnis noch nicht dem Gewählten mitgeteilt ist. Also auch noch, wenn das Ergebnis schon feststeht. Oben § 12 I—II.

Die Erklärung ist immer[12]) eine Betätigung in der Welt der äußeren Erscheinungen[13]). Sie erfolgt, wie die Willensbildung für die G. m. b. H.

c) Zu a) und b). Die Beteiligung jedes Mitgliedes ist ein rechtlich gleichwertiger Teil des ganzen Tatbestandes. Der ganze Tatbestand (es ist ein Gesamtakt) ist erst und schon gegeben, wenn die Summe der einzelnen Teile vorliegt.

2. Diese Ausübung kann so geschehen, daß die mehreren an dem Willensbildungsvorgang und an der Erklärung gleichmäßig mitwirken, daß also jeder neben dem anderen zu beiden Vorgängen seinen Teil beiträgt[14]). Gleichzeitigkeit ist nicht erforderlich.

Hier ist es unerheblich, ob die Beteiligten sich vorher über die Willensbildung untereinander verständigt haben.

3. Die Ausübung kann so geschehen, daß

a) die einen ihren Teil der Willensbildung vornehmen, während sie den anderen die Erklärung dieses Willens überlassen.

b) Die anderen vollziehen

aa) ihr Teil zur Willensbildung und

bb) erklären α) den Willen der anderen und β) ihren eigenen.

c) Der Vorgang macht es nötig, daß die ersten den zweiten ihren Willen mitteilen und sie veranlassen, diesen Willen zu erklären. Die Erklärenden sind insoweit „Boten" der ersten.

4. Die Ausübung kann so geschehen:

a) die einen geben den anderen Vollmacht, für sie den Willen zu bilden und zu erklären. Dieser Vorgang ist ein Teil der Willensbildung.

b) Die anderen bilden und erklären den Willen, und zwar für die ersten und für sich.

aa) Die Vollmacht wird im Zweifel für die G. m. b. H. gegeben („unmittelbare Stellvertretung")[15]). Verliert das Vorstandsmitglied, das sie erteilte, seine Stellung, so bleibt die Vollmacht dessen ungeachtet bestehen.

bb) Es ist aber möglich, daß die Vollmacht von dem Vorstandsmitglied nicht unmittelbar für die G. m. b. H., sondern für seine Person gegeben wird („mittelbare Untervoll-

[12]) Der Willensbildungsvorgang kann auch schon äußerlich in Erscheinung getreten sein. Aber das ist nicht notwendig. Oben zu 1 a am Ende.

[13]) Mag sie auch von einer eingegliederten Person als solchen empfangen werden und deswegen zum Innen-Leben der G. m. b. H. gehören.

[14]) Brodmann § 35, 2, S. 135; RG 81, 325; KGJ 20, 75.

macht")[15]). Diese Vollmacht erlischt mit dem Ende der Stellung des Vorstandsmitgliedes, das sie erteilte[16]).

cc) Endet die Stellung des Bevollmächtigten, so verliert er sein organrechtliches Können und mit diesem die Macht, seinen Teil an der Ausübung der tätigen Vertretung vorzunehmen. Da seine Beteiligung notwendig ist, ist es unerheblich, ob die Vollmacht weiterbesteht oder nicht[17]).

5. Die Ausübung kann so geschehen, daß

a) der mehrgliedrige Vorstand im Wege zu 2, 3 oder 4 einen oder einige von ihnen bevollmächtigt, für ihn den Willen zu bilden und zu erklären („Ermächtigung") und[18])

b) die Ermächtigten für den mehrgliedrigen Vorstand den Willen bilden und erklären. Eine Ermächtigung an sich selbst ist hier statthaft[19]) [20]).

aa) Die Ermächtigung begründet immer eine unmittelbare Stellvertretung[21]). Sie ist also in ihrem Bestand unabhängig davon, ob ein ermächtigendes Vorstandsmitglied seine Stellung verliert.

bb) Die Ermächtigung kann widerrufen werden. Und zwar, solange sie noch im Zustand der Willensbildung[22]) ist, von einem der ermächtigenden Vorstandsmitglieder[23]). Wenn sie dem Empfänger der tätigen Vertretung bekannt gegeben ist[24]), so kann sie nur durch den mehrgliedrigen Vorstand widerrufen werden. Denn der Widerruf ist hier eine tätige Vertretung der G. m. b. H. Eine Beteili-

---

[15]) Oben § 32 V. — [16]) Oben § 32 V.

[17]) Das Fortbestehen einer „Ermächtigung" (unten zu 5) ist erheblich.

[18]) HGB § 125 Abs. 2 Satz 2, § 232 Abs. 1 Satz 2.

[19]) Sie ist „gestattet" i. S. von § 181 BGB durch die §§ 125 und 232 HGB.

[20]) Früher hielt man die Ermächtigung nicht für ausreichend. So etwa RG 40, 18; 61, 223; weitere Entscheidungen sind bei Brodmann § 35, 2, S. 135 angegeben. Jetzt aber: Brodmann § 35, 2, S. 135; Merzbacher § 35, 3, S. 102; Möhring 55; Staub § 35, 14; RG 80, 182; 81, 325; 101, 343; i. LZ 1917, 206, 12.

[21]) Oben § 32 V.

[22]) Oben zu 1 a.

[23]) Die Ermächtigung ist zwar, für die Einzelperson betrachtet, eine Willenserklärung. Sie ist aber, für die G. m. b. H. betrachtet, nur Teil einer Willensbildung. Und in der Willensbildung kann jedes einzelne Mitglied seine Vollmacht erteilen und widerrufen. Brodmann § 36, 4 S. 142 meint, die „unmittelbare Vollmacht" könne nur von der G.m.b.H., also nur von den mehreren Geschäftsführern widerrufen werden.

[24]) Sei es, daß sie ihm gegenüber erklärt ist, sei es, daß sie ihm durch besondere Anzeige oder öffentliche Bekanntmachung kundgegebennist. Je nachdem ist die Form des Widerrufs verschieden bestimmt. §§ 170, 171 BGB.

gung des ermächtigten Vorstandsmitgliedes ist durch § 181 BGB ausgeschlossen[25]).

cc) Endet die Stellung des Ermächtigten, so erlischt mit seinem organrechtlichen Können nicht notwendig auch die Ermächtigung. Sie erlischt immer, wenn die Stellung unabhängig vom Willen der Beteiligten endet[26]). Oder, wenn die Ermächtigung auf Abgabe einer körperschaftsrechtlichen Willenserklärung geht, die ausschließlich von einem Geschäftsführer abgegeben werden kann[27]). Sie erlischt im Zweifel bei willkürlicher Beendigung der Stellung mit der beendigenden Erklärung[28]). Dies ist auch anzunehmen, wenn die Ermächtigung mit Rücksicht auf besondere Umstände, die in der Person des Ermächtigten liegen, gegeben wurde. Etwa wegen besonderer Kenntnisse. Steht aber zweifelsfrei fest, daß die Ermächtigung bestehen bleibt, so kann der Ermächtigte die tätige Vertretung allein vornehmen.

6. Die Ausübung kann bei vielen Willenserklärungen[29]) auch so vollzogen werden, daß

a) die einen Vorstandsmitglieder ihren Teil des Willens bilden und erklären, während

b) die anderen nachher ihr Einverständnis[30]) erklären[31]).

---

[25]) § 181 BGB. Seine Anwendung ist durch § 232 HGB nur für die „Ermächtigung" ausgeschlossen. Nicht für den Widerruf der Ermächtigung. Es wäre sonst bei der „Gesamtvertretung" ein Widerruf rechtlich nicht ohne Zustimmung des Ermächtigten möglich. [26]) Unten § 45 I.

[27]) So manche Anmeldungen zum Handelsregister. Unten § 42 VII 8.

[28]) Unten § 45 II—V.

[29]) Manche Willenserklärungen sind ihrer Natur nach hier nicht geeignet. Staub-Pinner § 232, 11. Etwa eine Stimmabgabe in einer Generalversammlung. Sie können nur im Wege zu 2—5 erfolgen. Fuchs JW 1913, 561.

[30]) Man spricht hier oft von einer „Genehmigung". So u. a. RG 81, 329; Brodmann § 35, 2 S. 135; Poetsch 14/15; Warneyer-Koppe § 35, 4 S. 107. Die Erklärung des Einverständnisses ist aber so wenig eine Genehmigung i. S. des § 184 BGB, wie die Ermächtigung (oben zu 5) eine Einwilligung i. S. des § 183 BGB ist. Die Genehmigung und Einwilligung setzen voraus, daß ein anderer als der Zustimmende ein „Rechtsgeschäft" „vornehmen" kann (§ 182 BGB). Im Verhältnis zu diesem „Rechtsgeschäft" ist die Zustimmung rechtlich geringeren Wertes. Ungeachtet dessen, ob man sie als „ergänzendes Rechtsgeschäft" (auch „Hilfsrechtsgeschäft") auffaßt oder als Tatbestandsteil (vgl. v. Tuhr II, 1, § 50, S. 149 u. II, 2, § 78, S. 214). Die Ermächtigung (oben zu 5) und die Einverständniserklärung (hier) sind im Verhältnis zu den sie ergänzenden Vorgängen in der tätigen Vertretung gleichwertig. Oben zu 1 c.

[31]) Nach RG 81, 329 ist es erforderlich, daß das Einverständnis der ersten noch fortdauert, wenn die zweiten ihr Einverständnis erklären („genehmigen").

aa) Die Erklärung zu b) kann auch von solchen Vorstandsmitgliedern abgegeben werden, die erst nach dem Vorgang zu a) Vorstandsmitglieder geworden sind[32]).

bb) Die Erklärung zu b) kann nur dem Empfänger der tätigen Vertretung gegenüber abgegeben werden[33]). Und sei es durch schlüssige Handlung. Etwa durch Schweigen[34]).

cc) Die tätige Vertretung wirkt erst vom Zeitpunkt der Erklärung zu b)[35]).

7. Zu 4—6. Die Vollmacht zu 4, die Ermächtigung[36]) zu 5 und die nachträgliche Einverständniserklärung[37]) zu 6 können nur für bestimmte Geschäfte oder bestimmte Arten von Geschäften erfolgen. Eine allgemeine Bestimmung genügt nicht. So genügt nicht die Bestimmung: „Abschlüsse von geringer Bedeutung" oder „die Geschäfte des anderen". Andererseits brauchen die Einzelheiten des Geschäfts nicht bestimmt zu sein[38]).

8. Ist für die Erklärung, die vom mehrgliedrigen Vorstand für die G. m. b. H. abgegeben werden soll, eine Form vorgeschrieben, so braucht diese nicht in den Vorgängen der Willensbildung eingehalten zu werden.

Soweit keine Form vorgeschrieben ist, kann auch im Verhältnis zum Empfänger der tätigen Vertretung ein Schweigen der übrigen Vorstandsmitglieder Beteiligung an der tätigen Vertretung sein. So, wenn nach den Grundsätzen von Treu und Glauben in der Verkehrsübung ein Widerspruch erwartet werden durfte[39]). Namentlich des-

Das ist m. Er. nicht erforderlich. Die Erklärung der ersten ist eine in sich abgeschlossene Beteiligung an der tätigen Vertretung, die als Teil schon soviel Erheblichkeit hat, wie sie zur Wirksamkeit der tätigen Vertretung haben muß. Sie gibt dem Gegner der G. m. b. H. eine Anwartschaft, die dadurch vereitelt werden kann, daß die zweiten nicht ihr Einverständnis erklären, aber nicht dadurch, daß die ersten ihre Erklärung zurückziehen.

[32]) Brodmann § 35, 2, S. 136; JW 08, 151.

[33]) Erckens 42; Staub § 35, 18; Uhle 27; RG 101, 342; OLG Nürnberg Recht 1913 Nr. 1571. — Anders Brodmann § 35, 2, S. 135 und die von ihm angegebenen Entscheidungen.

[34]) Eine Erklärung, die allein den ersten Vorstandsmitgliedern gegenüber abgegeben ist, beweist nur, daß der Willensbildungsvorgang abgeschlossen ist.

[35]) § 184 BGB ist nicht anwendbar. Oben Anm. 30.

[36]) HGB § 125 Abs. 2 Satz 2. Staub § 35, 14; Staub-Pinner § 232, 7, die dort angegebenen Entscheidungen. Ferner Cohn 27; Henkel 30; Poetsch 15.

[37]) Henkel 30.

[38]) RG 101, 342.

[39]) Staub-Bondi § 48, 10. RG.U. v. 7. 1 08, II, 385/07; JW 1911, 491, 20.

wegen, weil fortgesetzt und wissentlich eine Ausübung der tätigen Vertretung durch einzelne Vorstandsmitglieder geduldet wurde[40]).

9. Ist bei der tätigen Vertretung eine Frist zu wahren, so muß bis zum Ablauf der Frist der ganze Tatbestand vorliegen. Auch in Fällen dringender Gefahr ist es nicht möglich, sich mit einem Teil zu begnügen[41]).

§ 38. Die Zeichnung.

I. Die Geschäftsführer „zeichnen" für die G. m. b. H. Ist ein mehrgliedriger Vorstand angeordnet, so unterzeichnen in der tätigen Vertretung die mehreren. § 35 Abs. 2. Unterzeichnet ein Vorstandsmitglied auch für ein anderes, so muß in der tätigen Vertretung, für die die Schriftform wesentlich ist, die Doppelstellung des Zeichnenden zum Ausdruck kommen. Etwa bei einer Wechselunterschrift[1]) muß das Mitglied zweimal unterschreiben, wobei das eine Mal erkennbar sein muß, daß der Unterzeichnende für ein anderes Vorstandsmitglied handelt.

II. Die Zeichnung geschieht in der Weise, daß die Geschäftsführer zu der Firma der G. m. b. H. ihre Namensunterschrift beifügen. § 35 Abs. 3.

1. Dabei genügt es, daß die Firma mit Stempeldruck, oder anders mechanisch, hergestellt wird.

2. Die „Unterschrift" ist handschriftliche Unterzeichnung des Geschäftsführers mit seinem Namen. Das ist grundsätzlich wesentlich. Namentlich da, wo Schriftform erforderlich ist[2]). Mechanisch vervielfältigte (faksimilierte) Namenszüge genügen nur ausnahmsweise. So dort, wo es Handelssitte ist und nicht gegen die Grundsätze von Treu und Glauben verstößt[3]).

3. Mechanische Unterfertigung der Firma und handschriftliche des Geschäftsführernamens genügt insonderheit auch bei einer

---

[40]) Brodmann § 35, 2, S. 137; Kretschmann 30; Staub-Bondi § 48, 10; Uhle 30 Anm. 61; RG 75, 419; LZ 1910, 618, 5; JW 1915, 122; JW 1918, 504, 4; OLG Stuttgart 26. Nov. 1925 U. 737/25. Seuff. A. Bd. 25 (1926) Nr. 49.

[41]) Staub § 35, 11; Bie 43.

[1]) Oder bei einer Abtretung eines Hypothekenbriefes, Vertretung bei der Gründung einer G. m. b. H., u. a. m. Staub § 35, 14.

[2]) Cohn 46; RG 47, 165, insbes. 167; KGJ 13, 171. ROHG 5, 267; 9, 215; 10, 56; 12, 133; 18, 340.

[3]) So auch heute noch richtig RG 14, 97. Anders: Cohn 46; Döring 25; Kretschmann 75.

Wechselunterschrift[4]) [5]). Art. 4 Ziff. 5 WO: „Die Unterschrift des Ausstellers . . . mit seiner Firma".

III. § 35 Abs. 3 ist nur eine Ordnungsvorschrift [6]). Es ist grundsätzlich jede Art der Zeichnung gültig, die erkennen läßt, daß für die G. m. b. H. gehandelt wird, und, wer für sie handelt. Namentlich genügt es, daß die Firma auf dem Briefkopf steht oder in den Text aufgenommen ist und die Umstände ergeben, daß für die Firma gehandelt wird. Der Empfänger der Erklärung kann auf Einhaltung der Ordnungsvorschrift bestehen [7]).

IV. Der Gesellschaftsvertrag oder eine dem Geschäftsführer übergeordnete Person können eine andere Art der Zeichnung vorschreiben. Doch ist dies für das drittrechtliche Können unerheblich. § 37 Abs. 2[8]). Es sei denn, daß es aus einem besonderen Rechtsgrunde Bedeutung hat. Im körperschaftsrechtlichen Können hat es grundsätzlich auch keine stärkere Bedeutung [9]). Doch wird hier oft ein besonderer Grund vorhanden sein, der die Einhaltung der Vorschrift zur Gültigkeitsvorausetzung macht [10]).

§ 39. Die Wirkung der Ausübung organrechtlichen Könnens.

I. Eine Ausübung organrechtlichen Könnens liegt nur vor, wenn ein Verhalten den Umfang des Könnens nicht überschreitet und vom Inhaber des Könnens geübt wird. Gegebenenfalls bei der tätigen Vertretung von dem mehrgliedrigen Vorstand.

II. Rechtmäßiges Verhalten, das in Ausübung organrechtlichen Könnens geübt wird, wirkt nur in der Person der G. m. b. H., nicht in der des Geschäftsführers. „Verdeckte Geschäftsführung" [1]) wirkt nur in der Person des Geschäftsführers.

---

[4]) Ebenso Brodmann § 35, 4 S 138; Cohn 46; Kretschmann 76; RG 47, 167; ROHG 14, 317. Manche verlangen, daß auch die Firma geschrieben ist; Döring 25; Staub § 35, 30 Abs. 2; Staub WO Art. 4, 29; Lenz 27 und die bei Staub Angegebenen.

[5]) So ist es auch üblich.

[6]) Brodmann § 35, 4 S. 138; Döring 24; Staub § 35, 29 u. 33; und die bei Brodmann angegebenen Entscheidungen.

[7]) Brodmann § 35, 4, S. 138.

[8]) Brodmann § 35, 4, S. 138; Staub § 35, 32; Uhle 40; und die dort angegebenen Entscheidungen.

[9]) Staub § 35, 31; Döring 25, soweit sie mit den Worten „nach innen" das „körperschaftsrechtliche" Verhalten erfassen.

[10]) Staub § 35, 33.

[1]) Oben § 34 III 1.

III. Unrecht, das in Ausübung organrechtlichen Könnens geübt wird, verpflichtet immer die G. m. b. H. zu Schadenersatz. § 31 BGB [2]).

1. Relatives Unrecht wirkt nur in der Person der G. b. m. H. [3]), denn es ist begrifflich nur im Verhältnis des Verletzten zur G. m. b. H. möglich. Relatives Unrecht kann aber zugleich absolutes Unrecht des Geschäftsführers sein.

2. Absolutes Unrecht wirkt auch in der Person des handelnden Geschäftsführers [4]). §§ 823 ff. BGB. Er haftet neben der G. m. b. H. [5]) § 840. Sind mehrere Vorstandsmitglieder beteiligt, so haften sie solidarisch [6]).

3. Strafbar wird grundsätzlich [7]) nur der handelnde Geschäftsführer [8]).

IV. Die Wirkungen treten alle ein. Auch die gesetzlichen Nebenwirkungen [9]), wie etwa ein Anfechtungsrecht.

Sie treten von Anfang an ein. Sei es in der Person der G. m. b. H., oder in der des Geschäftsführers, oder in beiden. Eine Übertragung vom einen auf den anderen ist nicht nötig [10]).

Sie treten ein unabhängig davon, ob ein organrechtliches Dürfen oder Sollen bezüglich des betreffenden Verhaltens besteht [11]).

§ 40. Das Überschreiten des organrechtlichen Könnens.

I. Das Verhalten eines Geschäftsführers kann über sein organrechtliches Können hinausgehen. Sei es, daß es nicht im Umfang des Könnens liegt. Sei es, daß es von einem mehrgliedrigen Vorstand vorgenommen werden mußte, aber nicht vorgenommen ist [1]).

II. Handelt es sich dabei um Rechtsgeschäfte, so liegt „Vertretung ohne Vertretungsmacht" im Sinne der §§ 177 ff. BGB vor.

---

[2]) Oben § 34 IV.

[3]) v. Tuhr I § 37, S. 526 Anm. 28, S. 538 Anm. 80; Jsay 385.

[4]) Oben § 34 IV 7. — v. Tuhr I § 37, S. 538; RG 63, 328; LZ 08, 449, 24; JW 1911, 939, 2.

[5]) Brodmann § 35, 1, S. 133; Gierke I, § 67, S. 531; Enneccerus I, 1, § 103, 3; Staub-Pinner § 232, 40; v. Tuhr I, § 37, S. 541; RG 91, 75; JW 1911, 939, 2.

[6]) Brodmann § 13, 1, S. 61 und die bei ihm angegebenen Entscheidungen.

[7]) Oben § 34 IV 1 b. JW 07, 396, 19.

[8]) Brodmann § 13, 1, S. 60/61; § 35, 1, S. 133; Kretschmann 118; Merzbacher § 35, 2 b; und die bei Brodmann angegebenen Entscheidungen.

[9]) v. Tuhr II, 1, § 50, S. 165.

[10]) v. Tuhr II, 2 § 87, S. 437.

[11]) Auch die des Unrechts oben zu III. Endemann I, § 44, 3, S. 198; Staub-Pinner § 232, 37.

[1]) OLGR 7, 151.

1. Ein Vertrag kann durch Genehmigung für die G. m. b. H. wirksam werden [2]). § 177. Die Genehmigung erfolgt durch das zuständige [3]) Organ. Wird der Vertrag nicht genehmigt, noch zulässigerweise vom Vertragsgegner widerrufen, § 178 BGB, so verpflichtet er den Geschäftsführer selbst zur Erfüllung oder zum Schadensersatz [4]). § 179 Abs. 1. Der gutgläubige Geschäftsführer hat nur das negative Interesse zu ersetzen [5]). § 179 Abs. 2.

2. Ein einseitiges Rechtsgeschäft ist grundsätzlich nichtig. § 180 Satz 1 BGB. Ausnahmsweise gilt das Gleiche wie bei Verträgen, wenn entweder der Geschäftsführer Vertretungsmacht behauptet und der Gegner dies nicht beanstandet, oder der Gegner mit der Vertretung ohne Vertretungsmacht einverstanden ist. § 180 Satz 2 BGB.

3. Die Haftung des Geschäftsführers ist ausgeschlossen, wenn der Gegner den Mangel der Vertretungsmacht kennt oder kennen muß [6]). § 179 Abs. 3 BGB [7]).

III. 1. Für das übrige Verhalten ist die Anordnung eines mehrgliedrigen Vorstandes ohne Bedeutung [8]). Deswegen ist unerheblich, ob es von einem oder von mehreren Vorstandsmitgliedern geübt wird.

2. Überschreitet dieses Verhalten den Umfang des organrechtlichen Könnens, so sind für alles rechtmäßige Verhalten die Grundsätze zu II entsprechend anzuwenden [9]). Unrecht wirkt nur in der Person des Geschäftsführers.

§ 41. Die Ausschließlichkeit des organrechtlichen Könnens.

I. Neben dem Geschäftsführer können auch noch andere Personen für die G. m. b. H. rechtserhebliches Verhalten üben. Seien es andere Organe, seien es Bevollmächtigte.

---

[2]) v. Tuhr II, 2, § 87, S. 441.

[3]) Zuständig ist grundsätzlich nur das Organ, das den Vertrag schließen kann und darf. Ein organrechtliches Können reicht nur aus, soweit das Dürfen unbeachtlich ist. Das ist z. B. im organrechtlichen Können des Geschäftsführers auf drittrechtlichem Gebiet der Fall. § 37 Abs. 2.

[4]) Bolze 18, Nr. 229, S. 137.

[5]) Nach WO Art. 95 tritt stets Erfüllungshaftung ein. v. Tuhr II, 2, § 87, Anm. 85.

[6]) Beruft sich der Geschäftsführer darauf, daß der Gegner aus dem Handelsregister den Mangel der Vertretungsmacht hat kennen müssen (§ 179 Abs. 3 BGB), so nützt ihm dies nichts. Denn auf die Eintragung kann sich nach § 15 HGB nur der berufen, in dessen Angelegenheiten die Eintragung erfolgte. Das ist die G. m. b. H., nicht der Geschäftsführer. Uhle 38; Cohn 37.

[7]) Anders WO Art 95; oben Anm. 5. [8]) Oben § 36 I.

[9]) Das oben § 34 Anm. 55 III—V Gesagte gilt auch hier.

II. Ein anderer Geschäftsführer kann, wenn Einzelvertretung besteht, alles Verhalten üben, was ein Geschäftsführer überhaupt üben kann. Besteht eine mehrgliedrige Vertretung, so gilt für alles Verhalten, das nicht tätige Vertretung ist, das Gleiche. Für die tätige Vertretung haben das organrechtliche Können nur mehrere zusammen. Es kann dabei einem Geschäftsführer mehr Macht eingeräumt werden, als einem anderen [1]).

III. Der Gesellschafterwille, der im Gesellschaftsvertrage zum Ausdruck kommt, kann in den „Angelegenheiten der Gesellschaft" [2]) grundsätzlich jedes Verhalten üben, das in der Person der G. m. b. H. überhaupt gedacht werden kann. Es gibt aber gesetzliche Ausnahmen. § 45 Abs. 1.

1. Ausgenommen ist allgemein das drittrechtliche Können [3]). Es ist dem Geschäftsführer gegeben. § 35 Abs. 1. Der Gesellschafterwille hat also dieses organrechtliche Können grundsätzlich nicht. Indessen gibt es davon wieder eine Ausnahme. Die Gesellschafterversammlung kann jederzeit Bevollmächtigte bestellen [4]). § 45 in Verbindung mit § 46 Ziff. 7. Und dadurch kann sie mittelbar jedes drittrechtliche Verhalten veranlassen.

2. Das körperschaftsrechtliche Können ist nur in besonderen Bestimmungen ausgenommen [5]). Im allgemeinen hat es der besonders bestimmte Gesellschafterwille. Darunter hat er manches körperschaftsrechtliche Können ausschließlich [6]).

IV. 1. Der einfache Gesellschafterwille hat drittrechtlich im Zweifel dasselbe organrechtliche Können. Er kann also Bevollmächtigte bestellen. Dieses organrechtliche Können kann ihm im Gesellschaftsvertrage ganz oder teilweise entzogen werden. Aber es kann nicht unmittelbar [7]) auf alles übrige drittrechtliche Verhalten ausgedehnt werden. § 45, § 46 Ziff. 7, § 35 Abs. 1.

2. Körperschaftsrechtlich kann der einfache Gesellschafterwille grundsätzlich jedes Verhalten üben.

---

[1]) Oben § 36 III.

[2]) Oben § 31 III 2 h cc.

[3]) In dieser Einschränkung auf das drittrechtliche Können gilt dieser Satz, den für das Außenleben überhaupt gelten lassen: Brodmann § 35, 3, S. 117; Köhler 53, 56; Merzbacher § 6, 1; Neukamp § 36, S. 198; § 45, S. 266; Wieland § 38, S. 480.

[4]) Anders OLGR 24, 153; Brodmann § 35, 1, S. 134.

[5]) Oben § 31 II 3 u. 4; unten § 42 VII 3, 7—9.

[6]) z. B. § 26, § 53; Neukamp § 45, S. 266.

[7]) Mittelbar kann den Gesellschaftern eine weitergehende Macht dadurch gegeben werden, daß sie zu Bevollmächtigten bestellt werden. Oben zu III 1.

a) Ausgenommen sind kraft Gesetzes einzelne Handlungen, die nur der besonders bestimmte Gesellschafterwille [8]) oder nur der Geschäftsführer vornehmen kann [9]).

b) Ausnahmen kann der Gesellschaftsvertrag bestimmen. § 45 Abs. 1.

V. Der Aufsichtsrat kann nur das Verhalten üben, wozu er besonders ermächtigt ist. Kraft Gesetzes kann er drittrechtliche Geschäfte mit den Geschäftsführern abschließen und die von der Gesellschafterversammlung beschlossenen Rechtsstreitigkeiten gegen die Geschäftsführer führen. Der Gesellschaftsvertrag kann ihm diese Befugnis entziehen. § 52 in Verbindung mit § 247 Abs. 1 HGB.

VI. Bevollmächtigte können nur das Verhalten üben, wozu sie besonders ermächtigt sind. Bevollmächtigte für den gesamten Geschäftsbetrieb und Prokuristen können drittrechtlich jedes Verhalten üben, soweit nicht die Bestimmungen des HGB's Schranken setzen [10]). Für körperschaftsrechtliches Verhalten ist immer eine besondere Ermächtigung erforderlich.

VII. Abschnitt.

§ 42. Die Nebenbeziehungen zum organrechtlichen Können. (Organrechtliches Dürfen und Sollen in Sonderheit.)

I. Die Nebenbeziehungen zum organrechtlichen Können sind immer Beziehungen zum einzelnen Geschäftsführer [1]). Eine Beziehung zum mehrgliedrigen Vorstand als solchen gibt es nicht. Auch dort nicht, wo das organrechtliche Können einem mehrgliedrigen Vorstand gegeben ist.

II. Für den Inhalt der Nebenbeziehungen ist maßgebend das Gesetz [2]), der Gesellschaftsvertrag [3]) und der Anstellungsvertrag.

---

[8]) z. B. § 53, § 60, Ziff. 2.

[9]) Unten § 42 VII 7—10. Z. B. Die Anmeldungen zum Handelsregister. § 78. KGJ 48, 130.

[10]) HGB § 49 Abs. 2.

[1]) Henkel 16; Bachmann 14.

[2]) Aus dem HGB kommen nicht die Regeln über das Verhältnis des Handlungsgehilfen zum Prinzipal in Anwendung. Denn der Geschäftsführer selbst ist, abgesehen von seiner Stellung gegenüber den übergeordneten Instanzen, Prinzipal. Brodmann § 5, 6; Staub § 37, 3 am Anfang; die dort angegebenen Entscheidungen und: RG. i. Recht 08, 1067; LZ 1912, 309, Nr. 2; OLG Hamburg i. Rundschau G. m. b. H. 1914, 85.

[3]) Er ist immer auch für den Geschäftsführer maßgebend, der nicht Gesellschafter ist. Anders Brodmann § 38, 3 S. 148.

Aus dem BGB kommen insbesondere in Anwendung: § 27 Abs. III in Verbindung mit den §§ 664—670 [4]), gegebenenfalls §§ 611 ff. [5]) oder §§ 662 ff.

III. Es ist möglich, daß das Gesetz, der Gesellschaftsvertrag und der Anstellungsvertrag nicht miteinander in Einklang stehen.

1. Dann geht die zwingende gesetzliche Regelung jeder der beiden anderen Quellen vor. Nachgiebige gesetzliche Bestimmungen gehen nur dann nicht vor, wenn sie in gehöriger Form ausgeschlossen sind.

2. Im Verhältnis der beiden anderen Quellen geht

a) für die unselbständigen Nebenbeziehungen und, soweit sie Innenbeziehungen sind, für die selbständigen Nebenbeziehungen der Gesellschaftsvertrag vor.

b) Für die selbständigen Außenbeziehungen geht der Anstellungsvertrag vor, der insoweit grundsätzlich nicht beliebig einseitig abgeändert werden kann [6]).

IV. Das organrechtliche Dürfen und Sollen ist zum Teil mittelbar bestimmt. Alle Befehlssätze und Erlaubnissätze [7]), die die Rechtsordnung an die G. m. b. H. richtet, befehlen oder erlauben ihren Organen ein bestimmtes Verhalten [8]). Fällt das Verhalten in das organrechtliche Können des Geschäftsführers, so soll oder darf er es regelmäßig [9]) auch üben. Er hat insoweit dafür zu sorgen, daß die G. m. b. H. ihre Verpflichtungen erfüllt. Ihre öffentlich-rechtlichen

---

[4]) v. Tuhr I, § 37, S. 523.

[5]) RG. LZ 1912, 309, 2.

[6]) Oben § 22 I 5.

[7]) Zitelmann Intern. Pr. R. I, S. 44 ff.

[8]) I. Will man mit dem Begriff: Normadressat arbeiten, so muß man ihn (schon und nur) auf die Person beziehen, ungeachtet dessen, ob man als Norm jeden Rechtssatz oder nur jeden Befehlssatz bezeichnet. Denn es gibt viele Rechtssätze, die ihren Adressaten nur der Person nach bestimmen. Welche Menschen begünstigt oder beschwert werden sollen, ist in den meisten Rechtssätzen nicht bestimmt.

II. Manche wollen die juristischen Personen nur als „formelle" Adressaten gelten lassen und bezeichnen ihre Organe als „materielle" Adressaten (so Wenzel 53). Das empfiehlt sich nicht. Denn es sind damit zwei — den beteiligten Personen nach — verschiedene Rechtsverhältnisse auf die einheitliche Formel „Adressat" gebracht.

III. Die Fragen zu I und II sind streitig. Vgl. dazu u. a. Affolter 393 ff.; Thon 1 ff, 42 ff., Rechtsnorm 3 ff.; Wenzel 46 ff.

[9]) Das mittelbar bestimmte Dürfen und Sollen kann durch unmittelbar bestimmtes (unten zu V) insoweit ausgeschlossen werden, als das zweite von einer Quelle abgeleitet wird, die der des ersten vorgeht. Oben zu III. Dazu unten § 44 Anm. 6.

und ihre privatrechtlichen [10]). Ist eine G. m. b. H. Arbeitgeber im Sinne des § 1 (vgl. § 2) des Gesetzes über die Beschäftigung Schwerbeschädigter, so hat der Geschäftsführer für die Erfüllung der von diesem Gesetz auferlegten Verpflichtungen zu sorgen [11]) [12]). Hat eine G. m. b. H. an einer Sache das Eigentum, so darf der Geschäftsführer regelmäßig [9]) die Befugnisse des Eigentümers ausüben.

V. Daneben gibt es organrechtliches Sollen und Dürfen, das unmittelbar an den Geschäftsführer gerichtet ist. Und zwar gesetzliches und rechtsgeschäftliches.

VI. Die Rechtsordnung kennt Befehlssätze, die sich, um ein bestimmtes Verhalten zu veranlassen, an die G. m. b. H. und an den Geschäftsführer richten und (nach außen) beide nebeneinander für die Erfüllung verantwortlich machen. Z. B. § 84 RAbgO [13]). Hierher sind auch die „Normen" [14]) (= allgemeine Rechtspflichten) [15]) zu rechnen, die aus allen denjenigen Rechtssätzen zu entnehmen sind, die die Folgen „unerlaubter Handlungen" festsetzen, mögen auch diese Folgen für die G. m. b. H. und den Geschäftsführer verschieden sein [16]). Insbesondere etwa die §§ 239—241 KO, deren Strafen nach § 83 den Geschäftsführer treffen.

VII. Unmittelbar an den Geschäftsführer ist vom Gesetz u. a. folgendes Dürfen und Sollen gerichtet:

1. a) Der Geschäftsführer darf im Zweifel Handlungsbevollmächtigte zu einem beschränkten drittrechtlichen [17]) Geschäftskreis bestellen [18]).

---

[10]) v. Tuhr I, § 37, S. 525 (für die privatrechtlichen Verpflichtungen).

[11]) Man kann den Geschäftsführer als „konkreten", die G. m. b. H. als „abstrakten" Prinzipal bezeichnen. (Kaskel § 11, II, C § 71.) Er ist nicht Arbeitnehmer. (Staub-Pinner § 231, 32 c.) Auch nicht, wenn er im einzelnen Fall eng an die Weisungen eines übergeordneten Organs gebunden ist. (Anders hier Hoeniger-Wehrle 1926, Einl. III, 8.) Er behält dann immer seine eigene Verantwortung, die durch die des übergeordneten Organs nicht gedeckt werden kann, weil sie an anderem, und zwar schärferem Maßstab zu messen ist. Unten § 42 VIII u. Anm. 53, § 44 Anm. 6. Das schließt nicht aus, daß einzelne Gesetze ihn in mancher Hinsicht zu den „Arbeitnehmern" in einem jeweils erweiterten Sinn zählen. Vgl. Molitor 25 ff.

[12]) Ein anderes Beispiel behandelt RG 91, 72. Der Geschäftsführer hat „Baugelder" dem Gesetz gemäß zu verwenden.

[13]) Liebmann § 36, 4; Neukamp § 35, S. 194.

[14]) So für das Strafrecht (wenn auch voneinander abweichend): Binding „Normen", 2. Aufl., Leipzig 1890; Beling „L. v. V." § 15; Frank vor § 1, I u. II; v. Liszt § 2, I, 2; u. a.

[15]) Oben § 34 IV 1.

[16]) Oben § 34 IV 1 u. 7 und § 39 III.

[17]) „Handlungsbevollmächtigte zum gesamten Geschäftsbetrieb" und „Prokuristen" haben nur drittrechtliche Vertretungsmacht. Oben § 14 Anm. 9

b) Im übrigen hat er im Zweifel seine Leistungen persönlich zu erbringen [19]).

c) Die Grundsätze zu a [20]) und b können durch zulässige [21]) Willensäußerungen übergeordneter Organe abgeändert werden (§ 664 BGB).

2. Der Geschäftsführer soll Beschränkungen einhalten, die der Gesellschaftsvertrag und nächst ihm die Gesellschafterbeschlüsse ihm auferlegen [22]).

a) Jeder Gesellschaftsvertrag legt in der Bezeichnung des Gegenstandes des Unternehmens (§ 3 Ziff. 2) eine Beschränkung auf [23]). Organrechtliches Können, das nicht zum Gegenstand des Unternehmens gehört, darf der Geschäftsführer im allgemeinen nicht ausüben.

b) Der Gesellschaftsvertrag, und ihm zufolge [24]) der einfache Gesellschafterwille, kann so zahlreiche Beschränkungen auferlegen, daß der Geschäftsführer grundsätzlich nur fremden Willen auszuführen hat [25]) [26]). Der Geschäftsführer kann aber immer verlangen, zur Geschäftsführung, insbesondere zur Vertretung zugelassen zu werden [27]). Er darf immer selbst bestimmen, soweit ihm die Verantwortung nicht entzogen werden kann [28]).

---

u. § 32 II. Deshalb schließt § 46 Ziff. 7 (unten Anm. 18) nur für die drittrechtlichen Geschäfte die Anwendung des § 664 BGB aus.

[18]) Umkehrschluß aus § 46 Ziff. 7 (oben § 31 III 2 f.), der insoweit die Anwendung des § 664 BGB ausschließt. Das übersehen Cohn 62, Kretschmann 101, Uhle 22.

[19]) § 664 BGB.

[20]) Auch der zu a) kann durch einfachen Gesellschafterwillen (nicht bloß im Gesellschaftsvertrage) dann abgeändert werden, wenn der Gesellschaftsvertrag keine andere Bestimmung trifft. § 37 Abs. 1. Unten zu 2.

[21]) Dazu unten zu 2 d und § 44 Anm. 4.

[22]) Das bestimmt für das drittrechtliche Können § 37 Abs. 1. Körperschaftsrechtlich kann der Geschäftsführer grundsätzlich nicht mehr, als er soll oder darf. Und dieses bestimmt sich in derselben Staffelung: zuerst nach dem Gesetz, dann nach dem Gesellschaftsvertrag, demnächst nach einfachen Gesellschafterbeschlüssen. Oben § 31 II 3—4, V u. VI u. § 41.

[23]) Staub § 37, 3; Uhle 22 A. 40.

[24]) Nicht: ihm zuwider. Unten zu d.

[25]) ROHG 19, 60; 21, 376.

[26]) Von dem Willen außenstehender Personen kann er nur in beschränkterem Maße abhängig gemacht werden. RG 82, 308.

[27]) § 35 Abs. 1. RG 44, 98. RG. bei Holdh. 23, 270.

[28]) Unten zu 11 u. § 44 Anm. 6.

c) Die Abhängigkeit der Geschäftsführer von dem Gesellschafterwillen kann eingeschränkt werden [29]). Z. B. durch die Bestimmung, daß nur einstimmige Gesellschafterbeschlüsse vom Geschäftsführer ausgeführt werden brauchen [30]).

aa) Einem Geschäftsführer, der Gesellschafter ist, können Sonderrechte und unantastbare oder beschränkt antastbare Mitgliedsrechte im organrechtlichen Dürfen eingeräumt werden [31]). Dann ist eine Beeinträchtigung dieser Rechte grundsätzlich nur mit Zustimmung des Betroffenen möglich.

bb) Wird völlige Unabhängigkeit im organrechtlichen Dürfen ausbedungen, so kann doch immer durch Widerruf der Bestellung das organrechtliche Können und damit zugleich alles Dürfen dann entzogen werden, wenn ein wichtiger Grund dazu vorliegt [32]).

d) Anordnungen, die gegen das Gesetz oder den Gesellschaftsvertrag verstoßen, dürfen nicht befolgt werden [33]).

e) Aus besonderen Gründen dürfen die Geschäftsführer auch sonst von den Beschlüssen der Gesellschafter gemäß § 665 BGB [34]) abweichen.

3. Jeder Geschäftsführer hat für eine ordnungsmäßige Buchführung Sorge zu tragen. §§ 41 und 42 [35]). Er braucht die Bücher

---

[29]) Cohn 49; Döring 28; Lenz 54; Liebmann § 37, 4, S. 155, Staub § 37, 3, S. 434. RG. Holdh. 20 (1911) 119; OLG 16, 118.

[30]) Lenz 55.

[31]) Oben § 23 I und V 1.

[32]) Unten § 45 III 2 a.

[33]) Anders: Brodmann § 37, 1, S. 144, § 43, 2, S. 164, Staub § 37, 5 und Erckens 58, die dies nur für die Verletzung zwingender Gesetzesvorschriften gelten lassen. — Allein der Geschäftsführer ist vor dem einfachen Gesellschafterwillen an den Gesellschaftsvertrag gebunden. Unten § 44 Anm. 6. Wie hier entscheiden: Döring 29; Neukamp § 37, S. 200, § 45; S. 264; v. Tuhr I, § 37, S. 523, namentlich Anm. 18; Sehling 198; Uhle 22/23.

[34]) v. Tuhr I, § 37, S. 523; Uhle 22.

[35]) Beck, Das Buchhaltungswesen der G. m. b. H. Hannover 1923; Bekker, K., Die Behandlung eigener Geschäftsanteile der G. m. b. H., LZ 1925, 837; Brodmann §§ 41, 42, § 46, 2, S. 171, § 49, 3, S. 191; Cohn 54; Döring 32; Erckens 59; Lattermann 26; Lenz 63; Liebmann § 42; Möhring 98—116; Schiefner, Gaston, Die Verantwortlichkeit der Geschäftsführer der G.m.b.H. für die Buchführung. Greifswalder Diss. 1913; Staub-Pinner § 261; Sehling 199; Uhle 47; Warneyer-Koppe § 41; und die bei ihnen angegebenen Entscheidungen.

I. Zur VO über Goldbilanzen vom 28. Dezember 1923 und Durchführungs-VO vom 28. März 1924:

nicht selbst zu führen [36]), hat aber stets selbst die Verantwortung [37]). Ob die doppelte Buchführung nötig ist, hängt von der Größe des Unternehmens ab [38]).

4. Die Geschäftsführer haben für ihre Geschäftsführung Rechenschaft abzulegen. Sie haben die Jahresbilanz vorzulegen und die erforderlichen Auskünfte zu geben [39]). BGB § 675 in Verbindung mit § 666 und § 259. Und zwar regelmäßig der Gesellschafterversammlung. Gegebenenfalls einem anderen, Aufsicht führenden Organ; z. B. einem Aufsichtsrat. § 46 Ziff. 1 in Verbindung mit § 45 Abs. 2.

5. Zur Erhaltung eines Mindestvermögens, das durch den Betrag des Stammkapitals bestimmt ist, sind folgende Vorschriften [40]) zu beachten: Die Geschäftsführer dürfen aus dem Vermögen der G. m. b. H., das zur Erhaltung des Stammkapitals erforderlich ist, an die Gesellschafter nichts auszahlen. § 30 Abs. 1. Eigene Geschäfts-

---

1. Im Bank-Archiv 23. Jahrg. 1923/24: von Breska, Die Durchführung der Umstellungsbeschlüsse 227; Flechtheim, Zur Bilanzverordnung 79. — Die stillen und offenen Reserven in der Goldmarkeröffnungsbilanz 166. — Die Spruchstelle in Umstellungssachen 198 u. 231; Haußmann, Fritz, Die Bewertung des Unternehmens in der Goldbilanz 137; Rosendorff, Die Anfechtbarkeit der Goldmarkeröffnungsbilanz 241; Sintenis, Zur Verordnung über Goldbilanzen 63. —

2. Carl Becker in ZBH 1926, 2, S. 51; Beutner, Wilh., in Zeitschr. f. Gesellschaftswesen 1925, 197; Breit, Kommentar zur GBV Berlin 1925; Brodmann, Nachtrag; Byk, Kommentar zur GBV, Berlin 1925; DJZ 1925, S. 1043; Feilchenfeld-Gelpcke-Frentzel, Kommentar zur GBV, Berlin 1925; Fischer, Richard, Goldmarkbuchführung, Goldmarkbilanz, Berlin 1923; derselbe in Zeitschr. f. Gesellschaftswesen 1924, 22; Heinsheimer § 56, a; § 58; Quassowski, L., VO über Goldbilanzen, Mannheim 1924; Weisbecker, W. in Zeitschr. f. Gesellschaftswesen 1925, 113; weiteres Umstellungsschrifttum ist in DJZ 1925, 354 angegeben.

II. Zum Betriebsbilanzgesetz vom 5. Febr. 1921. Krukenberger, Bank-Arch. 1920/21, S. 168.

[36]) ROHG 18, 397/98.

[37]) Brodmann § 41, 2, S. 153.

[38]) Brodmann § 41, 1, S. 153; Lenz 62; daß die doppelte Buchführung immer notwendig ist, nimmt Kretschmann (82) an.

[39]) Bachmann 4/8; Brodmann § 46, 6, S. 175; § 46, 7, S. 176; Cohn 62; Jsay 127; Lattermann 21; Rundschau G. m. b. H. 1914, Nr. 1, S. 16; v. Tuhr I, § 37, S. 524; Uhle 65.

[40]) Nicht hierher gehört § 19 Abs. 2: Die Stammeinlagen können nicht erlassen oder gestundet werden. Eine Aufrechnung und ein Zurückhaltungsrecht findet nicht statt. — Das Wort: Können hat durchaus den oben festgelegten Sinn. Es ist mehr als ein Nicht-Dürfen oder Nicht-Sollen. Deswegen richtig Holdh. 27, 154, wonach auch ein Gesellschafterbeschluß die Stundung der Stammeinlage nicht herbeiführen kann.

anteile, auf welche die Stammeinlage noch nicht vollständig eingezahlt ist, darf die G. m. b. H. nicht erwerben. § 33 Abs. 1. Auch Geschäftsanteile, auf die die Stammeinlage voll eingezahlt ist, soll sie nur erwerben, wenn der Erwerb aus dem über den Betrag des Stammkapitals hinaus vorhandenen Vermögen geschehen kann. § 33 Abs. 2.

6. Der Geschäftsführer hat die Gesellschafterversammlung einzuberufen. Und zwar

a) in den im Gesetz [41]) oder Gesellschaftsvertrag ausdrücklich bestimmten Fällen und

b) wenn es das Interesse der Gesellschaft erfordert [42]). Insbesondere, wenn die Hälfte des Stammkapitals verloren ist. § 49. Die Form der Berufung bestimmt § 51 [43]) [44]).

---

[41]) §§ 26, 46, vorbehaltl. 48 Abs. 2, 50, 53, 60 Ziff. 2 u. 66.

[42]) Brodmann § 49, 2, S. 190; Cohn 53; Erckens 62; Henkel 50; Kretschmann 88; Sächs. Arch. 12, 726; RG. Holdh. 11 (1902) 266; 12 (1903) 197, namentlich 201; 13 (1904), 9 u. 239. Weiteres Schrifttum ist bei Liebmann § 49, 2, Nr. 3 angegeben.

[43]) Brodmann § 51; die von ihm angegebenen Entscheidungen; Cohn 51; Döring 30; Erckens 64; Lattermann 24.

[44]) I. Es ist streitig, ob und inwieweit § 49 nachgiebiges Recht ist.

1. Es wird die Meinung vertreten § 49 sei in jeder Hinsicht nachgiebig. Lenz 67/68; Staub § 49, 3, 17 u. 18.

2. Andere meinen § 49 sei teilweise nachgiebiges Recht, teilweise zwingendes. Brodmann § 49, 1, S. 190; § 49, 3, S. 191; Cohn 51; Döring 30; Liebmann § 45, 2; Merzbacher § 49, 2; Neukamp § 49, 1; Parisius-Crüger § 49, 1 (6. Auflage); Uhle 49.

3. Die vorgebrachten Begründungen der einen oder anderen Meinung sind sehr verschieden. Doch scheint mir keine schlüssig zu sein.

II. § 49 führt einerseits die Bestimmung des § 45 fort. Er regelt „Rechte“ der Gesellschafter. Das ist organrechtliches Dürfen der Gesellschafter. Oben § 31 III 2 c.

III. § 49 regelt andererseits organrechtliches Dürfen und Sollen des Geschäftsführers. Und zwar im Abs. 1 Dürfen, im Abs. 2 und 3 Sollen.

IV. Das organrechtliche Dürfen der Gesellschafter und das Dürfen und Sollen des Geschäftsführers sind Beziehungen zur G. m. b. H. Sie bestehen nicht zwischen den Gesellschaftern und dem Geschäftsführer. Deshalb sind die Beziehungen in ihrem Bestand voneinander unabhängig. Dem steht nicht entgegen, daß durch eine gesetzliche Festsetzung des organrechtlichen Dürfens und Sollens des einen Organs mittelbar das eines anderen Organs mitgeregelt ist. Oben § 31 III 2 f.

V. Die im § 49 geregelten Beziehungen der G. m. b. H. zu den Gesellschaftern und zu den Geschäftsführern haben für jedes der beiden Organe einen anderen Inhalt.

1. Die Gesellschafter haben das Recht, in bestimmten Fällen gehört zu werden. Abs. 2 und 3.

7. Der Geschäftsführer hat alljährlich im Januar eine Liste der Gesellschafter zum Handelsregister einzureichen. § 40. Es sind anzugeben: der Name der Gesellschafter, ihr Vorname, Stand, Wohnort und ihre Stammeinlagen. Ist in diesen Punkten keine Änderung eingetreten, so genügt die Erklärung, daß keine Veränderungen eingetreten sind [45].

8. Der Geschäftsführer hat alle im Gesetz vorgesehenen Anmeldungen zum Handelsregister vorzunehmen. Die Pflicht liegt jedem einzelnen Geschäftsführer ob [46].

Die Anmeldungen selbst müssen zum Teil durch alle Geschäftsführer erfolgen. So in den Fällen der §§ 7 Abs. 1, 12 Abs. 1, 57 Abs. 1, 58 Abs. 1 Nr. 3 und 80 Abs. 5 [47]. Die Vertretung eines Geschäftsführers durch einen anderen auf Grund einer Generalvollmacht ist dabei unzulässig [48]. In allen übrigen Fällen kann die zur Vertretung befugte Zahl der Geschäftsführer anmelden [49].

Bei der Anmeldung haben die Geschäftsführer dem Registergericht gegenüber eine besondere Versicherung abzugeben. § 8 Abs. 2, § 57 Abs. 2, § 58 Nr. 4. Sie ist von den Geschäftsführern persönlich abzugeben. Wissentlich falsche Angaben sind strafbar. § 82 Ziff. 1 bis 2.

9. Jeder Geschäftsführer hat die Eröffnung des Konkursverfahrens zu beantragen, wenn Zahlungsunfähigkeit der G. m. b. H. eintritt oder bilanzmäßig sich Überschuldung ergibt. § 64 Abs. 1 [50] [51].

---

2. Die Geschäftsführer haben:

a) die Verpflichtung, in bestimmten Fällen die Gesellschafterversammlung zu berufen. Abs. 2 und 3. Diese Fälle sind nicht bloß die zu 1, sondern auch andere „ausdrücklich bestimmte". Abs. 2. Unter ihnen sind solche, die durch zwingenden Rechtssatz bestimmt sind. Z. B. durch § 53.

b) In allen Fällen, in denen eine Berufung der Gesellschafter überhaupt in Frage kommt, dürfen die Geschäftsführer die Versammlung berufen. Abs. 1 des § 49. Bestünde der Abs. 1 nicht, so könnten sie es nicht einmal. Oben § 31 II 3 u. 4. § 49 Abs. 1 ist also nicht bloß eine Ergänzung zu Abs. 2 und 3, sondern auch zu anderen Bestimmungen.

VI. § 49 ist, soweit er „Rechte" der Gesellschafter regelt (oben zu V 1) nachgiebiges Recht. § 45. Im übrigen ist er zwingend. Umkehrschluß aus § 45.

[45]) Brodmann § 40; Staub § 40; Warneyer-Koppe § 40; Lattermann 25; Lenz 59; RJA 6, 39.

[46]) Staub § 78, 1; OLGR 20, 29; Cohn 41.

[47]) OLGR 41, 208.

[48]) Warneyer 15 (1916), S. 233 zu § 78.

[49]) KGJ 30, 136; OLGR 11, 396.

[50]) Staub § 35, 6; Neukamp § 64, S. 381; Erckens 56; Uhle 50.

[51]) Solange die Frist für die Umstellung auf Goldmark läuft, ist der Geschäftsführer nicht verpflichtet, den Konkurs zu beantragen. Brodmann, Nachtrag, S. 306.

Noch nicht bei Zahlungsstockungen [52]). Verletzung der Pflicht ist nach § 84 strafbar.

10. In öffentlichen Mitteilungen darf die Vermögenslage der G. m. b. H. nicht unwahr dargestellt oder verschleiert werden. Wissentliche Zuwiderhandlung ist strafbar. § 82 Ziff. 3.

11. Die zu 2—10 angeführten Bestimmungen sind unabdingbar.

VIII. Der Geschäftsführer hat in allen Angelegenheiten der G. m. b. H.[53]) die Sorgfalt eines ordentlichen Geschäftsmannes anzuwenden. § 43 Abs. 1. Auch dann, wenn er zugleich der einzige Gesellschafter ist [54]). Dazu gehört, daß er für alle Angelegenheiten, die im Rahmen seines organrechtlichen Könnens liegen, ein offenes Auge hat. Insbesondere, daß er die Tätigkeit seiner Mitgeschäftsführer beobachtet [55]). Eine Befreiung von dieser Pflicht kann durch zulässige [56]) Anordnungen übergeordneter Organe gewährt werden.

Dieser Maßstab ist nach der Art des Unternehmens verschieden [57]). Der Geschäftsführer muß den jeweiligen Anforderungen gewachsen sein [58]). Der Begriff ist also weiter, als der der Sorgfalt eines ordentlichen Kaufmanns [59]).

Eine Einschränkung durch den Gesellschaftsvertrag oder Anstellungsvertrag ist nicht möglich [60]). Wohl aber eine Verschärfung [61]).

§ 43. Selbständige Nebenbeziehungen.

I. Jeder Geschäftsführer kann Entlastung fordern [1]) [2]).

1. Die Entlastung ist das Anerkenntnis der G. m. b. H., daß ihr aus der Geschäftsführung, gegebenenfalls aus der Gründung und Liquidation, keine Forderungen an den Geschäftsführer zustehen.

---

[52]) Kretschmann 71; RG 50, 39; RGSt 4, 68; 37, 26.

[53]) Das ist insbesondere auch in den Außenangelegenheiten (oben § 31 III 2 a). Also auch in der Beachtung des „mittelbar bestimmten" organrechtlichen Sollens und Dürfens. Oben § 42 IV u. Anm. 11.

[54]) RG. Recht 08, 1891; Liebmann § 43, I, 1.

[55]) Diese Aufsichtspflicht erkennen u. a. an: Brodmann § 37, 2, S. 144; RG 12, 76; JW 08, 151, 26; RG 98, 98.

[56]) Dazu oben zu VII 2 d u. unten § 44 Anm. 4.

[57]) Brodmann § 43, 1, S. 163; Cohn 63/64; Döring 41; Uhle 51; OLGR 9, 266.

[58]) Recht 1913, Nr. 18; Liebmann § 43, I, 1. [59]) Henkel 58.

[60]) OLGR 9, 266; Neukamp § 43, S. 257; Staub § 43, 2; Uhle 51/52; Döring 41; Kretschmann 103. Anders Brodmann § 43, 1, S. 163, der § 43 Abs. 1 nicht für zwingendes Recht hält. — Allein aus der Tatsache, daß im § 45 die Nachgiebigkeit ausdrücklich bestimmt ist, kann man folgern, daß § 43 Abs. 1 nicht nachgiebiges Recht ist.

[61]) Döring 41; Staub-Pinner § 241, 1; RG 46, 61; OLGR 9, 266.

[1]) Bachmann, Dr. G., Der Entlastungsbeschluß der Generalversammlung der AG i. d. Festschrift für Georg Cohn. Zürich 1915; Dernburg II, 1, § 40;

Darin liegt auch ein Erlaß bestehender Forderungen, soweit sie für den Entlastenden erkennbar [3]) und erlaßbar [4]) sind [5]).

2. Voraussetzung für eine Entlastung ist eine Rechenschaftsablegung [6]). Dazu gehört unter anderem, daß eine Bilanz zur Feststellung vorgelegt wird. § 46 Ziff. 1. Die Bilanzfeststellung ist für die Entlastung (§ 46 Ziff. 5) nicht erforderlich [7]) und nicht ausreichend [8]). Jede kann ohne die andere erfolgen. Doch liegt in der Bilanzfeststellung im Zweifel eine Entlastung [7]).

3. Die Bilanzvorlegung erfolgt regelmäßig alljährlich. § 46 Ziff. 1 in Verbindung mit § 45. Ebenso die Entlastung. Sie hat spätestens mit der Beendigung der Stellung zu erfolgen [9]).

4. Die Entlastung wird jedem einzelnen Geschäftsführer erteilt [10]). Sie kann einem erteilt, anderen versagt werden [11]).

5. Die Entlastung wird von den Gesellschaftern erteilt. § 46 Ziff. 5. Ein Gesellschafter, der zugleich Geschäftsführer ist, darf bei

---

Schifferer, Die Entlastung der Organe einer AG, Jena 1924, S. 8/9; Staub § 46, 23 ff.; Staub-Pinner § 260, 8; v. Tuhr I, § 36, S. 512.

[2]) Das Recht auf Entlastung folgt nicht unmittelbar aus § 46 Ziff. 5 (vgl. oben § 31 Anm. 18). Vielmehr setzt dieser das Bestehen des Rechts voraus.

[3]) Brodmann § 46, 6, S. 175; Dernburg II, 1, § 40, S. 108/109; Döring 36; Flechtheim JW 1920, 700; Goldschmit § 246, Anm. 91; Hagen bei Gruchot 42, 363; Jsay 131; Staub-Pinner § 260, 13; Schifferer 16/17; v. Tuhr II, 2, § 79, S. 258 u. Anm. 63 a; Warneyer-Koppe § 43, 2, S. 129; die bei Brodmann angegebenen Entscheidungen und RG 106, 262. Abweichend: Staub § 46, 27, nach dem nur „bekannte" Ansprüche erlassen werden können.

[4]) Einige Forderungen können nicht erlassen werden. Unten § 44 VII.

[5]) Zum Erlaß ist immer eine Einigung zwischen der G. m. b. H. und dem betroffenen Geschäftsführer (unten zu 4) nötig. § 397 BGB. Ob diese durch das Anerkenntnis der G. m. b. H. schon gegeben ist, ist eine Frage des Einzelfalles. Regelmäßig wird die Rechenschaftsablegung des Geschäftsführers (unten zu 2) ein genügend bestimmtes Angebot sein. Dann ist mit dem Anerkenntnis eine Einigung gegeben. Es ist aber auch möglich, daß das „Anerkenntnis" erst ein Angebot des Erlaßvertrages ist. Dann ist noch eine Zustimmung des betroffenen Geschäftsführers nötig. Schifferer 31/32 hält zu Unrecht nur die zweite Art für möglich.

[6]) Oben § 42 VII 4; Staub-Pinner § 260, 24; ROHG 25, 179.

[7]) Bachmann 4/5. — Ein Recht auf Anerkennung der Bilanz hat der Geschäftsführer nicht. RG 49, 142.

[8]) RG 44, 67; 49, 144; Brodmann § 46, 6, S. 175; Döring 35; Erckens 71; Kretschmann 99; Lenz 75; Liebmann § 46, 11; Staub § 46, 23; Uhle 66.

[9]) Bachmann 6.

[10]) § 47 Abs. 4. RG 65, 244; Brodmann § 46, 6, S. 175; Schifferer 31 (mit einer überflüssigen Beweisführung). Oben § 42 I.

[11]) Bachmann 14; ROHG 20, 222. Staub-Pinner § 260, 10.

der Beschlußfassung über seine Entlastung [12]) nicht mitstimmen. § 47 Abs. 4 [13]). Der Gesellschaftsvertrag kann im einen wie im anderen Punkte etwas Anderes bestimmen. § 45 [14]). Ist ein Geschäftsführer zugleich der einzige Gesellschafter, so kann ihn kein anderer entlasten, als er sich selbst [15]). Sein Dürfen kann wiederum, soweit nicht zwingende gesetzliche Bestimmungen im Wege stehen, nur er selbst bestimmen. Die gesetzlichen Bestimmungen, die das organrechtliche Können der Gesellschafter beschränken und die Gläubiger der G. m. b. H. schützen, gelten auch für ihn [16]).

6. Wird die Entlastung verweigert, obwohl sie im ordentlichen Geschäftsgang ausgesprochen werden kann [17]), so kann der Geschäftsführer gegen die G. m. b. H. [18]) auf Erteilung der Entlastung klagen [19]) [20]).

7. Sind die Unterlagen der Rechenschaftslegung falsch, so braucht die Entlastung nicht erteilt zu werden. Eine erteilte Entlastung ist nach allgemeinen Grundsätzen nichtig oder anfechtbar [21]). Insbesondere ist sie nichtig, wenn eine Gesellschaftermehrheit in einer gegen die guten Sitten verstoßenden Weise vorsätzlich zum Nach-

---

[12]) Wohl aber bei der Beschlußfassung über die Feststellung der Bilanz. RG 49, 146; Kretschmann 100; Schifferer 38/39; Staub § 46, 23.

[13]) Brodmann § 36, 2, S. 140; § 46, 6, S. 175; Erckens 71; RG 64, 14.

[14]) Cohn 57; Staub § 46, 30; anders Brodmann § 46, 6, S. 176 für den ersten Punkt.

[15]) Im Ergebnis ebenso Friedländer in ZBH 1926, S. 24. Anders Staub § 46, 25 a. E., nach dem eine Entlastung undenkbar ist.

[16]) §§ 30, 33, 64. Oben § 42 VII 5 u. 11.

[17]) Staub-Pinner § 260, 13.

[18]) Oben § 42 I; nicht gegen das entlastende Organ. RG 89, 396.

[19]) I. Die Klage ist gerichtet auf Abgabe einer Willenserklärung. Sie ist eine Leistungsklage. So mit Recht: Brodmann § 46, 6, S. 175/176; Staub-Pinner § 260, 12; Stein-Jonas, vor § 253, II, 1; RG 89, 396; LZ 1911, 305; OLGR 27, 350; JW 1917, 657.

II. Für eine Feststellungsklage halten sie: Boeters JW 1920, 699; Dernburg, Bd. II, 1, § 40, S. 107; Lenz 76; Staub § 46, 25; Uhle 67.

III. Nach Schifferer 9, Anm. 2, ist sie Leistungs- oder Feststellungsklage.

[20]) Das Urteil ersetzt die Entlastung. In vollem Umfang. Aber darüber hinaus hat es keine Wirkung. Es entlastet auch nur, soweit die Geschäftsführung aus dem Vorgebrachten „erkennbar" ist. Oben zu 1. Und entscheidet nicht, daß „Schadensersatzansprüche schlechthin" nicht bestehen, wie RG 89, 397 und Boeters JW 1920, 699 meinen. Dagegen mit Recht: Breit JW 1917, 657; Brodmann § 46, 6, S. 175 („schließt jede Monitur aus, die hätte geltend gemacht werden können"); Flechtheim JW 1920, 700; Goldschmit § 246, Anm. 91; Staub-Pinner § 260, 12.

[21]) Bachmann 6; Brodmann § 46, 6, S. 175; Erckens 71; Kretschmann 100; Staub § 46, 24 u. 27; Uhle 67; RG 13, 51; 18, 63; 34, 57; 70 132; Bolze 17, 304 Nr. 538.

teil der G. m. b. H. oder der Minderheit die Entlastung erteilte [22]). § 138 BGB.

II. Der Geschäftsführer kann immer verlangen, daß ihm Aufwendungen ersetzt werden, die er in Ausübung seines organrechtlichen Dürfens oder Sollens macht und nach den Umständen für erforderlich halten darf. § 670 BGB [23]). Gleichgültig ist, ob die Aufwendungen einen gedeihlichen Erfolg gehabt haben [24]).

III. Der Geschäftsführer hat regelmäßig ein Recht auf Vergütungen. § 612 BGB. Aber es ist möglich, daß er unentgeltlich die Stellung übernimmt.

Die Vergütung kann in einem Gehalt bestehen, wobei eine Pension vereinbart werden kann [25]). Sie kann in einem Anteil am Umsatz oder am Reingewinn [26]) bestehen, oder in der Überlassung einer Wohnung, eines Grundstücks zur Bewirtschaftung zu eigenem Nutzen [27]) u. a. m. [28]).

Gesellschafter, die zugleich Geschäftsführer sind, dürfen sich nur so hohe Vergütungen zubilligen, daß ein rechtes Verhältnis zum Gewinn der G. m. b. H. bestehen bleibt [29]). Auf Kosten des Stammkapitals dürfen sie sich keine Werte zubilligen. Die Ersatzansprüche, die der G. m. b. H. daraus erwachsen, können sie sich nicht erlassen. § 31 Abs. 4. § 43 Abs. 3. § 64 Abs. 2 [30]).

IV. Der Geschäftsführer ist der G. m. b. H. zur Wahrung ihrer Lebensinteressen, zur Treue verpflichtet [31]). Sie verbietet ihm regelmäßig, in Wettbewerb mit der G. m. b. H. zu treten [32]). Insbeson-

[22]) Bachmann 12; Brodmann § 46, 6, S. 175; Staub-Pinner § 260, 13; RG 68, 314.

[23]) Cohn 58; Döring 39; Jsay 144; Kretschmann 95; Lattermann 24; Staub § 35, 50; v. Tuhr I, § 37, S. 524.

[24]) Lattermann 24.

[25]) Staub § 35, 50; Bolze 14, 152, Nr. 256.

[26]) Brodmann § 3, 7, S. 24; § 6, 5; Bühling, A., Tantiemen bei Vorhandensein eines Kapitalentwertungskontos. Zeitschr. f. Gesellschaftswesen 1925, 130. Döring 39/40; Lenz 70; Neukamp § 38, S. 211; Martell, P., Vom Tantiemenrecht in Zeitschr. f. Gesellschaftswesen 1925, 191; Staub § 35, 50; Uhle 24; Warneyer-Koppe § 35, 1, S. 104. RFH 2, 183 u. 266; 6, 266; JW 1920, 510, 3; 1921, 128, 1 u. 916, 2; OLGR 27, 378; OLG Kassel Rundschau G. m. b. H. 1914, 337.

[27]) OLG Königsberg Seuff. Arch. 64, 278.

[28]) Erckens 67; Staub § 35, 50; RG 22, 35; Bolze 11, 173, Nr. 345.

[29]) Brodmann § 3, 7, S. 24; Friedländer ZBH 1926, 24; RFH 2, 266; 6, 266; Warneyer-Koppe § 29, 3, S. 96/97; Ring Jahrb. 1, 237/238.

[30]) Oben § 42 VII 5 u. unten § 44 VII.

[31]) Kohler, Lehrb. I, § 144; Jsay 116/17.

[32]) Bauers Z. 15, 45; 21, 181; Brodmann § 6, 5; Cohn 65; Döring 43; Freymuth, Wettbewerbsverbot für Gesellschafter und Geschäftsführer der G. m. b. H., Rdsch. G. m. b. H. 1925, 626 ff; Lenz 89; Neukamp 43, S. 258;

dere ist dies anzunehmen, wenn er seine ganze Arbeitskraft der G. m. b. H. zu widmen hat [33]). Er darf auch keine heimlichen Provisionen nehmen [34]).

§ 44. Die Verletzung der „Obliegenheiten".

I. Verletzt der Geschäftsführer seine Obliegenheiten, so haftet er der G. m. b. H. für den entstandenen Schaden. § 43 Abs. 2 [1]). Ist die Verletzung zugleich eine unerlaubte Handlung, so haftet er daneben auch aus dieser [2]). Die Haftung erstreckt sich auch auf das, was vor der Eintragung der G. m. b. H., also vor ihrer Entstehung hätte geschehen müssen [3]).

II. Hat der Geschäftsführer auf eine zulässige [4]) Anordnung der Gesellschafter gehandelt, so haftet er der G. m. b. H. nicht. Führt er unzulässige Anordnungen aus, so haftet er nur dann grundsätzlich nicht [5]), wenn er sich dabei der eigenen Verantwortung ausdrücklich entschlägt [6]).

Rdsch. G. m. b. H. 1916, 341; Staub § 35, 52; Warneyer-Koppe § 35, 1, S. 105; Wirth 27; Uhle 23; OLG Hamburg bei Freymuth II, § 35, 7; OLGR 37, 7. Ein ausdrückliches Wettbewerbsverbot findet sich im Gesetz nicht.

[33]) Brodmann § 6, 5.

[34]) Staub § 35, 52; Lattermann 24.

[1]) Brodmann § 43, 2, S. 164; Cohn 66/67; Döring 32, 41; Lattermann 27. Lenz 81; Staub § 37, 4; Uhle 52; Rundschau G. m. b. H. 1917, Nr. 5, S. 225/226.

[2]) JW 1916, 129, zu 13.

[3]) Brodmann § 43, 1, S. 163; RG. Recht 1915, 362.

[4]) Zulässig ist jeder Beschluß, der nicht gegen das Gesetz oder den Gesellschaftsvertrag verstößt. Oben § 42 III und VII 2 d.

[5]) Er ist nicht gedeckt in den Fällen des § 43 Abs. 3 und des § 64 Abs. 2. Unten zu VII.

[6]) I. Brodmann § 43, 2, S. 164 meint: Im allgemeinen deckt der Gesellschafterbeschluß den Geschäftsführer, und zwar auch der gesetzwidrige. Unter Umständen aber muß der Geschäftsführer auf die Verbotswidrigkeit aufmerksam machen. — Ähnlich OLG Hamburg LZ 1917, 823, 9 u. Staub-Pinner § 241, 4; als Umkehrschluß aus § 241 Abs. 4 HGB, dem § 43 Abs. 3 GmbHG insoweit entspricht.

II. Die Auffassung ist irrig. Denn: Die Geschäftsführer sind der G. m. b. H. gegenüber verantwortlich, nicht den Gesellschaftern. Die Gesellschafter haben eigene Verantwortung gegenüber der G. m. b. H., wie jedes Organ im Verhältnis zu seiner juristischen Person. Beide Organe tragen ihre Verantwortung selbständig. Die des Geschäftsführers ist nach einem anderen Maßstab zu bemessen (§ 43 Abs. 1), als die der Gesellschafter (§ 276 BGB). Die schärfere Verantwortung des Geschäftsführers besteht nicht bloß im Interesse der Gesellschafter, sondern besonders auch im Interesse der Gläubiger der G. m. b. H. Deswegen kann sie nicht durch die der Gesellschafter gedeckt werden. — Führt also der Geschäftsführer unzulässige Gesellschafterbeschlüsse aus, so sind grundsätzlich der Geschäftsführer und die Gesellschafter nebeneinander der G. m. b. H. verantwortlich.

III. Hat der Geschäftsführer auf Anordnung eines Aufsichtsrats gehandelt, der ihm durch Bestimmungen des Gesellschaftsvertrages übergeordnet ist, so gilt das zu II. Gesagte entsprechend [7]).

IV. Eine besondere Art der Anordnungen ist die Verteilung des organrechtlichen Sollens und Dürfens auf die einzelnen Geschäftsführer. Soweit die Verteilung zulässig [8]) ist, befreit sie den Geschäftsführer von der Verantwortung für die ihm entzogene Geschäftsführung [9]). Eine Verteilung, die die Geschäftsführer ohne Wissen des ihnen übergeordneten Organs vornehmen, befreit sie nicht [10]).

III. Freilich: Grundsätzlich dürfen die Gesellschafter darüber bestimmen, ob der Ersatzanspruch geltend gemacht wird. § 46 Ziff. 8. Soweit ihnen dies zukommt, können sie die Haftung auch vorher ausschließen. Aber § 46 Ziff. 8 gilt nur dann, wenn nichts anderes im Gesellschaftsvertrage bestimmt ist. § 45. Und er gilt niemals für die Fälle des § 43 Abs. 3 und des § 64 Abs. 2.

IV. Diese Fälle weisen als Besonderes auf: Soweit die Gläubiger der G. m. b. H. betroffen werden,

1. ist ein Verzicht der G. m. b. H. auf den Ersatzanspruch unwirksam; § 43 Abs. 3 Satz 2 in Verbindung mit § 9 Abs. 2; d. i.: kann die G. m. b. H. nicht verzichten.

2. wird die Haftung nicht dadurch ausgeschlossen, daß die Handlung des Geschäftsführers in Befolgung eines Gesellschafterbeschlusses vorgenommen wurde; § 43 Abs. 3 Satz 3; d. i.: kann dadurch die Haftung nicht ausgeschlossen werden.

V. Umkehrsschluß daraus ist: Soweit die Gläubiger nicht betroffen werden,

1. ist ein Verzicht auf die Ersatzansprüche wirksam.

2. kann die Haftung dadurch aufgehoben werden, daß die Handlung in Befolgung eines Gesellschafterbeschlusses vorgenommen wird.

VI. Ein Umkehrschluß, daß die Befolgung eines Gesellschafterbeschlusses immer die Haftung aufhebt (so außer Staub-Pinner auch Kretschmann 107, Lenz 81/82 u. Uhle 53), widerspräche der im § 37 festgelegten Staffelung des organrechtlichen Sollens. Danach hat der Geschäftsführer in der Vertretung den Gesellschafterbeschlüssen erst nächst den Bestimmungen des Gesellschaftsvertrages, diesen aber erst nächst denen des Gesetzes Folge zu leisten. Der nämliche Grundsatz gilt auch für alles organrechtliche Können über die Vertretung hinaus. Oben § 42 Anm. 22.

[7]) Ebenso Uhle 53; Staub § 43, 6; JW 00, 186, 15. Anders: Brodmann § 43, 2, S. 164. Er meint, daß der Geschäftsführer durch die Zustimmung des Aufsichtsrats schlechthin nicht gedeckt sei. Indessen nach § 37 Abs. 1 kann der Gesellschaftsvertrag den Geschäftsführer im Innenverhältnis ebenso den Anordnungen des Aufsichtsrats unterstellen, wie denen der Gesellschafterbeschlüsse.

[8]) Oben zu Anm. 4.

[9]) JW 00, 186, 15.

[10]) RG 12, 76; 13, 51; 98, 99; Neukamp § 43, S. 257; Cohn 68; Kretschmann 112; Lenz 80; Uhle 45; einschränkend Brodmann § 43, 3, S. 164; Staub-Pinner § 231, 8.

V. Soweit die Geschäftsführer, die an der Verletzung beteiligt sind, nicht von der Haftung befreit sind [11]), haften sie solidarisch. § 43 Abs. 2. Jeder auf das Ganze [12]). BGB §§ 422—426. Es kommt nicht darauf an, daß sie alle gehandelt haben. Auch nicht darauf, daß den einen mehr, den anderen weniger Verschulden trifft [13]). Ein Verschulden liegt regelmäßig schon darin, daß der eine die Tätigkeit des anderen nicht genügend überwacht [14]).

VI. Auf die Ersatzansprüche kann die G. m. b. H. regelmäßig verzichten. Die Bestimmung darüber hat, wenn der Gesellschaftsvertrag nichts anderes bestimmt, ein einfacher Gesellschafterbeschluß zu treffen. § 46 Ziff. 8 und § 47 Abs. 1 in Verbindung mit § 45.

VII. Ausnahmsweise ist, soweit ein Ersatzanspruch[15]) der G. m. b. H. gegenüber dem Geschäftsführer zur Befriedigung der Gläubiger der G. m. b. H. erforderlich ist, in folgenden Fällen weder eine Befreiung von der Haftung möglich, noch ein Verzicht auf einen entstandenen Ersatzanspruch (etwa durch Entlastung), noch ein Vergleich[16]) in betreff dieses Anspruchs[17]) [18]):

1. Die Geschäftsführer leisten Zahlungen an die Gesellschafter, die sie mit Rücksicht auf die Erhaltung des Stammkapitals nicht machen dürfen. § 30.

2. Sie erwerben eigene Geschäftsanteile der G. m. b. H. auf Kosten des Stammkapitals. § 33.

3. Sie leisten überhaupt Zahlungen, obwohl Zahlungsunfähigkeit oder bilanzmäßige Überschuldung eingetreten ist. § 64 Abs. 2 in Verbindung mit § 43 Abs. 3[19]).

---

[11]) Oben zu II.

[12]) Cohn 67; Döring 45; Kretschmann 110; Uhle 54.

[13]) Brodmann § 43, 3, S. 164; Lenz 80.

[14]) Oben § 42 VIII. RG 98, 98.

[15]) Diese Ersatzansprüche können ebenso, wie in den vorherigen Fällen nur entstehen, wenn ein Verschulden des Geschäftsführers vorliegt. Ebenso: Brodmann § 43, 4, S. 165; Staub § 43, 18; Cohn 71; Kretschmann 113; Lenz 86; Uhle 54; Rundschau G. m. b. H. 1917, Nr. 6, S. 267/268. Den Nachweis eines Verschuldens verlangen nicht: Döring 44; Lattermann 28; Liebmann § 43, III, 6. — § 43 Abs. 3 führt nur Beispiele zu den vorhergehenden Bestimmungen an; das kann man aus dem Wort „insbesondere" entnehmen. Sollten diese Beispiele bezüglich des Verschuldens anders behandelt werden, so wäre eine ausdrückliche Bestimmung nötig gewesen.

[16]) Doch ist § 9 Abs. 2 Satz 2 zu beachten.

[17]) Cohn 71; Döring 42, 43; Müller-Erzbach Kap. 76, S. 382; Kretschmann 114; Lattermann 28; Lenz 82; Liebmann § 43, III, 6, 7; Uhle 53; vgl. oben Anm. 6 IV.

[18]) Den Gläubigern selbst haften die Geschäftsführer aus diesen Bestimmungen nicht.

[19]) OLG Breslau Rundschau G. m. b. H. 1917, 267.

Zu 1—3. Eine Befreiung von der Haftung oder ein Verzicht auf den entstandenen Ersatzanspruch ist möglich, soweit die Haftung nicht zur Befriedigung der Gläubiger erforderlich ist.

VIII. Die Ersatzansprüche der G. m. b. H. verjähren in 5 Jahren. § 43 Abs. 4[20]). Die Frist beginnt mit der Entstehung des Anspruchs. § 198 BGB[21]). Ersatzansprüche aus unerlaubter Handlung verjähren in 3 Jahren von dem Zeitpunkt, in welchem der Verletzte von dem Schaden und von der Person des Ersatzpflichtigen Kenntnis erlangt. § 852 BGB. Beide Fristen laufen gegebenenfalls nebeneinander.

IX. Die Verletzung der Verpflichtungen, die dem Geschäftsführer im Verhältnis zur G. m. b. H. obliegen, macht grundsätzlich nicht den Gesellschaftern oder Gläubigern der G. m. b. H. haftbar[22]). Doch bestehen zwei Ausnahmen.

1. Den Gesellschaftern hat der Geschäftsführer den Schaden zu ersetzen, der ihnen aus einer subsidiären Haftung für die Erstattungspflichten derjenigen Gesellschafter erwächst, die Zahlungen auf Kosten des Stammkapitals empfingen. § 31 Abs. 6[23]).

2. Den Gläubigern haften die Geschäftsführer

a) wenn vor der Eintragung der G. m. b. H. im Handelsregister für diese gehandelt wird. § 11 Abs. 2.

b) wenn bei Umwandlung einer A.G. in eine G. m. b. H. die Vorschriften der §§ 80—81 verletzt werden. § 81 Abs. 3 Satz 3[24]).

X. Eine besondere Strafbarkeit des Geschäftsführers setzen die §§ 82—84 fest.

Nachsatz zum VI. und VII. Abschnitt.

I. Der Hauptbestandteil der Stellung des Geschäftsführers ist sein drittrechtliches Können. Es ist ihm ganz allgemein gegeben. Es ist unabänderlich[1]).

Sein körperschaftsrechtliches Können ist nicht allgemein bestimmt[2]). Es ist in weitem Maße abänderlich. Ebenso steht es mit

---

[20]) Brodmann § 43, 5, S. 165; Cohn 71, 74; Döring 52; Henkel 64; RG Holdh. 25, 43.

[21]) RG. Soergel 1922, 317, § 43.

[22]) Oben § 34 IV 2 „relatives Unrecht". — Die §§ 41 Abs. 1 u. 2, 42, 43, 64, 83 u. 84 sind kein Schutzgesetz für Dritte. RG 73, 30.

[23]) Cohn 75; Döring 46; Kretschmann 117.

[24]) Brodmann § 11, 2 u. 3; § 43, 1, S. 163 u. § 81, 4; Cohn 76; Döring 48; Lattermann 30; Möhring 140; Staub § 11, 12 ff.; § 43, 23; Uhle 52.

[1]) Oben § 30 IV.

[2]) Oben § 31 II 5.

den (unselbständigen[3]) und selbständigen[4])) Nebenbeziehungen. Die Nebenbeziehungen kommen nach außen grundsätzlich nicht in Betracht[5]).

II. Jede Ausübung drittrechtlichen Könnens ist Geschäftsführung[6]). „Geschäfte" schlechthin sind im Sprachgebrauch des Gesetzes nur die drittrechtlichen Geschäfte[7]). Die Macht, kraft eigener Entschließung diese Geschäfte vornehmen zu können, läßt sich als „Führung" bezeichnen. Deshalb trifft die Bezeichnung „Geschäftsführer" durchaus den Kern der Stellung.

VIII. Abschnitt.

§ 45. Das Ende der Stellung.

I. Das Ende der Stellung kann unabhängig vom Willen der Beteiligten eintreten:

1. Durch den Tod des Geschäftsführers[1]) oder durch den Eintritt eines Umstandes, der kraft zwingender gesetzlicher Bestimmung dem Geschäftsführer die Fähigkeit zur Stellung nimmt. So durch Verlust oder Minderung der Geschäftsfähigkeit[2]). Tritt ein Umstand ein, der kraft einer Bestimmung des Gesellschaftsvertrages dem Geschäftsführer die Fähigkeit zur Stellung nimmt, so erlischt die Stellung nicht von selbst[3]). Mitgliedschaftliche Beziehungen gehen mit dem Verlust der Mitgliedschaft unter. Werden die Beziehungen der Stellung nicht als Außenbeziehungen wieder aufgenommen, so fällt die Stellung auch dann in sich zusammen.

2. Durch das Ende der G. m. b. H.[4]). Sie verliert ihre Rechtsfähigkeit mit dem Ende der Auflösung, nicht mit der Auflösung selbst[5]). Diese verändert nur die Stellung[6]) dem Zwecke der Auflösung entsprechend.

---

[3]) Anders die oben § 42 VII 11 angegebenen.

[4]) Anders die oben § 43 I, II u. IV angegebenen.

[5]) Anders die oben § 44 IX 2 angegebenen.

[6]) Oben § 31 I 3 c.

[7]) Oben § 14 Anm. 9, § 25 III 1 mit Anm. 4 und die dort angegebenen Stellen.

[1]) Die Stellung geht nicht auf den Erben über. Erckens 33; Lattermann 18.

[2]) Oben § 8 III 2. Die Stellung geht nicht auf den gesetzlichen Vertreter über. — Cohn 18; Erckens 33; Lenz 13; Neukamp § 35, S. 194.

[3]) Lenz 15. Zur Erheblichkeit dieser Folge unten zu III 2 c bb.

[4]) Cohn 18; Möhring 176.

[5]) RG 92, 77; LZ 1921, 620, 8; RJA 17, 100; Hess. Rspr. 1926, 84. Erckens 33; Staub-Pinner § 292, 1 und das dort angegebene Schrifttum.

[6]) U. a. § 66, § 70, § 71. Cohn 18; Döring 38; Uhle 60; Rundschau G. m. b. H. 1915, Nr. 10, S. 388; 1917 Nr. 8, S. 344.

Eine Art der Auflösung ist die Konkurseröffnung über das Vermögen der G. m. b. H. § 60 Nr. 4[7]). Auch sie beendet die Stellung nicht[8]). Vielmehr wird nur das organrechtliche Können durch das „Verwaltungs- und Verfügungsrecht" (§ 6 Abs. 2 KO) des Konkursverwalters „verdrängt"[9]). Dieser „übt" es „aus". § 6 Abs. 2 KO.

3. Mit dem Ablauf der Zeit, auf die die Bestellung erfolgte[10]).

II. Das Ende der Stellung kann willentlich herbeigeführt werden.

1. Das ist möglich durch Einigung der G. m. b. H. mit dem Geschäftsführer.

2. Es ist auch möglich durch einseitige Erklärungen. Die G. m. b. H. kann die Bestellung „widerrufen", der Geschäftsführer kann sein Amt „niederlegen"[11]), beide können „kündigen".

a) Der Widerruf entspricht der Berufung. Das Niederlegen entspricht der Annahme. Die Kündigung ist eine einseitige Auflösung aller selbständigen Beziehungen der Stellung.

b) Jede dieser Erklärungen bringt einen wesentlichen Bestandteil der Stellung zu Fall, und damit die Stellung überhaupt.

c) Nur die Kündigung kann auch so vorgenommen werden, daß sie sich zunächst nur auf die Auflösung eines bestimmten Anstellungsverhältnisses erstreckt. Wird nach Ablauf der Kündigungsfrist kein neuer Vertrag geschlossen, so kann der Geschäftsführer gegebenenfalls „ohne Auftrag" nach den Regeln der §§ 677ff. BGB vorübergehend weiter tätig werden. Tut er dies nicht, so erlischt die Stellung.

III. Durch den Widerruf entzieht die G. m. b. H. dem Geschäftsführer das organrechtliche Können samt und sonders. Damit fällt notwendig jedes organrechtliche Dürfen und Sollen fort[12]). Insbesondere kann also die G. m. b. H. nach erfolgtem Widerruf nicht die „Dienste des Geschäftsführers in Anspruch nehmen", soweit es sich dabei um Ausübung organrechtlichen Sollens handelt[13]).

1. Der Widerruf kann grundsätzlich beliebig und zu jeder Zeit erfolgen. § 38 Abs. 1.

---

7) OLG Bamberg Rundschau G. m. b. H. 1916, 421.

8) Cohn 18; Jaeger KO § 213, 9; §§ 207/208, 10 ff.; Mardersteig 18/19; Staub-Pinner § 292, 12; OLGR 37, 9; Bay. ObLG 23, 239. Anders: Uhle 60.

9) Jaeger KO § 213, 9.

10) Cohn 69; Uhle 60.

11) oder „zurücktreten". So Benfey 49.

12) Oben § 2 VI.

13) Insoweit bleiben auch Beziehungen, die der Dienstvertrag regelt, nicht bestehen. Also ungenau: Cohn 23/24; Kretschmann 97/98; Uhle 61; RGJW 1915, 653, 5; OLGR 27, 380.

2. Im Gesellschaftsvertrag kann die Zulässigkeit des Widerrufs auf den Fall beschränkt werden, daß wichtige Gründe den Widerruf notwendig machen. § 38 Abs. 2. Dies ist in zweifacher Art möglich.

a) Es ist dadurch möglich, daß einem Gesellschafter ein „unantastbares Mitgliedsrecht" gegeben wird, das organrechtliches Dürfen zum Inhalt hat. Sei es als Sonderrecht im Sinne von § 35 BGB, sei es als unantastbares allgemeines Mitgliedsrecht[14] [15].

aa) Hier kann immer der Widerruf erfolgen, wenn ein wichtiger Grund ihn notwendig macht[16]. Insoweit schränkt § 38 Abs. 2 die Unantastbarkeit solcher Rechte ein. Auch die der Sonderrechte nach § 35 BGB.

bb) Liegt kein wichtiger Grund vor, so kann der Widerruf nicht erfolgen[17]. Auch nicht durch einen einmütigen Beschluß aller übrigen Gesellschafter[18] oder durch Satzungsänderung[19]. Es ist hier eine Einigung[20] mit dem betroffenen Geschäftsführer erforderlich.

cc) Wird die Mitgliedschaft entzogen, so verliert der Berechtigte zugleich das mitgliedschaftliche Recht. Eine Entziehung ist nur im Falle des § 21 möglich (Kaduzierung)[21] [22].

b) Es ist auch möglich, daß die Bestimmung kein mitgliedschaftliches Recht der zu a genannten Art begründet. Das ist notwendig so, wenn der Geschäftsführer nicht Gesellschafter ist.

aa) Hier kann der Widerruf erfolgen, wenn ein wichtiger Grund ihn notwendig macht. Er kann, auch ohne daß diese Voraussetzung vorliegt, durch Änderung des Gesellschaftsvertrages erfolgen.

---

[14]) Oben § 23 I und V.

[15]) Ein beschränkt antastbares Mitgliedsrecht beschränkt nur das „Wie" des Widerrufs. Oben § 23 IV. Seine Wirksamkeit wird durch § 38 Abs. 2 nicht eingeengt. Dazu unten Anm. 34.

[16]) Brodmann § 6, 2; § 38, 3, S. 148; Merzbacher § 38 3; Schultze 459; Staub § 35, 41; RG 44, 96; Recht 08, 862; LZ 08, 450, 32; 1916, 809, 26; JW 1919, 313, 15; Recht 1920, Nr. 1391.

[17]) OLG Frankfurt v. 14. 2. 16 bei Freymuth II, § 38, 11.

[18]) § 35 BGB beschränkt das organrechtliche Können des widerrufenden Organs, nicht bloß das organrechtliche Dürfen. Eine andere Vereinbarung ist möglich. Oben § 23 III 2. Unten zu b, bb.

[19]) Neukamp S. 308.

[20]) Oben zu II 1.

[21]) Schultze 471.

[22]) Diese Möglichkeit kann nicht wegbedungen werden. § 25.

bb) Liegt kein wichtiger Grund vor und erfolgt keine Änderung des Gesellschaftsvertrages, so ist der Widerruf „unzulässig". Das ist im Sinne des § 38 Abs. 2: Die Bestellung kann nicht widerrufen werden[23]). Wird ein „Widerruf" dann doch erklärt, so ist er als ein einseitiges Rechtsgeschäft, das ohne Vertretungsmacht[24]) vorgenommen ist, für die Beteiligten grundsätzlich ohne Wirkung. § 180 Satz 1 BGB. Er kann wirksam werden, wenn die Voraussetzungen des § 180 Satz 2 BGB gegeben sind[25]).

So ist im Zweifel die Bestimmung der „Unzulässigkeit" im Gesellschaftsvertrage aufzufassen. Es ist aber auch möglich, daß nur eine Beschränkung des organrechtlichen Dürfens für das widerrufende Organ gewollt ist. Dann „soll" der Widerruf nicht ohne wichtigen Grund erfolgen. Erfolgt er trotzdem, so ist er wirksam[26]), aber das widerrufende Organ verletzt seine Verpflichtung und ist der G. m. b. H. gegenüber haftbar.

Ist der Widerruf wirksam, so kann der abberufene Geschäftsführer von der G. m. b. H. Wiedereinsetzung verlangen[27]); es sei denn, daß die Bestimmung des Gesellschaftsvertrages dem Geschäftsführer zweifelsfrei kein Recht darauf gibt, nur unter dieser Voraussetzung abberufen zu werden[28]).

c) Als wichtiger Grund[29]) ist beispielsweise grobe Pflichtverletzung oder Unfähigkeit zur ordnungsmäßigen Geschäftsführung anzusehen. § 38 Abs. 2 Satz 2.

---

[23]) § 38 Abs. 2 gibt für manche Fälle des Abs. 1 eine Ausnahme schlechthin. „Unzulässigkeit" des Widerrufs im Sinne des Abs. 2 ist nicht „widerruflich" im Sinne des Abs. 1. Was nicht widerruflich ist, kann nicht widerrufen werden.

[24]) i. S. des BGB's ist „Vertretung" auch die Abgabe körperschaftsrechtlicher Erklärungen für die G. m. b. H.

[25]) Oben § 40 II 2. Ebenso Wieland § 35, II, S. 416, Anm. 53, Nr. 5 und Müller-Erzbach Kap. 76, S. 381, indem er sagt: Die Geschäftsführer können sich darauf berufen.

[26]) Dies nehmen immer an: Cohn 22; Erckens 37; Lattermann 15.

[27]) Henkel 69; Köhler 58; Lenz 18; Neukamp § 38, S. 215/216. Anders: Lattermann 23; Liebmann § 38, 3; Staub § 38, 5. RG 44, 95; OLGR 34, 361.

[28]) Daß also nur eine Regelung der Beziehungen zwischen der G. m. b. H. und dem abberufenden Organ getroffen ist, sei es, daß dessen organrechtliches Können, sei es, daß sein organrechtliches Dürfen eingeengt ist.

[29]) Dazu: Brodmann § 38, 4, S. 148 und die dort angeführten Entscheidungen. LZ 09, 75 (eine Entscheidung, die bei Brodmann nur dem Aktenzeichen nach angegeben ist); ferner: RG. Recht 1917, Nr. 1400; 1919, Nr. 660; 1920,

aa) Pflichtverletzung ist sowohl die Verletzung einer selbständigen Pflicht, wie die Verletzung einer unselbständigen Pflicht. Also auch die Ausübung organrechtlichen Könnens über das Dürfen hinaus, und die Nichtausübung organrechtlichen Sollens.

bb) Die Ordnungsmäßigkeit der Geschäftsführung bestimmt sich nach dem Gesetz, nach der Handelssitte mit Rücksicht auf Treu und Glauben und nach den besonderen Vereinbarungen. Auch nach dem Gesellschaftsvertrag. Wird nach seinen Bestimmungen ein Geschäftsführer unfähig zur Geschäftsführung, so ist seine Geschäftsführung nicht mehr ordnungsmäßig, der Eintritt der Unfähigkeit also ein wichtiger Grund.

3. Der Widerruf kann immer [30]) durch die Gesellschafter erfolgen [31]). Er darf, wenn im Gesellschaftsvertrage nichts anderes bestimmt ist, durch einfachen Gesellschafterwillen erfolgen. Im Zweifel auch dann, wenn die Bestellung im Gesellschaftsvertrage erfolgte [32]). § 46 Ziff. 5, § 47 in Verbindung mit § 45.

Ist der betroffene Geschäftsführer Gesellschafter, so kann er bei der Beschlußfassung über seine Abberufung mitstimmen [33]).

a) Im Gesellschaftsvertrage kann eine besondere Mehrheit für den Beschluß des Widerrufs vorgeschrieben werden [34]). Und zwar so, daß nur diese Mehrheit widerrufen kann. Das ist in doppelter Art möglich.

Nr. 1391. Henkel 71; Kaufmann 419; Lattermann 17; Möhring 184; Staub-Pinner § 231, 31; Uhle 59, 64; Warneyer-Koppe § 38, 5.

[30]) Eine Vereinbarung, wonach der Widerruf nur von einem Dritten erfolgen kann, ist unzulässig. Staub-Pinner § 231, 14 und das bei ihm angegebene Schrifttum.

[31]) Durch einen anderen Geschäftsführer kann er grundsätzlich nicht erfolgen. Oben § 31 II 3. Brodmann § 38, 2, S. 147.

[32]) Brodmann § 38, 2 S. 146; RG 44, 95; JW 00, 417; 01, 410.

[33]) Was oben § 25 III—IV gesagt ist, gilt hier entsprechend. — Im Ergebnis ebenso: Cohn 20; Warneyer-Koppe § 38, 7, S. 113; Rundschau G. m. b. H. 1914, Nr. 2, 46ff.; RG 60, 172; OLGR 22, 17; 28, 362; RJA 10, 264; Oldenburg bei Soergel 1922, 318 § 47, 2; Brodmann § 38, 2, S. 147, der indessen das Stimmrecht dann versagen will, wenn das Recht zum willkürlichen Widerruf nicht besteht (vgl. RG 75, 236, zu dessen Ergebnis man m. Er. nur auf dem unten zu c, cc, β und Anm. 44 gewiesenen Wege der Entziehung eines organrechtlichen Könnens kommt).

[34]) Das „Wie" des Widerrufs bestimmt nur § 46 Ziff. 5 in Verbindung mit § 47 Abs. 1. Beide Bestimmungen können im Gesellschaftsvertrage abgeändert werden. § 45. — § 38 bestimmt nur das „Ob" und „Wann", nicht das „Wie". Ebenso entscheidet OLG Düsseldorf 11. 7. 24. Rundschau G. m. b. H. 1924, 76. Im Gegensatz dazu LG Duisburg 9. 4. 24. ebenda 158.

aa) Es kann einem Gesellschafter ein beschränkt antastbares Mitgliedsrecht bezüglich des organrechtlichen Dürfens gegeben werden [35]). Dann kann seine Bestellung mit geringerer Mehrheit ohne seine Zustimmung nicht widerrufen werden. Auch nicht durch ausdrückliche Änderung des Gesellschaftsvertrages. Auch nicht, wenn ein wichtiger Grund den Widerruf notwendig macht [36]).

bb) Es kann außerhalb eines beschränkt antastbaren Mitgliedsrechts, wie zu aa, die besondere Mehrheit vorgeschrieben werden. Das ist notwendig der Fall, wenn der bestellte Geschäftsführer nicht Gesellschafter ist. Hier kann ohne Zustimmung des betroffenen Geschäftsführers durch Änderung des Gesellschaftsvertrages der Widerruf erfolgen.

Zu a) Hat der Geschäftsführer die für einen Widerruf erforderlichen Geschäftsanteile selbst, so können die übrigen Gesellschafter ihn nicht abberufen. Auch nicht, wenn ein wichtiger Grund den Widerruf notwendig macht [37]). Erst wenn der Geschäftsführer seine Stellung so gröblich mißbraucht, daß nach Treu und Glauben in der Verkehrsauffassung eine Abhilfe notwendig erscheint, kann durch gerichtliches Urteil dem Geschäftsführer das organrechtliche Können entzogen, gegebenenfalls die G. m. b. H. aufgelöst werden [38]).

b) Im Gesellschaftsvertrage kann einer anderen Person das Recht zum Widerruf gegeben werden [39]). Sie hat dann im Zweifel das Recht zum beliebigen Widerruf. Das Widerrufen-Dürfen des einfachen Gesellschafterwillens braucht dadurch nicht ausgeschlossen zu sein. Im Zweifel ist es nicht aus-

---

[35]) Oben § 23 I, IV u. V.

[36]) Eine Vereinbarung, wonach in diesem Fall einfache Mehrheit genügt, ist möglich.

[37]) Man kann hier von einer „tatsächlich" (OLG Düsseldorf 11. 7. 24, Rundschau G. m. b. H. 1924, 276) unantastbaren Stellung sprechen, im Gegensatz zur „rechtlich" unantastbaren (oben zu 2 a).

[38]) Unten zu c, cc, β.

[39]) Mit Rücksicht auf § 46 Ziff. 5, der das Recht den Gesellschaftern gibt, ist eine ausdrückliche Regelung nötig. Ist jemandem das Recht zur Berufung oder Bestellung gegeben, so ist damit noch nicht das Recht zum Widerruf gegeben. Wie hier: KGJ 30, 133; Uhle 58 (der aber für den Aufsichtsrat die andere Meinung gelten läßt). Anders: Brodmann § 38, 2, S. 147; § 45, 1, S. 167; Döring 9; Lenz 15; Möhring 36 u. 182. Staub-Pinner § 231, 16 (jedoch nicht, wenn der Berufende ein Dritter ist); Staub § 38, 3.

geschlossen[40]). Es kann als Recht zum beliebigen Widerruf oder als Recht zum Widerruf bei wichtigem Grunde daneben bestehen.

c) aa) Ist ein Berufungsrecht als unantastbares Mitgliedsrecht vergeben, so kann jede auf Grund dieses Rechts erfolgte Berufung aus wichtigem Grunde von den Gesellschaftern auch gegen den Willen des Berechtigten (Berufenden) widerrufen werden. § 38[41]). Insoweit ist mittelbar eine „Beeinträchtigung" des „unantastbaren" Rechts möglich.

bb) Liegt kein wichtiger Grund vor, so kann der Berufende, nicht der Berufene, von der G. m. b. H. verlangen, daß der von ihm Berufene nicht abberufen wird.

cc) Ein unantastbares Mitgliedsrecht zur Berufung oder zum Widerruf

α) verliert der Berechtigte immer mit der Mitgliedschaft. Sei es, daß er diese aufgibt. Sei es, daß sie ihm im Wege der Kaduzierung entzogen wird. § 21[42]).

β) Ohne die Mitgliedschaft kann ihm das Recht durch gerichtliches Urteil entzogen werden, wenn er es so gröblich mißbraucht, daß die Grundsätze von Treu und Glauben eine solche Abhilfe gebieten[43]). § 157 BGB in Verbindung mit § 117 HGB[44]).

---

[40]) So mit Recht: Cohn 20; Lenz 16.

[41]) Ebenso Brodmann § 45, 1, S. 167/168.

[42]) Oben Anm. 21 u. 22.

[43]) Schultze 468 ff.; ferner Enneccerus I, 1, 258.

[44]) Das Recht ist eine „Geschäftsführungsbefugnis", wie sie § 117 HGB regelt. § 117, der für die O. H. G. gilt, ist hier entsprechend anzuwenden:

I. Ein „unantastbares Mitgliedsrecht" organschaftlichen Inhalts verbindet Organschaft und Mitgliedschaft. Die G. m. b. H. erhält dadurch individualistisches Gepräge. Sie nähert sich der O. H. G. Deswegen sind bei dieser G. m. b. H. die für die O. H. G. geltenden Vorschriften vor den für die übrigen Handelsgesellschaften geltenden Vorschriften anzuwenden. Oben § 4.

II. Das durch § 117 HGB geschützte Interesse ist:

1. Das der Gesellschafter. Diese haften bei der O. H. G. mit ihrem ganzen Vermögen. § 105 HGB. Für die Gesellschafter der G. m. b. H. steht nur ihr Geschäftsanteil auf dem Spiel. § 13 Abs. 2. Dieses Interesse tritt also bei der G. m. b. H. zurück.

2. Das der O. H. G. selbst. Das Interesse der G. m. b. H. allein aber rechtfertigt für sie die entsprechende Anwendung des § 117 HGB. Denn nach § 61 kann durch gerichtliches Urteil die G. m. b. H. aufgelöst werden, wenn wichtige, in den Verhältnissen der G. m. b. H. liegende Gründe, sie notwendig machen. Gröblicher Mißbrauch eines organschaftlichen Sonderrechts kann

4. Der Widerruf ist dem betroffenen Geschäftsführer gegenüber zu erklären [45]).

IV. Der Geschäftsführer „legt" sein Amt „nieder" durch die Erklärung, daß er auf sein organrechtliches Können verzichte. Willkürlich kann er dies nur dann tun, wenn ihm das Recht dazu besonders gegeben wurde [46]). Im übrigen kann er immer zugleich mit der Kündigung das Amt niederlegen [47]), denn die Stellung ist immer entweder ein Dienstvertrag im Sinne der §§ 611 ff. BGB, oder ein Auftrag im Sinne der §§ 662 ff. BGB. Eins von beiden ist sie auch dann, wenn sie mitgliedschaftliche Beziehungen enthält [48]). Diese Beziehungen kann der Geschäftsführer ferner mit Aufgabe der Mitgliedschaft „niederlegen".

V. Durch die Kündigung löst der Kündigende von einem bestimmten Zeitpunkt ab alle zwischen der G. m. b. H. und dem Geschäftsführer bestehenden selbständigen Nebenbeziehungen, soweit sie nicht die Stellung überdauern sollen, wie etwa ein so vereinbartes Wettbewerbsverbot. Insbesondere erlöschen Wertrechte

ein solcher Grund sein. Er kann also die Auflösung der G. m. b. H. herbeiführen. Im Vergleich zur Auflösung aber ist die Entziehung des organschaftlichen Rechts ein Geringeres. Deswegen kann sie erst recht erfolgen.

[45]) Brodmann § 38, 2, S. 146. Erckens 38; Jsay 222; Merzbacher § 38, 4; Uhle 56; Warneyer-Koppe § 38, 2, S. 112; Staub-Pinner § 231, 17 a; RG 68, 385; Recht 1914, 2751; LZ 1920, 799, 5.

[46]) Ebenso entscheiden Cohn 24; Möhring 183. — Anders OLG Hamm (10. 7. 17), Rundschau G. m. b. H. 1917, 344. Dem „Sozialrecht" der G. m. b. H., „den Geschäftsführer... jederzeit abzuberufen" entspreche das „Individualrecht" des Geschäftsführers, „jederzeit seine Stellung niederzulegen". — Es mag unerörtert bleiben, ob gerade die sozialrechtlichen Beziehungen der einen Person den individualrechtlichen der anderen „entsprechen". Jedenfalls besteht in den sozialrechtlichen Beziehungen ein Verhältnis der Einordnung, in den individualrechtlichen ein Verhältnis der Gleichordnung. Individualrecht ist das Recht zur Kündigung. Sie ist im Zweifel unter gleichen Voraussetzungen für beide möglich. Sozialrecht ist: für die G. m. b. H. das Recht zum Widerruf; für den Geschäftsführer das Recht zum Niederlegen. In der Einordnung ist regelmäßig die G. m. b. H. übergeordnet. Es entspricht also dem Grundsatz des willkürlichen Widerrufsrecht (§ 38 Abs. 1) als Grundsatz das nicht-willkürliche Niederlegungsrecht. Willkürliches Niederlegungsrecht ist, wie das unantastbare Mitgliedsrecht, die Ausnahme.

[47]) OLGR 27, 380.

[48]) Brodmann § 38, 5, S. 149 wendet hier § 712 Abs. 2 BGB entsprechend an. Das erscheint mir verfehlt, weil der Tatbestand des § 712 seiner Art nach anders ist. Die von ihm geregelten Beziehungen bestehen zwischen dem geschäftsführenden Gesellschafter und den einzelnen übrigen Gesellschaftern. Die mitgliedschaftlichen Beziehungen aber bestehen zwischen dem Geschäftsführer und der G. m. b. H. — Das Verhältnis der Einordnung, das zwischen dem Geschäftsführer und der G. m. b. H. besteht, kann hier nicht gegen die

des Geschäftsführers, soweit sie nicht als unantastbare Mitgliedsrechte ausbedungen sind. Diese können durch eine Kündigung nicht entzogen werden. Auch nicht durch gerichtliche Entscheidung [49]). Doch ist die G. m. b. H. nicht schutzlos. Auf Kosten des Stammkapitals dürfen dem Berechtigten keine Werte gegeben werden. § 30 und § 31 [50]).

1. Wann und für welchen Zeitpunkt eine Kündigung erfolgen kann, ist nach der Art des Anstellungsvertrages verschieden. Es bestimmt sich nach den §§ 621—627, 671 BGB und nach den Vereinbarungen [51]).

2. Die Kündigung der G. m. b. H. ist eine körperschaftsrechtliche Willenserklärung. Deswegen kann sie grundsätzlich nur von den Gesellschaftern ausgehen [52]). Insbesondere ist ein Aufsichtsrat durch die Bestimmung des § 247 HGB nicht dazu befugt [53]).

Zu IV. u. V. Die Erklärung des Geschäftsführers, daß er seine Stellung niederlege oder kündige, ist empfangsbedürftig. Der Empfang einer Erklärung, die eine organschaftliche Stellung löst, ist ein körperschaftsrechtliches Verhalten der G. m. b. H. Dies kann grundsätzlich nicht ein Geschäftsführer [54]) oder Aufsichtsrat [55]) üben, sondern die Gesellschafterversammlung [56]). Eine besondere gesetzliche Bestimmung besteht nicht. Wo also die Rechtslage nur auf dem Gesetz beruht, muß der Geschäftsführer seine Erklärung der Gesellschafterversammlung zur Kenntnis bringen [57]). Dies ist indessen regelmäßig nicht der Fall. Vielmehr ist für die Zeit, in der die Gesellschafterversammlung nicht tagt, regelmäßig

---

Anwendung der §§ 611 ff. oder 662 ff. sprechen, denn es ist durch die Aufnahme der mitgliedschaftlichen Beziehungen nur gesteigert. Vorhanden ist es in jeder Stellung eines Vorstandes.

[49]) Wie die organschaftlichen Inhalts. Oben zu III 3 c, ccβ.

[50]) Oben § 42 VII 5.

[51]) Brodmann § 38, 5, S. 149; Cohn 59; Erckens 35 u. 68/70; Lattermann 17; Merzbacher § 38, 3; Möhring 43; Uhle 62/64.

[52]) Oben § 31 III 2 h, cc.

[53]) „Rechtsgeschäfte" schlechthin sind nur drittrechtliche Geschäfte. Dazu oben § 14 Anm. 9, vgl. § 47 Abs. 4 (dazu oben § 25 III 1) und § 37 Abs. 2 (dazu oben § 30 Anm. 17).

[54]) Oben § 31 II 3 u. 4.

[55]) § 52 in Verbindung mit HGB § 247 ermächtigt ihn nicht. Oben Anm. 53. Anderer Ansicht: Brodmann § 38, 5, S. 150; Staub-Pinner § 231, 32 b.

[56]) Oben § 31 III 2 h.

[57]) Daß diese Rechtslage möglich ist, ist für eine G. m. b. H. mit geringer Gesellschafterzahl wichtig! Insbesondere für die Einmanngesellschaft.

stillschweigend der Geschäftsführer ermächtigt, die Erklärung anzunehmen [58]).

VI. Meist wird die Erklärung des Widerrufs oder die des Niederlegens mit der Kündigung verbunden [59]). Im Zweifel ist zugleich in ihnen die Kündigung zu erblicken. Und umgekehrt [60]). Doch ist auch eine Trennung möglich [61]). Dann bleiben mit dem Widerruf oder dem Niederlegen allein die selbständigen Nebenbeziehungen der Stellung bestehen. Darunter die „Entschädigungsansprüche" des § 38 Abs. 1 [62]) (=Wertrechte) und das Recht auf Entlastung [63]).

VII. Jede dieser Erklärungen kann grundsätzlich [64]) formfrei abgegeben werden. Auch dann, wenn die Bestellung im Gesellschaftsvertrage erfolgte [65]) [66]).

VIII. Die Beendigung der Stellung des Geschäftsführers ist zur Eintragung in das Handelsregister anzumelden. § 39 Abs. 1. Der abberufene Geschäftsführer kann die Anmeldung verlangen [67]). Die Eintragung ist zur Wirksamkeit der Beendigung nicht erforderlich [68]) [69]). Die Anmeldung erfolgt durch die übrigen Geschäfts-

---

[58]) Nur dann genügt die Empfangnahme durch einen anderen Geschäftsführer. Nach OLG Königsberg, Rundschau 1917, 420, genügt sie immer.

[59]) Cohn 24; Jsay 221; Staub-Pinner § 231, 19; Uhle 62.

[60]) Für dies letzte: Pinzger § 35, 8.

[61]) Staub-Pinner § 231, 19; Pinzger § 35, 8; RG. JW 1915, 653, 5; einschränkend OLGR 27, 380.

[62]) „Entschädigungsansprüche" sind nicht dasselbe wie „Schadensersatzansprüche", sondern Ansprüche auf jede Entschädigung, die der Geschäftsführer für die Übernahme der Stellung erhält. Es sind also alle „Wertrechte" der Stellung. Z. B. Gehaltsforderungen (Cohn 60; Lenz 74; Möhring 186; OLG Karlsruhe, Rundschau G. m. b. H. 1914, 218), ein Recht auf Aufwendungsersatz u. a.

[63]) Oben § 43 I.

[64]) Ausnahme oben zu III 2 b aa.

[65]) Henkel 68; Liebmann § 38, 1; Möhring 181; Staub § 35, 41; Uhle 57. RG 44, 95; LZ 09, 75; Recht 08, Nr. 864; Warneyer Jahrg. 21 (1922), S. 192, § 35, 3; JW 00, 417, 18; OLGR 42, 223.

[66]) Umgekehrt genügt die Abänderung der Bestimmung des Gesellschaftsvertrages allein nicht. So mit Recht, Lenz 17.

[67]) Brodmann § 39, 1, S. 150.

[68]) Brodmann § 38, 2; § 39, 1, S. 150; Staub-Pinner § 284, 8; Warneyer-Koppe § 35, 3, S. 106; § 38, 7, S. 113; KGJ 16, 25; LG Dresden 30. 3. 10, bei Reidnitz § 39, 7; OLG Königsberg, Rundschau G. m. b. H. 1917, 420.

[69]) Deswegen kann der ausscheidende Geschäftsführer die Anmeldung der Beendigung nicht vornehmen. Brodmann § 39, 1, S. 150; Crüger-Crecelius, 2. Teil, § 39, 2; Lattermann 19; Warneyer-Koppe § 39, 1, S. 113; KGJ 45, 329; deswegen bedarf es keiner neuen Eintragung, wenn die Beendigung der Stellung noch nicht eingetragen ist und nun eine neue Bestellung vorgenommen wird. Brodmann § 38, 1, S. 151; RG 68, 381; OLGR 14, 366.

führer [70]). Eine Abschrift der Urkunden über die Beendigung ist der Anmeldung beizufügen. § 39 Abs. 2 [71]). Ist die Beendigung ordnungsmäßig nachgewiesen, so hat sie der Registerrichter ins Handelsregister einzutragen, unabhängig davon, ob sie zulässig ist [72]) [73]).

IX. Abschnitt.

§ 46. Der stellvertretende Geschäftsführer.

I. Stellvertretende Geschäftsführer werden wie hauptamtliche bestellt und abberufen.

II. Ihre Stellung unterscheidet sich im organrechtlichen Können nicht von der der hauptamtlichen Geschäftsführer. Soll insbesondere in der tätigen Vertretung die Beteiligung des stellvertretenden Geschäftsführers nicht notwendig sein, so müssen die übrigen Geschäftsführer (einzeln oder zusammen) zu Inhabern des Könnens eingesetzt sein [1]).

III. Im organrechtlichen Dürfen, im organrechtlichen Sollen und in den selbständigen Nebenbeziehungen liegt der Unterschied. Diese alle leben erst im Falle der „Stellvertretung" auf [2]). Im Zweifel also, wenn ein anderer Geschäftsführer rechtlich [3]) oder tatsächlich an der Ausübung seines Amtes gehindert ist.

IV. Ausnahmen bestehen

1. für die Anmeldungen zum Handelsregister, die durch „sämtliche" Geschäftsführer vorzunehmen sind [4]). Hier hat der stellvertretende Geschäftsführer immer mitzuwirken [5]).

2. für die selbständigen Nebenbeziehungen, die auch bei den hauptamtlichen Geschäftsführern an die Dauer der Ausübung des Amtes nicht gebunden sind. Also etwa für ein so vereinbartes Wertrecht oder ein so vereinbartes Wettbewerbsverbot [6]).

---

[70]) KGJ 16, 23.

[71]) Brodmann § 39, 2, S. 151; Uhle 61; OLGR 38, 190; RJA 16, 84; anders: KGJ 16, 23.

[72]) Konnte eine einseitige Beendigung nicht erfolgen und schweigt der betroffene Geschäftsführer oder das zuständige Organ, so wird die „unzulässige" Beendigung dadurch wirksam.

[73]) Rundschau G. m. b. H. 1914, 185; Lattermann 16; Uhle 59.

[1]) Oben § 36 VI.

[2]) Brodmann § 44, S. 166 und die dort angegebenen Entscheidungen.

[3]) Etwa durch § 181 BGB. Oben § 33.

[4]) Oben § 42 VII 8.

[5]) Brodmann § 44, 1, S. 166; RG. LZ 1914, 398, 17.

[6]) Oben § 45 V.

II. Teil: Zum französischen Recht.

1. Abschnitt.

§ 47. Geschichtliche Beziehungen zwischen der S.R.L. und der G.m.b.H.

I. Das französische Recht kannte vor dem deutschen eine G. m. b. H., société à responsabilité limitée (S. R. L.[1])). Die S. R. L. wurde zum erstenmal eingeführt durch das Gesetz vom 23.—29. Mai 1863, das durch ein Gesetz vom 24. Juli 1867 außer Kraft gesetzt ist[2]).

II. Das zweite Mal schuf das Gesetz vom 7. März 1925 eine S. R. L. Die Veranlassung dazu lag in der Notwendigkeit, sich mit dem in Elsaß-Lothringen geltenden deutschen G. m. b. H.-Recht auseinanderzusetzen[3]).

III. Das Recht der S. R. L. von 1863, der G. m. b. H. von 1892 und der S. R. L. von 1925 weicht voneinander ab. Auch die Rechtsstellung des administrateur (1863), des Geschäftsführers (1892) und des gérant (1925).

1. Die französischen Schriftsteller, die sich mit dem Gesetz von 1925 befassen, erwähnen zu einem Teil die S. R. L. von 1863 nicht. Der andere Teil meint, beide S.R.L. hätten nur den Namen gemeinsam[4]). Die S.R.L. von 1863 sei nur eine Abart der société anonyme (A.G.). Die S.R.L. von 1925 sei der G. m. b. H. von 1892 nachgebildet, habe aber durchaus ein neues, französisches Gepräge. Wäre dem so, dann müßte sich eine Betrachtung des geltenden Rechts mit dieser Feststellung bescheiden; ein Zurückgreifen auf die geschichtliche Entwicklung zur Auslegung des geltenden Rechts wäre unangebracht.

2. Aber die Lage ist anders. Schon in der Anerkennung der Verwandtschaft zwischen der S.R.L. von 1863 und der société anonyme, wie zwischen der G. m. b. H. und der S. R. L. von 1925 liegt die Anerkennung einer gemeinsamen Beziehung beider S.R.L. zur A.G.[5]), denn auch die G. m. b. H. ist der A. G. verwandt.

3. Darüber hinaus aber bestehen gerade in den Merkmalen, in denen sich die G. m. b. H. von der A.G. unterscheidet, Beziehungen

---

[1]) Diese Abkürzung gebraucht Pic, Rev. Soc. 1925, 393. Die übrigen Schriftsteller schreiben den Namen aus.

[2]) Drouets 48; Percerou, Ann. 1925 91; Pic, Rev. Soc. 394; Rec. Sirey 1925, 1802 (3).

[3]) Drouets 38.

[4]) Auger, „La société", 209; Drouets 47/48; Lepargneur 8; Percerou, Ann. 1925, 91; Pic, Rev. Soc. 1925, 393; Rec. Sirey 1925, 1802 (3).

[5]) Abwegig Baudouin-Bugnet, „La transf." 8, der dies sogar für die S. R. L. von 1925 leugnet.

zur S. R. L. von 1863, die für eine Auslegung des geltenden Rechts zu beachten sind.[6])

IV. 1. Die Entwicklung der G. m. b. H. begann in einer Ausgestaltung der société anonyme des Code de commerce von 1807 durch das englische Recht. Es schuf die Company limited by shares. Und zwar in einer acte vom Juli 1853, die in den Jahren 1855, 1856, 1857, 1858 den Bedürfnissen des Rechtslebens nachgebend fortgebildet wurde. Sie kannte u. a. schon von Anbeginn die einfache Gründung durch Privatrechtsgeschäft mit anschließender Kundbarmachung, ohne daß eine obrigkeitliche Genehmigung notwendig war. Die Company erwies sich als sehr brauchbar[7]).

2. Den englischen Gesetzen schloß sich das französische Gesetz von 1863 an[8]). Es behielt die freie Gründung[9]) bei, brachte aber neu unter Anerkennung der kollektivistischen Grundlage eine individualistische Ausgestaltung in einer Zwangsmitgliedschaft des administrateur[10]). Eine Erscheinung, die viel Ähnlichkeit hat mit der im § 3 Abs. 2 GmbHG vorgesehenen mitgliedschaftlichen Pflicht zur Geschäftsführung. Allein die Zwangsmitgliedschaft und eine sehr streng durchgeführte Haftung des administrateur vereitelten die Brauchbarkeit des Gesetzes[11]).

3. Um so brauchbarer war die 1892 geschaffene deutsche G. m. b.H. Sie weist manche Züge ihrer Vorgängerinnen auf[12]). Z. B. die zu 1 und 2 genannte freie Gründung. Oder die zu 2 erwähnte Verknüpfung der Geschäftsführerstellung mit der Mitgliedschaft, die dort zwingend vorgeschrieben, hier für eine Vereinbarung im Gesellschaftsvertrag zugelassen ist. Oder die für einen mehrgliedrigen Vorstand nachgiebig vorgeschriebene Gesamtvertretung (im weiteren Sinne), die dort durch mindestens zwei Vorstandsmitglieder[13]), hier durch alle Vorstandsmitglieder ausgeübt wird[14]). Oder die Widerruflichkeit der Geschäftsführerbestellung nach Belieben, die dort zwingend, hier nachgiebig[15]) angeordnet ist. Die Neuerungen von 1892 liegen in der freieren und eingehenderen Ausgestaltung des

---

[6]) Unten zu IV und § 60 IV.
[7]) Näheres bei Jnnocent et Desvaulx 27ff. u. 191 ff. und Tripier 173—237.
[8]) Jnnocent et Desvaulx 191.
[9]) Art. 1.
[10]) Art. 7; Jnnocent et Desvaulx 45.
[11]) Jnnocent et Desvaulx 47.
[12]) Eine bewußte Anknüpfung konnte ich nicht feststellen.
[13]) In dem gesetzlichen Modèle des statuts. Jnnocent et Desvaulx 100.
[14]) § 35 Abs. 2.
[15]) Art. 1; Jnnocent et Desvaulx 46 und § 38.

Gesetzes. Namentlich in vielen nachgiebig gestalteten Einzelbestimmungen, die eine vielseitige Verwendbarkeit der G. m. b. H. mit sich brachten.

4. Das französische Gesetz vom 7. März 1925 schloß sich bewußt an das deutsche Gesetz an[16]). Eigenheiten fehlen ihm nicht. Insbesondere deshalb, weil es auf viele Einzelbestimmungen des deutschen Rechts verzichtet. Gerade dadurch aber ist es der Auslegung bedürftiger, zu der die enge Verbindung mit dem deutschen Recht nicht unwesentliche Beiträge liefern kann.

II. Abschnitt.

§ 48. Das rechtliche Leben der personne morale.

I. Die S.R.L. von 1925[1]) ist juristische Person, personne morale oder juridique[2]), civile, fictive. Dieser Begriff ist dem französischen Recht genau so geläufig[3]), wie dem deutschen. Freilich findet sich dort vereinzelt, zum Teil aber bei namhaften Schriftstellern eine schemenhafte Vorstellung, die mit den französischen Gesetzen nicht in Einklang zu bringen ist. Namentlich auch nicht mit dem Gesetz vom 7. März 1925[4]).

II. Das rechtliche Leben der S.R.L. läßt sich, weil sie juristische Person ist, einteilen in das körperschaftsrechtliche und drittrechtliche, in das Außen- und Innenleben[5]) [6]).

§ 49. Organe der personne morale.

I. Als juristische Person braucht die S.R.L. „Organe". Der Begriff des Organs ist der französischen Rechtssprache geläufig[1]). Er ist für eine Betrachtung der Stellung des gérant unerläßlich. Diese Stellung läßt sich zwar, soweit sie die Macht gibt, rechtmäßiges Ver-

---

[16]) Drouets 5; Lepargneur 8. — Die Merkmale der S. R. L., die dies beweisen, sind aufgezählt bei Auger Ch. 1er p. 4; Drouets 48; Pic. Rev. Soc. 1925, 394.

[1]) Nur diese meine ich, wenn ich von S. R. L. schlechthin rede.

[2]) Vgl. Art. 36; Drouets 60; Gain 11; Lepargneur 19; Pic, Rev. Soc. 1925, 393.

[3]) Vgl. etwa noch Michoud I, 3 ff.; Baudry-Lacantinerie et Houques-Fourcade 338.

[4]) Näheres unten § 69 Anm. 2. Eine ähnliche Auffassung findet sich im deutschen Schrifttum bei Binder 112 und Hold von Ferneck I, 264 ff.

[5]) Der Ausdruck: vie intérieure für das körperschaftsrechtliche Leben findet sich bei Michoud I, 2 u. 3.

[6]) Oben § 1.

[1]) Etwa Baudry-Lacantinerie et Houques-Fourcade 364; Michoud I, 315 ff.; Gain 52.

halten mit Wirkung für die juristische Person zu üben, mit dem Begriff des mandataire im Sinne des Art. 1984 C. civ. erfassen[2])[3]). Aber der Begriff des mandataire faßt nicht die Möglichkeit des gérant, rechtswidriges Verhalten mit Wirkung für die S.R.L. zu üben[4]).

II. Der Begriff des pouvoir im Sinne des Art. 1984 C. civ. deckt sich nicht mit dem des organrechtlichen Könnens. Das organrechtliche Können wird von ihm nur zu einem Teil erfaßt[5]). Soweit es aber erfaßt wird, wird es nicht gegenüber dem organrechtlichen Dürfen abgegrenzt[6]). Es kommt hinzu, daß man mit dem Wort pouvoir auch jede andere Art der Rechtsmacht bezeichnet[7]); nicht bloß die, fremdwirkendes Verhalten zu üben[8]).

Begriffe, die denen des organrechtlichen Dürfens und Sollens entsprechen, fand ich nicht[9]). Sie sind auch zur Erfassung des französischen Rechtsstoffes nötig. Das zeigt sich schon darin, daß man die — in der deutschen Rechtssprache nicht feststehenden — Begriffe der „Vertretung" und „Geschäftsführung"[10]) entlehnt. Ich behalte deshalb die oben[11]) festgelegten Begriffe bei und überlasse es den französischen Schriftstellern, entsprechende Ausdrücke zu finden[12]).

---

[2]) Le pouvoir de faire quelque chose pour le mandant et en son nom; dazu etwa Baudry-Lacantinerie et Wahl 173. — Das Merkmal des pouvoir fehlt dagegen in dem louage d'ouvrage. Art. 1710; Baudry-Lacantinerie et Wahl 184.

[3]) Ebenso steht es mit dem Begriff des Vollmachtsauftrags im Sinne des preuß. ALR I, 13, §§ 5 ff.

[4]) Unten § 63.

[5]) Oben zu I.

[6]) Manchmal bezeichnet man auch nur das organrechtliche Dürfen als pouvoir. So z. B. Auger Ch. V, p. 5, p. 7 no. 53; Baudouin-Bugnet 33; Drouets 209.

[7]) Etwa Milétitch 103. Vgl. Hupka 11, Anm. 1.

[8]) Daß das organrechtliche Können nicht mit dem Begriff des subjektiven Rechts erfaßt werden kann, betont richtig Michoud I, 131 u. 310. Seine Begründung freilich erscheint mir abwegig. Er bezeichnet nur solche Rechtsmacht als subjektives Recht, die dem Berechtigten im eigenen Interesse zusteht. Das ist m. Er. zu eng. — Die Begründung ist vielmehr in dem Umfang des organrechtlichen Könnens zu suchen. Oben § 2 III 3 in Verbindung mit § 63.

[9]) Auch der Ausdruck: procuration (Art. 1984) ist mehrdeutig. Baudry-Lacantinerie et Wahl 173. Ebenso die Ausdrücke: attribution oder partage d'attributions, die Baudouin-Bugnet 27 und Michoud I, 142 verwenden.

[10]) So Chéron, Ann. 1925, p. 304/305.

[11]) Oben § 2.

[12]) Das organrechtliche Können ist vielleicht faßbar mit dem Ausdruck: competence, wie ihn Michoud I, 131 u. 310 gebraucht. Doch müsste eine scharfe Abgrenzung gegenüber dem organrechtlichen Dürfen vorgenommen werden.

§ 50. Die Organe der S.R.L.

Die gesetzlich vorgesehenen Organe der S.R.L. sind:

I. Die Gesellschafterversammlung, l'ensemble des associés. Ihr organrechtliches Können ist von verschiedener Stärke, je nachdem, ob ihr Wille mit einfacher Stimmenmehrheit[1]), mit Dreiviertelmehrheit[2]) oder durch Einstimmigkeit[2]) gebildet wird. Ihre Willensbildung kann in den „kleineren" S.R.L., d. i. in den S.R.L., die 20 und weniger Mitglieder zählen, auch brieflich vollzogen werden[3]).

II. Ein Aufsichtsrat, conseille de surveillance. Er braucht nur in den „größeren" S.R.L. bestellt zu werden[4]).

III. Der gérant.

§ 51. Die S.R.L. als Handelsgesellschaft.

Die S.R.L. ist Handelsgesellschaft; ohne Rücksicht auf den Gegenstand des Unternehmens[1]). Mitgliedschaft und Organschaft im engeren Sinne sind grundsätzlich getrennt. Deswegen ist die S.R.L. ihrer Anlage nach eine kollektivistische Gesellschaft[2]). Eine individualistische Ausgestaltung ist möglich[3]). Aber nicht in Form einer mitgliedschaftlichen Pflicht zur Geschäftsführung, wie sie § 3 Abs. 2 kennt. Insofern steht die S. R. L. der kollektivistischen Form näher, als die G. m. b. H.[4]).

---

[1]) Art. 27.

[2]) Art. 31.

[3]) Art. 26 al. 2; Chapsal 50.

[4]) Art. 32 al. 1; Drouets 193.

[1]) Art. 3; Baudouin-Bugnet 19; Drouets 59; Gain 12; Percerou, Ann. 1925, 92; Perregaux 21; Pic, Rev. Soc. 1925, 400.

[2]) Fast alle französischen Schriftsteller bezeichnen sie als eine Mischform. Die Begriffe: Kollektivismus und Individualismus werden selten, und dann abweichend umrissen. — Auger Ch. ler p. 2; „B. A." 362/363; Batardon 5; Baudouin-Bugnet 5, 8/9; Drouets 3 u. 53; Gain 13; J. soc. 1925, 536/537; Lepargneur 14/17; Percerou, Ann. 1925, 91/92. Baudouin-Bugnet, „La transf." 8/10 meint, die S.R.L. sei vor allem individualistisch und unterscheide sich gerade dadurch wesentlich von der G. m. b. H.

[3]) Unten § 57 III u. IV.

[4]) Chéron, Ann. 1925, 215/216 behauptet das Gegenteil. Nach seiner Begriffsabgrenzung mit Recht.

III. Abschnitt.

§ 52. Wechselwirkung zwischen dem Dasein der S. R. L. und dem Dasein des gérant.

I. Die S. R. L. kommt zur Entstehung mit der Unterzeichnung des Gesellschaftsvertrages, der acte de société, der statuts [1]). In ihnen braucht ein gérant nicht bestellt zu werden [2]). Also kann die S. R. L. entstehen, ohne daß ein gérant da ist.

II. Binnen Monatsfrist nach der Unterzeichnung der statuts sind 1. die statuts bei der Kanzlei des tribunal de commerce und der justice de paix einzureichen; 2. ein Auszug aus den statuts in einer Zeitung bekannt zu machen, die für gesetzlich vorgeschriebene Anzeigen zugelassen ist [3]); 3. die vorgeschriebenen Anmeldungen zum Handelsregister vorzunehmen.

1. In dem Auszug und im Handelsregister sind die Namen der gérants zu nennen [4]). Daraus ist zu schließen, daß bis dahin ihre Bestellung erfolgen muß [5]). Das hat seinen guten Grund. Die S. R. L. soll nicht nach außen in Erscheinung treten, ehe nicht die Organe bestellt sind, in deren Stellung das Außenleben der S.R.L. der Hauptsache nach ruht.

2. Die statuts sind einzureichen durch die Gesellschafter [6]). Diese können eine bestimmte Person damit betrauen. Auch den gérant. Sie brauchen also für die Einreichung noch keinen gérant zu bestellen.

III. Ist die S. R. L. nach ihrer Anmeldung zum Handelsregister ohne gérant, so bleibt sie dessen ungeachtet bestehen [7]).

IV. Kommt die S. R. L. zur Auflösung, so endet die Stellung des gérant [8]).

---

[1]) Chéron, Ann. 1925, 230; Gain 36.

[2]) Art. 24, al. II; anders Gain 30/31, der sich aber selbst in Widerspruch setzt; vgl. 53.

[3]) Art. 12, 13; Baudouin-Bugnet 15. Unterbleiben die zu II 1 u. 2 genannten Handlungen, so wird die Gründung der S. R. L. für ihr Innenleben unwirksam. Die Unwirksamkeit kann Dritten nicht entgegengehalten werden. Chéron, Ann. 1925, 230; Gain 34; Percerou, Ann. 1925, 95.

[4]) Art. 14; unten § 59.

[5]) Diese Folgerung scheut Auger Ch. V. p. 2 no. 4—6. Art. 1895 C. civ. (dazu unten § 58), den Auger hier anwenden will, ist m. Er. durch Art. 14 ausgeschlossen.

[6]) Das Einreichen der statuts ist eine körperschaftsrechtliche Handlung, die der gérant nur vornehmen kann, wenn er besonders dazu ermächtigt ist. Unten § 60 V. — Die Anmeldung zum Handelsregister hat nach Art. 6 al. 2 des Gesetzes vom 18. März 1919 der gérant vorzunehmen. Unten § 69 II 5.

[7]) Auger Ch. V p. 3; Drouets 202.

[8]) Unten § 72 I. Anders oben § 45 I 2.

§ 53. Die Bezeichnung „gérant".

Für die Bezeichnung „gérant" gilt das Nämliche wie im deutschen Recht [1]). Nur mit der Abwandlung, daß auch in der Veröffentlichung des Auszugs aus den statuts die Bezeichnung wesentlich ist.

§ 54. Die Zahl der gérants.

Die Zahl der gérants spielt im französischen Recht dieselbe Rolle wie im deutschen [1]).

§ 55. Die Fähigkeit zur und durch die Stellung eines gérant.

I. Zum gérant können nicht bestellt werden

1. eine juristische Person [1]),
2. ein mineur, der das 18. Lebensjahr noch nicht vollendet hat,
3. ein interdit.

II. Die Regel zu I 2 und 3 ist bestritten.

1. Ihre Geltung rechtfertigt Auger [2]) durch diese Erwägung: Die S. R. L. ist ihrer Anlage nach individualistisch. Deshalb zieht ihre Kaufmannseigenschaft die Kaufmannseigenschaft ihres gérant nach sich. Wird dieser aber durch die Bestellung Kaufmann, so muß er die Fähigkeit haben, Kaufmann zu werden.

2. Andere [3]) machen geltend: Der gérant ist ein mandataire. Eine besondere gesetzliche Regel besteht nicht. Also genügt die Fähigkeit, mandataire zu werden [4]).

3. Der Meinung zu 2 ist zu entgegnen: Maßgebend ist nicht eine Fähigkeit, das mandat zu vereinbaren, sondern die Fähigkeit, die Stellung des gérant auszuüben. Die in der Stellung liegende Verantwortlichkeit kann keine Person der zu 2 und 3 genannten Art tragen [5]). Die Begründung zu 1 erübrigt sich also, ohne daß ihre Unhaltbarkeit dargetan werden muß.

III. Ein mineur über 18 Jahre kann gérant sein, wenn er emanzipiert ist und vom Vormund ermächtigt ist, Handel zu treiben. Die Ermächtigung ist dem tribunal de commerce gebührend bekannt zu geben [6]).

---

[1]) Oben § 6.

[1]) Oben § 7.

[1]) Die Begründung, die oben zu § 8 III 1 gegeben wurde, trifft auch für das französische Recht zu.

[2]) Auger Ch. Ier p. 5 mit Anm. 1 u. Ch. V p. 3—4.

[3]) Z. B. Lepargneur 52.

[4]) Art. 1990 C. civ. Baudry-Lacantinerie et Wahl 211.

[5]) Umkehrschluß aus Art. 2 C. comm. Oben § 8 III 2 b.

[6]) Art. 2 C. comm; Art. 487 C. civ.; Auger Ch. II p. 3.

IV. Ein Nicht-Mitglied kann nach dem Gesetz gérant sein [7]).

V. Für Bestimmungen der statuts, die die Fähigkeit regeln, gilt das oben Erörterte. Ebenso für die Bestellung Unfähiger [8]).

VI. Der gérant erwirbt durch seine Bestellung nicht die Kaufmannseigenschaft [9]).

IV. Abschnitt.

§ 56. Die Bestellung.

I. Die Stellung des gérant ist immer auch die Stellung eines mandataire [1]). Ungeachtet dessen, daß der Inhalt des organrechtlichen Könnens umfassender ist, als das pouvoir des mandataire. Und unabhängig davon, ob die Stellung eines gérant nur die wesentlichen, ob sie die gewöhnlichen oder auch die willkürlichen [2]) Beziehungen enthält.

II. Die Bestellung ist die Begründung eines mandat. Sie ist ein Vertrag zwischen der S.R.L. und dem gérant; und zwar ein rechtsbegründender Vertrag. Für die S.R.L. ist sie meist ein Außenrechtsgeschäft, immer aber ein körperschaftsrechtliches [3]).

III. Man kann die Bestellung ihrem Tatbestand und ihrer Rechtsfolge nach zergliedern, wie dies oben [4]) getan ist. Aber man kann sie nicht in mehrere Rechtsgeschäfte zerlegen. Dies ist für das französische Recht unbestreitbar. Werden die Tatbestandsteile gesondert vorgenommen, so ist die Beurteilung der Rechtslage die gleiche wie nach deutschem Recht [5]).

§ 57. Bestellungsarten.

I. Die Bestellung erfolgt immer durch einen Beschluß der Mitgliederversammlung [1]). Und zwar regelmäßig durch einen einfachen Mehrheitsbeschluß [2]).

II. Die Bestellung kann in die statuts aufgenommen werden, oder außerhalb von ihnen erfolgen. Art. 24 al. 2 stellt in Gegen-

---

[7]) Art. 24 al. 1er. Drouets 195; Gain 54; Lepargneur 52.

[8]) Oben §§ 8 u. 9.

[9]) Drouets 203/204; oben § 8 VII.

[1]) Art. 24 al. 1.

[2]) Oben § 10.

[3]) Oben §§ 10 u. 16.

[4]) Oben §§ 10—16.

[5]) Oben §§ 13, 15 u. 16.

[1]) Art. 24 al. 2. Eine Berufung durch andere Personen ist nicht möglich. Art. 24 al. 2 ist zwingendes Recht. Anderer Ansicht ist Auger Ch. 5 p. 3. Dazu unten § 72 Anm. 6 II.

[2]) Art. 27; Drouets 193.

satz „acte de société", — das sind die statuts, — und „acte postérieur" [3]). In dem ersten Fall ist nur daran gedacht, daß die Bestellung bei der Gründung der S. R. L. in die statuts aufgenommen wird („gérant statutaire") [4]). Ist die Bestellung anders erfolgt, so liegt der zweite Fall vor. Er liegt regelmäßig [5]) auch vor, wenn die Bestellung durch eine Satzungsänderung in die statuts aufgenommen wird.

III. 1. Dem materiellen Tatbestande nach betrachtet hat der gérant statutaire — in diesem, dem eigentlichen Sinne des Wortes, — die Geschäftsführung in einem Gesellschaftsvertrage, einer société im Sinne der Art. 1832 ff. C. civ. [6]) übernommen, bei dessen Abschluß die S.R.L. durch ihre sämtlichen Mitglieder vertreten wurde. Dieselbe Vertretung ist notwendig, wenn nach der Gründung ein gérant statutaire bestellt werden soll.

Das Eigentümliche des Tatbestandes ist, daß dem körperschaftsrechtlichen Geschäft, der Bestellung, eine drittrechtliche Einigung als wesentlicher Bestandteil zugefügt wird, die eine drittrechtliche Bindung zur Folge hat.

2. Die Rechtsfolge kennzeichnet sich zwiefach:

a) Der gérant statutaire hat einerseits ein „droit individuel" auf die Stellung, das je nach der Vereinbarung entweder organrechtliches Dürfen zum Inhalt hat, oder ein Wertrecht ist, oder beides in sich vereinigt. Dieses Recht setzt keine Mitgliedschaft des gérant voraus. Dadurch unterscheidet es sich vom Sonderrecht im Sinne des § 35 BGB [7]). Vom Sonderrecht unterscheidet es sich ferner dadurch, daß dieses schon mit jeder Satzungsänderung geschaffen werden kann.

b) Der gérant statutaire hat andererseits drittrechtlich gefestigte Pflichten, die entweder organrechtliches Sollen zum Inhalt haben, oder besondere Verhaltenspflichten sind, oder beides in sich vereinigen. Da der gérant nicht Mitglied zu

---

[3]) Die Bestimmung des Art. 24 al. 2 entspricht der des Art. 1856 C. civ., der die clause spéciale du contrat de société (al. 1) dem acte postérieur au contrat gegenüberstellt.

[4]) Drouets 193 redet bezeichnenderweise von dem acte constitutif; Houpin et Bosvieux I 253, Anm. 4 für den zweiten Fall vom: gérant nommé au cours de la société; Royer III 180 schreibt: soit statutairement, soit postérieurement à la constitution de la société.

[5]) Es gibt nur eine Ausnahme. Unten zu III.

[6]) Zur Doppeldeutigkeit des Wortes: société, die auch dem Worte: Gesellschaft eigen ist, vgl. u. a. Lyon-Caen et Renault 106.

[7]) Eine Auseinandersetzung mit den Begriffen der droits individuels und der Sonderrechte folgt unten zu V.

sein braucht, unterscheiden sich diese Pflichten einerseits von den mitgliedschaftlichen Nebenpflichten im Sinne des § 3 Abs. 2, andererseits von den gesellschaftlichen Sonderpflichten, wie sie im sogen. „System der Doppelgesellschaft“[8]) etwa bei Verkaufssyndikaten vorkommen. Von diesen letzten Verpflichtungen unterscheiden sich die Pflichten des gérant statutaire ferner dadurch, daß die gesellschaftlichen Sonderpflichten den Mitgliedern (im eigenen Namen) gegenüber bestehen. Gemeinsam ist den beiden zuletzt genannten Pflichtarten die drittrechtliche Festigung durch eine Gesellschaft bürgerlichen Rechts.

IV. An Stelle des droit individuel kann einem gérant, der Mitglied der S.R.L. ist, ein Sonderrecht droit (social) spécial eingeräumt werden. Zur Begründung dieses Rechts ist eine Bestimmung in den statuts, die auch durch einfache Satzungsänderung aufgenommen werden kann, erforderlich und ausreichend [9]).

1. Der Ausdruck: droit individuel kann — anders als der Ausdruck: Sonderrecht — vieldeutig verwendet werden, weil eine Abgrenzung aus einer gesetzlichen Bestimmung, wie sie für die Sonderrechte § 35 BGB bietet, nicht entnommen werden kann. Häufig setzt man beide Begriffe gleich [10]). Ich schließe mich dem nicht an, sondern setze in Anlehnung an Art. 1856 C. civ. [11]) gleich: Sonderrechte (Vorrechte) und droits (sociaux) spéciaux [12]). Zu ihnen bilden den Gegensatz die allgemeinen Mitgliedsrechte oder auch: droits propres de tous les membres [13]). Zu beiden Gruppen der Gliedsrechte oder auch: droits sociaux bildet den Gegensatz die droits individuels oder: drittrechtlichen Rechte, die im Gegensatz zu den beiden ersten Gruppen unabhängig von einer Mitgliedschaft bestehen können [14]).

---

[8]) Kaufmann 409.

[9]) Die daran geknüpften Rechtsfolgen (unten zu 2) bedeuten eine Einengung der Beschlußfreiheit der Mitgliederversammlung, die nur in den statuts begründet werden kann. Einen gesetzlichen Ausdruck hat dieser Grundsatz im Art. 1856 C. civ. gefunden.

[10]) Dazu u. a. Milétitch 103; auch Michoud II, 32.

[11]) „clause spéciale“, vgl. unten zu 2 und Anm. 17.

[12]) Die Bezeichnung wird auch vieldeutig verwendet. Vgl. etwa Michoud II, 34; Milétitch 103; ähnlich, wie hier, Milétitch 117/118, der freilich die droits spéciaux weder als droits sociaux, noch als droits individuels bezeichnet, sondern neben beide Gruppen die Gruppe der droits spéciaux stellt.

[13]) Der Ausdruck findet sich bei Michoud II, 14.

[14]) Hierher gehören die droits de créanciers oder droits ordinaires (Ausdrücke, die u. a. Milétitch 104 gebraucht).

2. Unantastbarkeit (intangibilité) ist bei den droits individuels aus ihrem Wesen zu folgern [15]. Die beiden droits sociaux sind ihrem Wesen nach grundsätzlich antastbar. Man kann sie dann als droits purement sociaux [16] bezeichnen. Beide können mit Unantastbarkeit ausgestattet werden, sei es durch das Gesetz, sei es durch eine Bestimmung der statuts. Die organrechtlichen droits spéciaux sind unantastbar, wenn nicht die statuts ein anderes bestimmen [17]. Die Wertrechte unter den droits spéciaux sind nur kraft besonderer statutarischer Vereinbarung unantastbar. Die Unantastbarkeit aller droits sociaux hat nur begrenzte Bedeutung. Die organschaftlichen droits sociaux können u. U. entzogen werden [18]. Die Wertrechte unter den droits sociaux dürfen nicht auf Kosten des Stammkapitals befriedigt werden [19].

V. Eine mitgliedschaftliche Nebenpflicht zur Geschäftsführung kennt das französische Recht nicht.

VI. Jede Bestellung kann für eine bestimmte Zeit erfolgen oder auf unbestimmte Zeit [20].

VII. Die Stellung kann vom gérant entgeltlich oder unentgeltlich übernommen werden [21]. Als Entgelt kommen dieselben Werte in Frage, die oben [22] genannt sind. Dazu folgende Besonderheit:

Für Bemühungen um die Gründung der S. R. L. kann der gérant auch sogen. parts en industrie erhalten. Diese uneigentlichen „Gesellschaftsanteile" werden ohne jede Einlage (Geld- oder Sacheinlage) gegeben, haben keinen Nennwert und werden im Stammkapital nicht mitgezählt. Sie gewähren aber, wie die eigentlichen Gesellschaftsanteile, ein Recht auf Gewinnbeteiligung, auf Anteil am Vermögen der Liquidationsgesellschaft und ein Stimmrecht in der Gesellschafterversammlung [23].

---

[15] Oben § 23 II 1 b u. 2 b.

[16] Den Ausdruck gebraucht Michoud II, 14.

[17] Art. 1856 C. civ.

[18] Unten § 72 III.

[19] Unten § 69 II 3.

[20] Art. 24 al. 2; Drouets 196; Lepargneur 53.

[21] Art. 24 al. 1; das mandat kann entgeltlich sein. Art. 1986 C. civ.

[22] Oben § 43 III. — Dazu Auger Ch. V. p. 4; Drouets 196; Gain 62; Lepargneur 52.

[23] I. Das Rechtsleben Frankreichs kennt diese parts (actions) industrielles, obwohl sie im Gesetz nirgends vorgesehen sind.

II. Manche Schriftsteller meinen, sie stünden im Widerspruch zum Gesetz. Und zwar

1. zu den Art. 1832 und 1855 al. 2 C. civ. So Royer II 49/50 und die dort Angegebenen. — Nach Art. 1832 ist erforderlich, daß ein Gesellschafter

§ 58. Die Frage der Zwangsbestellung.

Eine Zwangsbestellung im Sinne des § 29 BGB kennt das französische Recht nicht. Ist kein gérant da, so dürfen Außenstehende eine Geschäftsführungsbefugnis bei jedem Mitglied annehmen.[1]) Die Mitglieder sind — anders als nach deutschem Recht — aus dem Handelsregister zu ersehen[2]) [3]).

§ 59. Die Offenkundigkeit der Bestellung.

I. Binnen Monatsfrist ist die Bestellung eines gérant bei der Kanzlei des tribunal de commerce und der justice de paix gebührend anzuzeigen, in einer bestimmten Zeitung bekanntzumachen und zur Eintragung ins Handelsregister anzumelden[1]).

II. 1. Die zu I genannte Anzeige und Bekanntmachung kommt im Zweifel der Gesellschafterversammlung zu[2]).

2. Die Anmeldung zum Handelsregister hat der gérant vorzunehmen[3]).

„etwas" einlegt. Die Einlage muß einen Vermögenswert haben, in dem Sinne, daß sie an den Verlusten der Gesellschaft teilhaben kann. Dies setzt Art. 1855 voraus. — Demgegenüber betont Auger Ch. II p. 5 (mit Recht), daß man den Eigentümer eines part en industrie nicht als associé im Sinne des Art. 1832 zu betrachten habe. Aber mehr: Diese Artikel des C. civ. sind auf die Rechtsverhältnisse der S. R. L. nicht unmittelbar anwendbar. Unten § 71 Anm. 2.

2. In der Rev. not. 1925, 355 wird die Meinung vertreten, die parts en industrie stünden im Widerspruch zu Art. 7. Auch dem gegenüber läßt sich die von Auger (zu 1) gegen die Anwendung des Art. 1832 vorgebrachte Erwägung geltend machen.

III. Die Tatsache, daß im Jahre 1917 die actions (parts) de travail, — Anteile, die den actions en industrie nahe stehen, — gesetzlich eingeführt sind, kann man nicht mit Royer II 50 als eine gesetzliche Anerkennung der actions industriels werten, denn ein Umkehrschluß auf ihre Mißbilligung ist auch denkbar.

[1]) Art. 1859 C. civ. ist entsprechend anzuwenden. Vgl. unten § 71 Anm. 2 II. Nicht unmittelbar, denn er betrifft nur die Gesellschaft bürgerlichen Rechts. Für unmittelbare Anwendung setzen sich ein: Auger Ch. V. p. 2; Gain 53; Lepargneur 53.

[2]) Art. 6 al. 4 des Gesetzes vom 18. März 1919; Chéron, Ann. 1925, 229; Royer III 179.

[3]) Die Regelung übt auf die Mitglieder, die einen Mißbrauch dieser Macht der anderen Mitglieder fürchten, einen berechtigten Druck aus, einen gérant zu bestellen.

[1]) Dazu Art. 12—14, 20. Ferner Art. 6 § 5, Art. 7 § 2 des Gesetzes vom 18. März 1919. Vgl. oben § 52 II. — Eine besondere Bekanntmachung der Eintragung im Handelsregister ist nicht vorgeschrieben. Lyon-Caen et Renault 100.

[2]) Oben § 52 II 2.

[3]) Art. 6 al. 2 und 7 § 3 al. 2 des Gesetzes vom 18. März 1919.

III. 1. Wird die Anzeige und Bekanntmachung (zu II 1) nicht rechtzeitig vorgenommen, so wird die Bestellung unwirksam. Ihre Unwirksamkeit kann aber Dritten nicht entgegengehalten werden[4].

2. Wird die Anmeldung zum Handelsregister nicht vorgenommen, so tritt nur Strafbarkeit des verantwortlichen gérant ein. Die Wirksamkeit der Bestellung wird nicht beeinträchtigt[5].

V. Abschnitt.

§ 60. Der Umfang des organrechtlichen Könnens.

I. Den Umfang des organrechtlichen Könnens des gérant hat das Gesetz vom 7. März 1925 in einer Weise geregelt, die für das geltende[1] französische Recht einzigartig ist. Bei keiner anderen Handelsgesellschaft ist die Rechtslage ebenso[2].

II. Die Regel des Art. 24 al. 2 ist aus dem deutschen Recht übernommen[3]. Es ist hier § 37. Die mit § 37 in Zusammenhang stehenden Einzelbestimmungen, die für seine Auslegung maßgeblich sind[4], hat man zum größten Teil[5] nicht übernommen, ohne daß man aber dem Art. 24 al. 2 eine andere Bedeutung beilegen wollte[3], als sie § 37 hat. Deshalb liegt der Schlüssel für eine Erfassung des Art. 24 al. 2 im deutschen Recht.

III. Das organrechtliche Können, das Art. 24 al. 2 dem gérant gibt, ist unbeschränkbar. Schranken, die ihm die statuts setzen, sind unbeachtlich[6]. Unbeachtlich ist auch die Bestimmung des Gegenstandes des Unternehmens[7]. Unbeachtlich ist, ob der beteiligte

---

[4]) Art. 13 al. 3. Chéron, Ann. 1925, 230.

[5]) Art. 79 und 82. Art. 18/19 des Gesetzes vom 18. März 1919; Chéron, Ann. 1925, 230, 307; Gain 36.

[1]) Vgl. aber unten Anm. 10.

[2]) Auger Ch. V p. 5; Rec. Sirey 1925 p. 1806 (41).

[3]) Drouets 207/208.

[4]) Oben § 30 II 5 ff.

[5]) Übernommen ist Art. 29 al. 2 aus § 49.

[6]) Art. 24 al. 2. Oben § 30 IV. — Das verkennt Royer III 180, der meint, die Schranken könnten dem Dritten dann entgegengesetzt werden, wenn sie ins Handelsregister eingetragen seien.

[7]) Das erkennt richtig: Auger Ch. V. p. 5 und Ric. Sirey 1925, 1806 (41). Andere dagegen wollen die Grenze des Gegenstandes des Unternehmens auch nach außen maßgeblich sein lassen. So ohne Angabe ihrer Gründe: Baudouin-Bugnet 32/33; Chapsal 48; Gain 58 und Percerou, Ann. 1925, p. 96. So auch Lepargneur 39, der insoweit den Art. 24 al. 2 aus Billigkeitsgründen einschränkend auslegt.

Dritte die Grenzen des organrechtlichen Dürfens kennt[8]). Im Falle der Kollusion ist die vorgenommene Handlung nichtig[9]).

IV. Die „pouvoirs à l'égard de tiers" des Art. 24 al. 2 sind aber nur eine Übersetzung der „Vertretungsbefugnis Dritten gegenüber" des § 37. Gemeint ist, hier wie dort, nur das drittrechtliche Können[10]).

Der Grundsatz des Art. 24 al. 2 läßt sich vielleicht auf folgende Formel bringen: Unbeschränkbar ist das organrechtliche Können des gérant, soweit es die Macht enthält, eine gestion des affaires (courantes) oder direction (commerciale ou technique) (= drittrechtliche Geschäftsführung) vorzunehmen; beschränkbar ist das organrechtliche Können, soweit es sich auf die administration proprement dite (= körperschaftsrechtliche Geschäftsführung) und auf anderes körperschaftsrechtliches Verhalten bezieht. Das setzt aber voraus, daß man die Begriffe: direction und administration[11]) so abgrenzt, wie hier vorgeschlagen ist[12]), und daß man ferner Verfügungen (dispositions)[13]) und rechtswidriges Verhalten in die Begriffe miteinbezieht[14]).

V. Das körperschaftsrechtliche Können steht grundsätzlich den Mitgliedern der S. R. L. zu[15]). Der gérant hat es nur, soweit es ihm

---

[8]) Auger Ch. 5 p. 5; Drouets 209; Gain 58; Lepargneur 61/62.

[9]) Drouets 210; Lepargneur 62.

[10]) Oben § 30 I—III. — Eine Bestimmung, die die Begrenzung auf das drittrechtliche Verhalten erkennen läßt, fand sich im französischen Recht schon in dem gesetzlichen Normalstatut (also nur nachgiebiges Recht) von 1863. Es heißt dort: „L'administration . . peut faire tout ce que ferait un commercant". (Bei Jnnocent et Desvaulx 100.) Commercant ist aber nur der physische Kaufmann, im Gegensatz zur société commerciale. (Vgl. Batardon 4.) Also ist nur das drittrechtliche Verhalten gemeint.

[11]) Beide zusammen kann man der administration im weiteren Sinne unterordnen, wobei die administration der Geschäftsführung im oben § 31 I 3 b u. c erörterten Sinne gleichzusetzen wäre. Ähnlich: Lyon-Caen et Renault 137 und Perregaux 32.

[12]) Mit dieser Abgrenzung ist vielleicht ein auch sonst brauchbares Merkmal für die Scheidung beider Begriffe gegeben. Ihre Abgrenzung ist namentlich im Recht der société anonyme (vgl. auch das Schweizer Obligationenrecht Art. 649 und 650) von Bedeutung und wird nicht einheitlich vorgenommen. Vgl. etwa Batardon 228/229; Drouets 203, 206, 208; Gain 53; Houpin et Bosvieux I p. 251/252; Lepargneur 58; Lyon-Caen et Renault 137; Milétitch 42/43; Perregaux 23/24, 29, 32/34, 44, 49.

[13]) Die dispositions werden gewöhnlich (nach Art. 1988 al. 1 C. civ.) nicht zur administration gezählt. Vgl. Gain 58; Houpin et Bosvieux I 251. Dazu unten § 63 Anm. 1.

[14]) Dazu unten § 63.

[15]) Z. B. unten § 69 II 5 u. 7.

besonders zuerkannt ist. Wo dies im Gesetz geschehen ist, ist zugleich das Dürfen oder das Sollen dazu festgesetzt[16]).

§ 61. Untervollmachten.

I. Das Gesetz trifft keine besonderen Bestimmungen darüber, ob der gérant Untervollmachten erteilen kann. Nach den Regeln, die für den Umfang seines organrechtlichen Könnens gelten, kann er Vollmachten zu drittrechtlichem Verhalten, und zwar auch zu allem drittrechtlichen Verhalten immer erteilen. Vollmachten zu körperschaftsrechtlichem Verhalten kann er nur erteilen, soweit er besonders dazu ermächtigt ist. Sein ganzes organrechtliches Können kann er also auch nur kraft einer besonderen Ermächtigung übertragen[1]).

II. Der gérant darf im Zweifel keine Vollmachten erteilen[2]). Soweit er es darf, haftet er für das Verhalten des Bevollmächtigten nur, wenn er einen offenbar Untauglichen ausgesucht hat[3]).

III. Eine besondere Ermächtigung, die im Zweifel auch das Dürfen erteilt, kann stillschweigend gegeben werden. Sie kann sich auch aus den Umständen ergeben.

IV. „Unmittelbare Stellvertretung" und „mittelbare Untervollmacht"[4]) sind zu scheiden. Beide stellen eine unmittelbare Beziehung zwischen dem Bevollmächtigten und der S. R. L. her[5]); der Bevollmächtigte handelt mit Wirkung für die S. R. L.[6]).

---

[16]) Dieser Grundsatz ist im französischen Recht leichter zu erkennen als im deutschen Recht, weil das Gesetz keine Aufzählung der „Rechte" der associés gibt, wie sie im § 46 enthalten ist. Der Grundsatz gilt aber auch im deutschen Recht. Oben § 31 III 2 h. Das verkennt Drouets 229, Anm. 1.

[1]) Auger Ch. V p. 4 meint, die délégation générale widerspreche dem Geist des Gesetzes vom 7. März 1925. Ebenso entscheiden Drouets 212, Gain 54 und Houpin et Bosvieux I, 253, Lepargneur 62. Lepargneur läßt indessen ausnahmsweise eine vorübergehende délégation générale zu. Zu Unrecht; denn diese auf eine begrenzte Zeit erfolgte Bestellung eines gérant kommt nach Art. 24 al. 2 den Gesellschaftern zu.

[2]) Das gilt für jeden gérant. Nicht bloß für den gérant statutaire, wie manche meinen (vgl. Houpin et Bosvieux I, 253, Anm. 4).

[3]) Art. 1994 C. civ.; Baudry-Lacantinerie et Wahl 303.

[4]) Oben § 32 V.

[5]) Vgl. Art. 1994 al. 2 C. civ.

[6]) Das leugnet für jede Untervollmacht Baudouin-Bugnet, „La transf." 27/29. Er vertritt deshalb die — abwegige — Meinung, daß in Elsaß-Lothringen alle Handlungsvollmachten einer G. m. b. H. mit der Einführung des französischen Rechts erloschen seien.

§ 62. Selbstabschlüsse.

Der gérant kann mit sich selbst im eigenen Namen abschließen. Im Zweifel darf er es auch, sofern er offen handelt und die Interessen der S. R. L. nicht verletzt[1]).

§ 63. Der Inhalt des organrechtlichen Könnens.

Der Inhalt des organrechtlichen Könnens ist ebenso zu bestimmen, wie nach deutschem Recht. Alles rechtserhebliche Verhalten, dessen die S. R. L. fähig ist, kann den Inhalt des organrechtlichen Könnens bilden. Alles rechtmäßige Verhalten sieht Art. 1984 C. civ. vor[1]), alles zivile Unrecht wird der S. R. L. nach den Art. 1382, 1383 zugerechnet[2]). Verbrechensfähigkeit wird der juristischen Person dem Grundsatz nach abgesprochen[3]), deshalb kann ein Verbrechen grundsätzlich nicht Inhalt des organrechtlichen Könnens sein.

§ 64. Der Inhaber des organrechtlichen Könnens.

Außer der Alleinvertretung kennt das französische Recht noch die Einzelvertretung und die Gesamtvertretung im weiteren und

[1]) Drouets 212; Houpin et Bosvieux I, 253.

[1]) Streitig ist, ob der gérant Verfügungen (dispositions) vornehmen kann. Bejahend Rec. Sirey 1925, 1806 (41). Verneinend: Gain 58; Houpin et Bosvieux I, 251 u. II, 188. — Nach Art. 1988 C. civ. kann ein mandataire nur dann verfügen, wenn er ausdrücklich (exprès) dazu ermächtigt wird. Es kann hier unerörtert bleiben, ob nach dieser Vorschrift der mandataire général nicht doch insoweit verfügen kann, wie es der Zweck der Verwaltung mit sich bringt. (So Baudry-Lacantinerie et Wahl 280.) Auf alle Fälle ist Art. 1988 C. civ. durch Art. 24 al. 2 insoweit ausgeschlossen, als es sich um drittrechtliche Verfügungen handelt. Für körperschaftsrechtliche bedarf es einer besonderen Ermächtigung. Oben § 60 V.

[2]) I. Für die Haftbarkeit der juristischen Person kommen nur in Frage entweder die Grundsätze der Art. 1382 und 1383 (unmittelbare, Haftung für eigenes Verschulden) oder die Grundsätze des Art. 1384 (mittelbare, Haftung für fremdes Verschulden). Andere Regeln gibt es nicht.

II. Die Haftung für fremdes Verschulden setzt voraus, daß eine Verhinderung der schuldhaften Handlung für den maître (oder commettant) denkbar ist. Für die juristische Person ist eine Verhinderung der schuldhaften Handlungen ihres obersten Organs und des gérant, soweit es sich um drittrechtliches Unrecht handelt, undenkbar. Art. 1384 ist also auf die Haftung für Organe schlechthin nicht zugeschnitten.

III. Es bleibt nur die Anwendung der Art. 1382 und 1383 übrig. Der Ausdruck „l'homme" kann dem nicht entgegenstehen. Wäre darunter nur der Mensch zu verstehen, so käme aus dem gleichen Grunde auch die Anwendung des Art. 1384 nicht in Frage. Denn sein „on" schließt sich unmittelbar an das „l'homme" der vorhergehenden Artikel an. — Im Ergebnis ebenso Michoud II 234/236.

[3]) Michoud II 246, auch Anm. 1, 250 ff.; Royer I 494.

engeren Sinne[1]). Einzelvertretung gilt, wo nicht die statuts Gesamtvertretung im einen oder anderen Sinne anordnen[2]). Die Innehabung bezieht sich auf alle actes de l'administration. Art. 1857 C. civ. Also auf jedes rechtmäßige Tätigwerden; nicht auf die „duldende Vertretung", und nicht auf rechtswidriges Verhalten.

§ 65. Der mehrgliedrige Vorstand.

I. Was oben im § 37 zum deutschen Recht gesagt wurde, gilt auch für die im französischen Recht möglichen Arten eines mehrgliedrigen Vorstandes. Insbesondere ist die Ausübung des Könnens durch ein concourir aux actes d'administration[1]) in denselben Formen möglich[2]).

II. Das französische Recht kennt indessen folgende Besonderheit der Einzelvertretung: Wenn nichts anderes vereinbart ist, kann jeder einzelne gérant die Vornahme einer bestimmten Geschäftsführungshandlung verhindern, indem er sie vor ihrer Vornahme verbietet[3]).

§ 66. Die Wirkung der Ausübung organrechtlichen Könnens.

Die Wirkung der Ausübung organrechtlichen Könnens ist die selbe wie nach deutschem Recht[1]). Rechtmäßiges Verhalten wird

---

[1]) I. Die Zulässigkeit jeder Gesamtvertretung leugnen: Auger Ch. V, p. 6, Chéron, Ann. 1925, 306 und scheinbar auch Baudouin-Bugnet, „La transf." 28/29. Auger und Chéron meinen, nach Art. 24 al. 2 sei eine Gesamtvertretung Dritten gegenüber unwirksam. — Allein Art. 24 al. 2 regelt nur den Umfang des Könnens, nicht den Inhaber. Seine Bedeutung geht nicht weiter, als die des § 37 Abs. 2. Vgl. oben § 37 I und § 60 II. Soweit Art. 24 al. 2 aber vom Inhaber redet, heißt es: „ils ont...".

II. Art. 24 al. 2 steht entgegen der Meinung, die eine verschiedene Bestimmung des Inhabers für verschiedene Handlungen Dritten gegenüber wirksam sein läßt. Insoweit richtig Auger a. a. O. Dagegen irrig Lepargneur 61.

[2]) Art. 1857 C. civ. ist entsprechend anzuwenden. Ebenso entscheiden: Chapsal 48; Drouets 195, 204/205; Houpin et Bosvieux I 254 und Lepargneur 60/61, die sich überwiegend sogar für eine unmittelbare Anwendung des Art. 1857 C. civ. einsetzen. — Abwegig Gain 59, der meint, Gesamtvertretung im engeren Sinn gelte schon, wenn mehrere gérants bestellt sind. Eine gesetzliche Bestimmung, die seine Meinung rechtfertigt, besteht nicht.

[1]) Art. 1858 C. civ., für dessen Anwendung auch Chapsal 48, Drouets 205, Houpin et Bosvieux I, 254 und Perregaux 22 eintreten.

[2]) Will die erforderliche Zahl der gérants an der Ausübung nicht mitwirken, so kann die Handlung nicht vorgenommen werden. Chapsal 48 und Houpin et Bosvieux I, 255 wollen in diesem Fall der Mehrheit der gérants die Möglichkeit der Ausübung geben. Das widerspricht dem Wortlaut des Art. 1858 C. civ. und dem Sinn der Anordnung eines mehrgliedrigen Vorstandes. Oben § 37 II.

[3]) Art. 1859, 1° C. civ.; Houpin et Bosvieux I, 254; Lepargneur 60.

[1]) Oben § 39.

der S. R. L. nach Art. 1984 und 1998 al. 1er C. civ. zugerechnet[2]); rechtswidriges Verhalten nach Art. 1382 und 1383 C. civ. Absolutes Unrecht wird auch dem handelnden gérant zugerechnet, nach Art. 1382 und 1383 C. civ.

§ 67. Das Überschreiten des organrechtlichen Könnens.

I. Für die S. R. L. ist ein Verhalten, das die Grenzen des organrechtlichen Könnens überschreitet, ohne Wirkung[1]). Wirksamkeit tritt für sie ein, soweit das Verhalten vom zuständigen[2]) Organ gutgeheißen wird.

II. Für den gérant ist ein Verhalten, das sein organrechtliches Können überschreitet und von dem zuständigen Organ nicht genehmigt wird, grundsätzlich wirksam. Auch für ihn unwirksam ist es, wenn der andere Teil entweder

1. die Gefahr der Unwirksamkeit, insbesondere der Genehmigung übernommen hat[3]), oder

2. von dem gérant über die Grenzen seines organrechtlichen Könnens gebührend in Kenntnis gesetzt ist[4]).

§ 68. Die Ausschließlichkeit des organrechtlichen Könnens.

Die Abgrenzung des organrechtlichen Könnens eines gérant gegenüber dem organrechtlichen Können anderer gérants und anderer Organe, und gegenüber der Macht der Bevollmächtigten, ist wie nach deutschem Recht vorzunehmen[1]). Dem französischen Recht eigen ist eine Teilung des Gesellschafterwillens, der in den statuts zum Ausdruck kommt, in solchen Willen, der einstimmig, und solchen, der mit Dreiviertelmehrheit gebildet wird[2]).

VI. Abschnitt.

§ 69. Die Nebenbeziehungen zum organrechtlichen Können. Organrechtliches Dürfen und Sollen in Sonderheit.

I. Die Nebenbeziehungen, ihre Quellen und ihr Rangverhältnis zueinander sind wie nach deutschem Recht zu würdigen[1]). Ins-

---

[2]) Auger Ch. V p. 6; Baudry-Lacantinerie et Wahl 410; Drouets 203, 210; Lyon-Caen et Renault 267.

[3]) Chéron, Ann. 1925, 307.

[1]) Art. 1998 al. 2 C. civ.; Drouets 205; Houpin et Bosvieux II, 188.

[2]) Dazu oben § 40 II 1.

[3]) Houpin et Bosvieux II 188/189.

[4]) Art. 1997 C. civ.; Houpin et Bosvieux II, 223.

[1]) Oben § 41. [2]) Oben § 50 I.

[1]) Oben § 42 I—III.

besondere sind auch der Stellung des gérant nur Nebenbeziehungen zwischen der S.R.L.[2]), manchmal dem Staat oder Jedermann und dem einzelnen gérant[3]) wesentlich. Eine Ausnahme dazu stellt Art. 30 dar[4]).

II. Das organrechtliche Dürfen und Sollen zerfällt in das mittelbar[5]) und das unmittelbar bestimmte. Kraft Gesetzes ist unmittelbar folgendes bestimmt:

1. Der gérant soll im Zweifel das organrechtliche Können selbst ausüben[6]).

2. Er darf und soll es nur ausüben, soweit es die statuts und in ihren Grenzen die Beschlüsse der Gesellschafter vorschreiben[7]).

---

[2]) I. Man ist einig darüber, daß das organrechtliche Können und also, soweit dies in ihm enthalten ist, das mandat nur eine Beziehung zur S. R. L. ist; nicht zu ihren Gliedern. So etwa auch Drouets 213.

II. Man streitet aber darüber, ob nicht die Nebenbeziehungen — nur diese meinen die Schriftsteller, die hier vom mandat schlechthin sprechen — auch zu den einzelnen Mitgliedern und zu anderen Organen bestehen. Dafür setzen sich ein: Auger Ch. V p. 7; Baudouin-Bugnet 36; und die unten § 71 Anm. 10 genannten Schriftsteller.

III. Manche vertreten sogar die Meinung, daß die Nebenbeziehungen, die sich aus den statuts ergeben, auch als Beziehungen zu Dritten aufzufassen sind. So alle die unten § 71 Anm. 12 Genannten. Die statuts legen hier dem gérant Pflichten gegenüber der Allgemeinheit (allgemeine Rechtspflichten) auf, wie sie sonst nur das Gesetz auferlegt.

IV. Ein Beweis für das Bestehen solcher Beziehungen ist von keinem der Schriftsteller erbracht. Ihre Auffassung wurzelt in der Vorstellung, daß die sog. juristische Person nur ein Schema, eine besonders geartete Zusammenfassung von rechtlichen Beziehungen ist, die nur unmittelbar an diese Schein-Persönlichkeit geknüpft sind, mittelbar aber durch sie hindurch zu den Mitgliedern bestehen. (Vgl. etwa Houpin et Bosvieux II, 221.) Sonderbar ist, daß das nicht auch für das organrechtliche Können und die Wirkungen seiner Ausübung behauptet wird. Mir erscheint diese Auffassung der juristischen Person unhaltbar. Hier ist nur ihre Unhaltbarkeit für die S. R. L. darzutun. Sie ergibt sich für die Nebenbeziehungen zu den Gesellschaftern aus Art. 30. Er setzt ein Recht der einzelnen Gesellschafter fest, kennt also offenbar keine anderen Beziehungen des gérant zu den Gesellschaftern. Eine Verbindlichkeit der statuts Dritten gegenüber steht mit der Grundlage des Art. 24 al. 2, der Scheidung des organrechtlichen Könnens vom Dürfen und Sollen, in Widerspruch.

[3]) Dazu oben § 42 I. [4]) Unten Anm. 13.

[5]) Dazu oben § 42 IV. — Kraft mittelbar bestimmten Sollens hat der gérant z. B. dafür zu sorgen, daß auf allen für das Geschäftsleben wichtigen schriftlichen Erklärungen der S. R. L. angegeben wird, wo die für die Öffentlichkeit bedeutsamen Urkunden über die Rechtslage der S. R. L. einzusehen sind. Gesetz vom 1. Juni 1923, Lyon-Caen et Renault 101/102. Vgl. oben § 52 II.

[6]) Umkehrschluß aus Art. 1994, 1[o] C. civ.

[7]) Drouets 209; Gain 62/63. Näheres oben § 42 VII 2 a, b u. d.

Unabhängigkeit von diesen Beschlüssen kann ihm durch die Einräumung eines organschaftlichen droit individuel[8]) oder droit spécial[9]) gesichert werden[10]).

3. Der gérant hat für die uneingeschränkte Beschaffung und die Erhaltung der Stammwerte zu sorgen[11]).

4. Er hat für eine geordnete Buchführung zu sorgen[12]). Er hat von Zeit zu Zeit den Gesellschaftern[13]), gegebenenfalls dem Aufsichtsrat Rechenschaft für seine Geschäftsführung abzulegen[14]); insbesondere hat er eine Jahresbilanz vorzulegen und die erforderlichen Auskünfte zu geben.

5. Er hat die erforderlichen Anmeldungen vorzunehmen.[15])

6. Er darf keine freiveräußerlichen Wertpapiere für Rechnung der S. R. L. auflegen. Auch nicht durch Mittler[16]).

7. Er darf die Gesellschafterversammlung in den erforderlichen Fällen einberufen[17]). In der Regel soll er es auch[18]).

III. Der gérant hat in allen Angelegenheiten der S. R. L. die Sorgfalt eines bon père de famille zu vertreten[19]). Der Maßstab ist weniger streng, wenn die Stellung unentgeltlich übernommen ist[20]).

§ 70. Selbständige Nebenbeziehungen.

I. Der gérant kann von Zeit zu Zeit Entlastung fordern[1]). Er kann Ersatz seiner Aufwendungen verlangen[2]). Er kann im Zweifel Vergütung verlangen[3]).

II. Der gérant ist der S. R. L. zur Treue verpflichtet.

---

[8]) Oben § 57 III 2 a.

[9]) Oben § 57 IV.

[10]) Das gesamte organrechtliche Können kann aus wichtigem Grund immer entzogen werden. Unten § 72 VI.

[11]) Art. 35, 37 u. 38 al., 2; Drouets 203.

[12]) Dazu u. a. Art. 3, 30 u. 33; Art. 8 ff. C. comm.; Gain 59 u. 83.

[13]) Art. 30; Drouets 228; Lepargneur 79. — Jeder einzelne hat ein Recht darauf; das ist eine Besonderheit.

[14]) Art. 1993 C. civ.; Drouets 216 u. 229; Gain 70/71; Lepargneur 63.

[15]) Art. 6 al. 2 u. Art. 7 § 3 al. 2 des Gesetzes vom 18. März 1919. — Gain 77; Lepargneur 103.

[16]) personne interposée. — Art. 37 al. 3. Dazu Hachenburg S. 65.

[17]) Art. 29 al. 2; Gain 71.

[18]) Drouets 233; Gain 78.

[19]) Art. 1991 u. 1992. C. civ.; Drouets 215; Gain 58; Houpin et Bosvieux II, 206.

[20]) Art. 1992 al. 2; Auger Ch. V p. 7; Drouets 215; Gain 60; Houpin et Bosvieux II, 206; Lepargneur 63.

[1]) Baudry-Lacantinerie et Wahl 381; Gain 71.

[2]) Art. 1999 u. 2000 C. civ.; Baudry-Lacantinerie et Wahl 370/371.

[3]) Auger Ch. V p. 4.

§ 71. Die Verletzung der Obliegenheiten.

I. Ein rechtswidriges Verhalten des gérant kann im Verhältnis zur S. R. L. gedeckt sein[1]). Soweit es gedeckt ist, wird der gérant der S. R. L. nicht haftbar. Soweit es nicht gedeckt ist, haftet er. Und zwar immer aus Forderungsverletzung[2]), gegebenenfalls aus délit oder quasidélit[3]). Forderungsverletzungen sind die Verletzungen der statuts und die fautes de gestion[4]).

1. Die Geltendmachung des Schadenersatzanspruches ist eine körperschaftsrechtliche[5]) Handlung der S. R. L. Sie kann deshalb nur

---

[1]) Oben § 44 II—IV; Drouets 216.

[2]) Art. 1992 C. civ.

I. Die responsabilité contractuelle leiten Auger Ch. V p. 6; Drouets 214; Houpin et Bosvieux II, 203 aus den Art. 1850 und 1992 ab. Die Anwendung des Art. 1850 auf die Stellung des gérant schlechthin ist verfehlt. — Art. 1850 regelt die société. Diese ist nur gegeben in der Stellung des gérant statutaire. (Nicht auch in der des sonderberechtigten gérant.) Oben § 57 III—IV. Deswegen kommt eine unmittelbare Anwendung des Art. 1850 nur hier in Frage, und nur insoweit, als gerade eine gesellschaftliche Verpflichtung verletzt ist.

II. Eine entsprechende Anwendung der Regeln über die société — Art. 1832 ff. C. civ. — auf die Stellung des gérant schlechthin ist gerechtfertigt, insoweit in ihnen Grundsätze über fremdwirkendes Verhalten zu finden sind, die 1. nicht unmittelbar aus anderen Bestimmungen, — den Regeln über das mandat —, entnommen werden können und 2. deren Anwendung — unter Berücksichtigung der Wesensgleichheit der anderen Tatbestandsmerkmale — auf andere Verträge (als die société) über fremdwirkendes Verhalten gerechtfertigt erscheint.

III. Oben ist die zu II 1 bezeichnete Voraussetzung nur insoweit gegeben, als 1. Art. 1992 die fautes dans sa gestion, Art. 1850 aber die fautes schlechthin regelt. Und als 2. im Art. 1850 ein Aufrechnungsverbot enthalten ist, das sich in Art. 1992 nicht findet.

IV. 1. Soweit nun ein gérant außerhalb der eigentlichen gestion (vgl. oben zum Begriff „Geschäftsführung" § 31 I 3 b cc u. dd) Fehler begeht, ist m. Er. vor Art. 1850 der Art. 1992 entsprechend anzuwenden.

2. Eine Aufrechnung kann — soviel ist sicher — ein gérant statutaire nicht geltend machen, soweit der Schadenersatzanspruch aus der Verletzung einer gesellschaftlichen Pflicht entspringt. Art. 1850 ist unmittelbar anzuwenden. Für jedes andere Unrecht eines gérant statutaire und das Unrecht jedes anderen gérant gilt das Aufrechnungsverbot nicht. Ein Umkehrschluß aus Art. 1992 erscheint mir um so richtiger, als der — in anderem unmittelbar anzuwendende — Art. 1992 auch in seinem al. 2 eine Milderung der Stellung des gérant im Verhältnis zu der des associé des Art. 1850 C. civ. enthält. Die strengere Behandlung des gérant statutaire hingegen ist mit Rücksicht auf seine größere Machtstellung billig.

[3]) Art. 1382 und 1383 C. civ.

[4]) Art. 25. Die beiden Gruppen greifen zum Teil ineinander über.

[5]) Der Ausdruck: action sociale bezeichnet regelmäßig nichts weiter als: eine Klage der S.R.L.; der Ausdruck: action individuelle nichts weiter

durch die Gesellschafter vorgenommen werden[6]). Es genügt der Regel nach ein einfacher Mehrheitsbeschluß[7]).

2. Die Gesellschafterversammlung kann auf die Geltendmachung des Ersatzanspruches verzichten. Etwa durch Entlastung[8]). Soweit durch den Verzicht die Gläubiger der S.R.L. geschädigt werden, darf, soweit die Schädigung als Beweggrund des Verzichts genügend erkennbar ist, kann die Gesellschafterversammlung nicht verzichten[9]).

II. Im Verhältnis zu den Gesellschaftern haftet der gérant als solcher grundsätzlich nur aus délits und quasi-délits[10]). Ausnahmsweise haftet er aus Forderungsverletzungen, wenn er das Recht eines Gesellschafters auf Auskunftserteilung[11]) verletzt.

III. Im Verhältnis zu Dritten haftet der gérant nur aus délits und quasi-délits[12]).

---

als: eine Klage eines Dritten, eines Mitglieds oder eines anderen eingegliederten Menschen. Vgl. Perregaux 99/100.

[6]) Oben § 60 V.

[7]) Art. 27.

[8]) Drouets 216; Lepargneur 63.

[9]) I. Das organrechtliche Nicht-Dürfen ergibt sich aus den Art. 1382 und 1383 C. civ. Das Nicht-Können aus den gleichen Artikeln in Verbindung mit den Art. 1108 al. 5, 1131—1133 C. civ.

II. Im ersten Fall ist die Entlastung wirksam, sie verpflichtet aber die S. R. L. nach Art. 1382 und 1383 gegenüber den Dritten und die beteiligten Gesellschafter nach Art. 1146ff. gegenüber der S. R. L., den entstandenen Schaden zu ersetzen.

III. Im zweiten Fall ist die Entlastung unwirksam. Die geschädigte S. R. L. kann von den beteiligten Gesellschaftern nach den Art. 1146ff. Schadenersatz verlangen. Die geschädigten Dritten können von der S. R. L. und von den beteiligten Gesellschaftern nach den Art. 1382 und 1383 Schadenersatz verlangen.

[10]) Die — abwegige — Meinung, daß der gérant auch den Gesellschaftern aus Forderungsverletzungen hafte, vertreten: Chéron, Ann. 1925, 307; Drouets 209, 216; Gain 58, 60; Houpin et Bosvieux II, u. a. 204, 205, 255; Lepargneur 61 u. 63. Dazu oben § 69 Anm. 2 IV.

[11]) Art. 30. Oben § 69 Anm. 13.

[12]) I. Die Auffassung, daß die Verletzung der sich aus den statuts ergebenden Nebenbeziehungen auch im Verhältnis zu Dritten haftbar macht, — wobei manche diese Verletzung als Forderungsverletzung, manche sie als délit oder quasi-délit bezeichnen, — wird vertreten von: Auger Ch. V p., 8; Baudouin-Bugnet 36; Drouets 215; Houpin et Bosvieux II, 204/205; Percerou, Ann. 1925, 97. Dagegen oben § 69 Anm. 2 IV.

II. Art. 25, auf den sich manche stützen, steht dieser Auffassung nicht entgegen. Scheinbar stellt er eine Haftung des gérant gegenüber Dritten auch aus einer Verletzung der statuts auf. Eine genauere Untersuchung indessen ergibt, daß er in jeder Hinsicht nur eine Haftung conformément aux règles du droit commun (nur in den Grenzen der...) kennt. Eine Formulierung, auf die sich die bekämpfte Auffassung hätte stützen können, müßte lauten

IV. Sind mehrere gérants bestellt, so haftet grundsätzlich jeder gérant nur für sein eigenes Verschulden. Es haftet jeder für das Ganze, wenn das Verschulden ihm zurechenbar und der Grad der Beteiligung nicht feststellbar ist. Ein Rückgriff gegen die übrigen Beteiligten bleibt dem gérant unbenommen[13]).

V. Die Ersatzansprüche gegen den gérant verjähren in 30 Jahren[14].

VI. Manche Verletzung der Obliegenheiten ist strafbar. Art. 37 und 38[15]).

VII. Abschnitt.

§ 72. Das Ende der Stellung.

I. Unabhängig vom Willen der Beteiligten endet die Stellung des gérant außer in den oben[1]) genannten Fällen durch die Liquidation und den Konkurs der S. R. L., wie durch den Konkurs und den Vermögensverfall (déconfiture) des gérant[2]).

II. Willentlich findet die Stellung ihr Ende durch Einigung, durch die révocation der S. R. L., oder durch die rénonciation (démission) des gérant[3]). Die révocation und die rénonciation schließen die Kündigung begrifflich ein.

III. Die révocation kann nur aus einem „legitimen" Grund[4]) erfolgen. Unbeachtlich ist dabei, ob ein gérant statutaire oder ein non-statutaire[5]), ob ein associé, ein organschaftlich sonderberechtigter associé oder ein non-associé betroffen wird. Eine révocation „ad nutum" (nach Belieben) kann nicht vereinbart werden[6]).

„soit des infractions des règles du droit commun", „soit des infractions aux etc...." Führt man die bekämpfte Auffassung zu Ende, so ergibt sich eine Haftung aus dem mandat („fautes de gestion" des Art. 25) Dritten gegenüber. Dagegen aber wehrt sich die bekämpfte Auffassung selbst. Vgl. Drouets 216; Lyon-Caen et Renault 267; Houpin et Bosvieux II, 222.

[13]) Chéron, Ann. 1925, 307; Drouets 215; Lepargneur 63; Gain 60; Houpin et Bosvieux I, 256, II, 216/218; Lyon Caen et Renault 268.

[14]) Art. 2262 C. civ. Chéron, Ann. 1925, 307; Drouets 217; Lepargneur 64.

[15]) Dazu u. a.: Auger Ch. V p. 8; Lepargneur 64.

[1]) Oben § 45 I.

[2]) Art. 2003 C. civ.; Auger Ch. V p. 3; Drouets 196; Lepargneur 54.

[3]) Art. 2003 C. civ.

[4]) Art. 24 al. 3, eine Bestimmung, die für das französische Recht neu ist. Vgl. Drouets 196/197; Lepargneur 156/157; Percerou, Ann. 1925, 96.

[5]) Auger Ch. V p. 3; Drouets 197.

[6]) I. Anderer Ansicht sind Drouets 201 und Lepargneur 57. Drouets begründet seine Meinung mit ihrer Nützlichkeit; Lepargneur leitet sie wegen der Merkmale, die Art. 24 al. 3 und Art. 1856 gemeinsam haben, aus diesem ab.

II. Ihre Meinung steht aber im Widerspruch zu Art. 24 al. 3. Er sagt nichts von der Möglichkeit einer anderen Vereinbarung, die ihrem Wesen

IV. 1. Der gérant statutaire kann nur durch einstimmigen Beschluß abberufen werden[7]). Ein sonderrechtlich gefestigtes Dürfen kann nur mit der in den statuts vereinbarten Mehrheit, im Zweifel mit Dreiviertelmehrheit[8]), entzogen werden. Sonderwertrechte sind unantastbar, soweit sich dies aus den statuts ergibt.

2. In allen übrigen Fällen kann ein einfacher Mehrheitsbeschluß den gérant abberufen. Eine abweichende Bestimmung in den statuts ist nur als Begrenzung des organrechtlichen Dürfens der Gesellschafter zu werten.

V. Ein „legitimer" Grund ist ein „rechter" Grund, ein „wichtiger" Grund im Sinne des § 38 Abs. 2[9]). Nicht ein „legaler" oder „gesetzlicher" Grund[10]).

VI. Die rénonciation ist auch nur aus einem rechten Grunde erlaubt[11]). Aber unter dieser Voraussetzung ist sie auch für den gérant statutaire möglich, der sonst (ohne rechten Grund) seine Stellung nur durch Einigung mit allen Gesellschaftern lösen kann[12]).

nach (als Regelung des organrechtlichen Dürfens des einfachen Gesellschafterwillens) in die statuts aufgenommen werden müßte. Eine ausdrückliche Erwähnung wäre aber nötig, da Art. 24 die Zulässigkeit einer abweichenden Vereinbarung in den statuts in seinen übrigen Bestimmungen ausdrücklich verkündet.

III. Eine „nützliche" Handhabe gegenüber dem unbeschränkbaren drittrechtlichen Können haben die Gesellschafter in anderem. Sie können in den statuts die Fähigkeit zur Stellung festsetzen, sie können das organrechtliche Dürfen eng, das Sollen weit stecken. Der Eintritt der Unfähigkeit, die Verletzung des organrechtlichen Dürfens oder Sollens gibt ihnen immer einen „rechten" Grund zur révocation. Vgl. unten V und oben § 45 III 2 c.

[7]) So mit Recht: Drouets 197; Lepargneur 53 (anders 57!); Lyon-Caen et Renault 137. — Eine Verweigerung der Zustimmung, die sich als ein grober Mißbrauch des Stimmrechts darstellt, ist, weil sie rechtswidrig ist (Art. 1382 und 1383) unwirksam. [8]) Art. 31.

[9]) Oben § 45 III 2 c; vgl. dazu Auger Ch. V p. 4; Drouets 198; Gain 54; Griffond Art. 1856 no. 40; Lepargneur 55.

[10]) Der Unterschied zwischen légitime und légale entspricht dem zwischen recht (im Sinn von „recht und billig") und rechtmäßig (im Sinn von „gesetzlich vorgesehen").

[11]) Ebenso entscheiden: Baudouin-Bugnet 30; Gain 56; Drouets 202; Lepargneur 58. — Art. 24 al. 3 ist entsprechend anzuwenden, unter Ausschluß des Art. 2007 al. 1 C. civ. Dieser ist zugeschnitten auf ein mandat zwischen Gleichgeordneten und steht in Wechselbeziehung zu Art. 2004, d. i. dem Recht des mandant zu beliebigem Widerruf. Oben aber steht das Recht des mandataire in Wechselbeziehung zu dem eingeschränkten Recht des mandant (Art. 24 al. 3), der noch dazu, für das mandat betrachtet, regelmäßig dem mandataire übergeordnet ist.

[12]) Oben § 57 III 2 b u. IV 2; Lyon-Caen et Renault 137.

VII. Die Bestimmung des Art. 24 al. 3 ist für den Widerrufenden eine Beschränkung des organrechtlichen Könnens. Eine ohne rechten Grund erfolgte révocation oder rénonciation ist also unwirksam. Bestreitet der Erklärungsempfänger das Vorliegen eines rechten Grundes, so bleibt die Stellung bestehen, bis ein Urteil den streitigen Punkt entscheidet[13]).

VIII. Das Ende der Stellung eines gérant ist von der S. R. L. gebührend bekannt zu machen. Unterläßt sie dies, so braucht ein gutgläubiger Dritter sich die Beendigung nicht entgegenhalten zu lassen[14]).

VIII. Abschnitt.

§ 73. Der gérant éventuel.

Die Stellung eines stellvertretenden gérant (éventuel, im Gegensatz zum gérant titulaire oder hauptamtlichen) ist wie nach deutschem Recht[1]) zu beurteilen.

Schluß.

§ 74. Zum Verhältnis der Begriffe: Organschaft, Stellvertretung, mandat.

I. Die Begriffe: Organschaft, Stellvertretung, mandat erfassen jeder eine Möglichkeit, durch bestimmtes Verhalten bestimmte rechtliche Wirkungen hervorzurufen. Damit hat es bei der Stellvertretung sein Bewenden. Die Organschaft und das mandat dagegen erfassen auch die Nebenbeziehungen[1]) zu dieser rechtlichen Möglichkeit. Und zwar immer Nebenbeziehungen zwischen dem Organ und dem unkörperlichen Rechtswesen, dem mandataire und dem mandant. Bisweilen auch Nebenbeziehungen zwischen dem Organ, dem mandataire und anderen Rechtswesen, namentlich dem Staat[2]). Die Nebenbeziehungen zur Stellvertretung sind meist in einem neben der Voll-

[13]) I. Ebenso entscheiden Drouets 198, 200 und Lepargneur 55/56.

II. Die Meinung, eine ohne „rechten" Grund erfolgte révocation sei voll wirksam, Art. 24 al. 3 enthalte also nur eine Beschränkung für das organrechtliche Dürfen des Widerrufenden, vertreten: Auger Ch. V p. 3; Gain 55 und die bei ihm, bei Drouets 198 Anm. 1 und bei Lepargneur 54 Zitierten.

III. Das Wort: révocable des Art. 24 al. 3 ist, wie das Wort: widerruflich des § 38, vollwertig aufzufassen. Vgl. oben § 45 III 2 b mit Anm. 23.

[14]) Art. 2005 und 2009 C. civ.-Drouets 199/200.

[1]) Oben § 46.

[1]) Im oben § 2 II u. V festgelegten Sinne.

[2]) I. Wie der neben der Vollmacht bestehende Vertrag enthalten die Nebenbeziehungen zum organrechtlichen Können durchaus auch „voneinander trennbare Rechte und Pflichten". Und zwar in Gestalt der selbständigen Nebenbeziehungen. Oben § 2 V 1 b u. § 43.

macht bestehenden besonderen Vertrage geregelt[3]). Etwa einem Auftrag, Dienstvertrag oder Werkvertrag. Er regelt namentlich auch das Dürfen und Sollen der Vertretung[4]).

II. Das Verhalten, dessen Übung die drei Rechtslagen ermöglichen, ist immer ein körperliches Verhalten eines einzelnen Menschen. Und zwar unabhängig davon, ob die jeweils vorgesehenen Wirkungen ein Verhalten eines einzelnen Menschen allein zum Tatbestand haben, oder, ob sie ein Tatbestandsgefüge voraussetzen, das sich aus einer rechtlichen Würdigung des Verhaltens mehrerer Menschen ergibt. In diesem letzten Fall bildet das Verhalten einzelner Menschen nur den Tatbestandsgrundstock[5]). Das menschliche Verhalten wird einem Rechtswesen zugerechnet[6]).

II. Wie zwischen dem organrechtlichen Können und seinen unselbständigen Nebenbeziehungen (oben § 2 V 1 a u. § 42) besteht auch zwischen der Vertretungsmacht und dem dazugehörigen Dürfen und Sollen eine begriffliche Abhängigkeit. Hier wie dort gibt es nur „berechtigende Pflichten" und „verpflichtende Rechte", soweit man überhaupt das organrechtliche Können und die Vertretungsmacht dem Begriff: Recht im subjektiven Sinne unterordnen kann. Oben § 2 III 3. In beidem (I u. II) wird ein Unterschied zwischen der Organschaft und der Stellvertretung behauptet. So namentlich etwa Preuß, Stellvertretung 455 ff.

[3]) Die Stellvertretung ist auch ohne Nebenbeziehungen denkbar. Die Ausübung der Vertretungsmacht ist wirksam, auch wenn sie die Vertreterpflichten (das Sollen) verletzt. Anders Schloßmann, Stellvertretung II, 51, Organschaft 316.

[4]) Im Dürfen und Sollen besteht auch hier eine Subordination. Insoweit unterscheidet sich die Stellvertretung also nicht von der Organschaft. Entgegen Preuß, Stellvertretung 469.

[5]) Als „Tatbestand" bezeichnet man mindestens zwei Erscheinungen des Rechtslebens. Einmal jeden rechtserheblichen Sachverhalt als solchen, d. h. frei von rechtlichen Bestandteilen (reiner Tatbestand). Den Gegensatz bilden alle Rechtsfolgen, die an diesen Sachverhalt angeknüpft sind. Zum anderen bezeichnet man in einem weiteren, uneigentlichen Sinne des Wortes ein aus einer rechtlichen Würdigung eines bestimmten Sachverhaltes hervorgegangenes Ergebnis um deswillen auch als Tatbestand (gemischter Tatbestand), weil es als solches Mischgefüge rechtlich in bestimmter Hinsicht ebenso gewertet wird, wie ein anderer, rein tatsächlicher Sachverhalt. Bei der ersten Betrachtung geht man von dem Sachverhalt aus; bei der zweiten von der Rechtsfolge. Eine Willenserklärung etwa ist reiner Tatbestand, wenn sie auf Grund einer Entschließung eines einzelnen Menschen (oben § 12 I) vorgenommen wird. Sie ist gemischter Tatbestand, wenn sie auf Grund eines Willensbildungsergebnisses vorgenommen wird, das aus einer rechtlichen Würdigung der „Entschließungen" mehrerer Menschen gewonnen ist. Die einzelnen Entschließungen können voneinander abweichen. So etwa im Mehrheitsbeschluß. Die Entschließungen sind in diesem Falle Tatbestandsgrundstock des zusammengesetzten Tatbestandsgefüges.

[6]) Zum Begriff der Zurechnung vgl. etwa Engländer und Kisch an den

III. Nach dem Verhältnis des sich verhaltenden Menschen zu dem Rechtswesen, dem das Verhalten zugerechnet wird, kann man alles rechtserhebliche Verhalten in eigenes und fremdes scheiden. Eigenes Verhalten liegt vor, wenn der Mensch und das Rechtswesen rechtlich zusammenfallen; und sei es nur, daß beide Begriffe sich teilweise decken[7]). Fremdes Verhalten liegt vor, wenn beide von einander getrennt sind[8]).

1. Der Mensch ist im Verhältnis zum Rechtswesen nach geltendem Recht der engere Begriff.

a) Geht man also bei der Aussage: eigen oder fremd vom Menschen aus, so kommt man zu einem engeren,

b) geht man vom Rechtswesen aus, so kommt man zu einem weiteren Begriff des eigenen Verhaltens[9]). Dem gesellt sich im ersten Fall ein weiterer, im zweiten Fall ein engerer Begriff des fremden Verhaltens.

2. a) Die Begriffsbildung zu 1 a ist leichter durchzuführen. Denn fast alles menschliche Verhalten wird entweder nur dem sich verhaltenden körperlichen Rechtswesen zugerechnet, oder es wird ihm nicht zugerechnet. Die betrachtete Rechtslage ist also regelmäßig eindeutig. Nur wenig Verhalten wird sowohl jenem, wie einem anderen Rechtswesen zugerechnet[10]). Die doppelte Zurechnung ist dann verschiedenartig; einmal eine Eigen-, das andere Mal eine Fremdzurechnung; welches die eine, welches die andere ist, ist sofort erkennbar.

---

oben § 34 Anm. 24 angeführten Stellen. Ferner: Motive zum BGB III, 86/87; Kelsen 189, 699, 709; Schönfeld 356, 359, 373; Wenzel 54, 204, 205, 211/212.

[7]) Anders Kelsen 189. Er betrachtet für diese Scheidung nur die Rechtsfolge eines Verhaltens. Alles Verhalten, das einer Person zugerechnet wird, will er als ihr „eigenes", alles, das ihr nicht zugerechnet wird, als „fremdes", Verhalten bezeichnen. Eine Einteilung, die jedenfalls hier bedeutungslos ist. Denn nach ihr ist alles Verhalten, das die drei betrachteten Rechtslagen ermöglichen, für die Person, der es zugerechnet wird, eigenes, für den Ermächtigten in aller Regel fremdes Verhalten. Ausnahmen oben § 39 III 2.

[8]) Darauf, daß der Wille des sich verhaltenden Menschen „das Willensprodukt" des Rechtswesens mitumfaßt (so für das Organ: Haff, Institutionen 271), kommt es nicht an. Wohl aber darauf, daß dies so sein kann. Dabei bleibt die Frage offen, welches denn „das Willensprodukt" eines Wesens, d. h. sein eigener Wille ist, im Gegensatz zu einem fremden, dem Vertreterwillen. Dazu unten zu IV.

[9]) Dieser Begriff liegt z. B. den Motiven zum BGB III, 86/87 zugrunde.

[10]) Etwa die absolut rechtswidrige Ausübung organrechtlichen Könnens. Oben § 39 III 2.

b) Die Scheidung im Wege zu 1 a ist bedeutsam. Und zwar für eine Betrachtung des rechtlichen Lebens eines körperlichen Rechtswesens. So wird seine Verantwortung für eigenes Verhalten nach einem anderen Maßstabe gewertet, wie die für fremdes Verhalten [11]). Aber die Begriffsbildung zu 1 a ist ohne Bedeutung für die Betrachtung des rechtlichen Lebens eines unkörperlichen Rechtswesens. Sein Verhalten ist insgesamt fremdes Verhalten [12]).

3. a) Die Begriffsbildung zu 1 b ist schwieriger durchzuführen. Im drittrechtlichen Leben jedes unkörperlichen Rechtswesens ist oft nicht am Verhalten allein zu erkennen, ob eigenes oder fremdes Verhalten vorliegt. Man muß dann erst auf die Beziehungen zwischen dem sich verhaltenden Menschen und dem unkörperlichen Rechtswesen zurückgreifen. Soweit ein Verhalten doppelt zugerechnet wird, ist eine gleichartige Doppelzurechnung nicht selten. So bei einer unerlaubten Handlung, die in Ausübung organrechtlichen Könnens vorgenommen wird [13]). Sie wird dem Organ und dem unkörperlichen Rechtswesen als eigenes Verhalten zugerechnet.

b) Die Begriffsbildung zu 1 b ist bedeutsamer, als die zu 1 a.

aa) Für die Betrachtung des rechtlichen Lebens des körperlichen Rechtswesens leistet sie dieselben Dienste, wie die zu 1 a.

bb) Das rechtliche Leben des unkörperlichen Rechtswesens zerfällt nach ihr in zwei Teile, die von der Rechtsordnung nach wesentlich anderem Maßstab gewertet werden. Die Verantwortung für zwei inhaltlich gleiche Handlungen ist jeweils eine andere, wenn die Handlung sich als eigene oder als fremde darstellt.

cc) Soweit ein Verhalten gleichartig doppelt zugerechnet wird, liegt auch kein verschiedenartiger Maßstab der Wertung zugrunde, worauf die verschiedenartige Bezeichnung nach der Begriffsbildung zu 1 a schließen lassen sollte.

---

[11]) Oben § 34 Anm. 51 II.

[12]) Um deswillen kann man den Begriff der Handlungs- und Willensfähigkeit für eine Betrachtung des rechtlichen Lebens des unkörperlichen Rechtswesens ablehnen und statt dessen bei ihm von einer „Wirkungsfähigkeit" reden, die dann in dem Einzelwillen der Organe ruht. So Haff 2; Institutionen 261.

[13]) Oben § 39 III 2.

IV. Nach der Begriffsbildung zu III 1 a enthält die Organschaft, die Stellvertretung und das mandat je eine bestimmt begrenzte Möglichkeit der Fremdzurechnung.

Nach der Begriffsbildung zu III 1 b enthält die Organschaft eine bestimmte Möglichkeit der Eigenzurechnung, die Stellvertretung und das mandat eine Möglichkeit der Fremdzurechnung. Für das unkörperliche Rechtswesen scheidet sich die Eigen- und die Fremdzurechnung daran, ob der sich verhaltende Mensch ein Glied des unkörperlichen Wesens ist und als solches sein Verhalten übt, oder ob dies nicht zutrifft. Glied des unkörperlichen Wesens ist jedes Rechtswesen, das durch Innenbeziehungen [14]) mit ihm [15]) verbunden ist [16]).

V. Der Gebundene kann bei der Organschaft nur ein unkörperliches Rechtswesen sein [17]). Bei der Stellvertretung und dem mandat kann es auch ein körperliches Rechtswesen sein. Nur diese sind also drittrechtliche Zurechnungsarten.

VI. Die Zurechnung bei der Organschaft, der Stellvertretung und dem mandat hat jeweils einen verschiedenen Umfang [18]). Das organrechtliche Können kann alles Verhalten umfassen, das im rechtlichen Leben des gebundenen unkörperlichen Rechtswesens denkbar ist. Insbesondere auch das ihm zurechenbare Unrecht. Die Vertretungsmacht kann nur die Abgabe und den Empfang fremdzurechenbarer Willenserklärungen umfassen[19]). Soweit der Stellvertreter Erfüllungs- oder Verrichtungsgehilfe ist, kann er auch in den Grenzen der §§ 278 und 831 BGB den Vertretenen durch rechts-

[14]) Körperschaftsrechtliche Beziehungen sind noch kein Merkmal der Gliedschaft. Vgl. oben § 1 IV, besonders zu 1 b.

[15]) Das gilt auch für das Mitglied. Anders Binder, J. P. 112. Nach ihm ist die Mitgliedschaft eine Beziehung zu den anderen Mitgliedern.

[16]) I. Dies ist das Merkmal des „verfassungsmäßig berufenen Vertreters" im Sinne des § 31 BGB und des „Beamten" im Sinne des Art. 131 RV. Das Wort: verfassungsmäßig ist materiell zu verstehen. Auf eine Berufung in der Verfassungsurkunde (des unkörperlichen Rechtswesens Grundgesetz im formellen Sinne) kommt es nicht an.

II. Dies ist das Merkmal, an dem man die „Organe" von den „Angestellten" im Sinne Hubers (I 79) scheiden kann.

[17]) Preuß, Stellvertretung 474.

[18]) Das allein erfordert schon, die Organschaft von der Stellvertretung zu scheiden. Vgl. Schultze, „O. v. Gierke" XIII. Im Gegensatz etwa zu Binder, J. P. 120; Schloßmann, Organschaft 315, 231; Schönfeld 356/357.

[19]) U. a. Biermann 91 u. 93; Enneccerus I 1, 445; Siber, Verwaltungsrecht 201.

widriges Verhalten verpflichten [20]). Das pouvoir des mandataire umfaßt alles fremdzurechenbare rechtmäßige Verhalten. Unrecht des mandataire verpflichtet den mandant, soweit es durch den Art. 1384 C. civ. gedeckt ist [21]).

VII. Die Organschaft ist eine Zurechnung, die mit dem unkörperlichen Rechtswesen begriffsnotwendig dasein muß. Kennt eine Rechtsordnung unkörperliche Rechtswesen, so kennt sie auch die Organschaft. Stellvertretung und mandat müssen erfahrungsgemäß in bestimmtem Umfang von jeder Rechtsordnung anerkannt und anbefohlen werden. Das ist die sogen. „gesetzliche Vertretung". Darüber hinaus ist ihre Anerkennung beliebig.

[20]) Sieht man von dem Unterschied der Fremd- und Eigenzurechnung ab, so kann man die Organschaft zu einem Teil als Stellvertretung auffassen. Nämlich, soweit die Organschaft zur Abgabe und zum Empfang von Willenserklärungen ermächtigt. Das gilt auch von der Innenstellung eines Organs; denn auch im Innenleben kann ein Organ Willenserklärungen für das unkörperliche Rechtswesen empfangen und abgeben. Es gilt sogar von der Innenstellung im engeren Sinne; denn auch zwischen dem Vertreter und dem Vertretenen können Beziehungen bestehen, die das Dürfen und Sollen des Vertreters regeln. Oben zu I.

[21]) Vom mandat gilt, was oben in Anm. 20 von der Stellvertretung gesagt ist, in entsprechend weiterem Umfang.

Schlagwortverzeichnis.

Druck von Julius Beltz in Langensalza.

FSC
www.fsc.org
MIX
Papier | Fördert gute Waldnutzung
FSC® C083411

Kolibri 360 GmbH
Ferdinand-Jühlke-Straße 7
99095 Erfurt, Deutschland
produktsicherheit@kolibri360.de